Die Verjährung von Masseverbindlichkeiten

Schriftenreihe des Centrum
für Deutsches & Europäisches
Insolvenzrecht

Herausgegeben von Stefan Smid, Silke Wehdeking
und Mark Zeuner

Band 14

PL ACADEMIC RESEARCH

Sven Kirchner

Die Verjährung von Masseverbindlichkeiten

Spannungslagen zwischen Rechtsverfolgung der Massegläubiger und ordnungsgemäßer Masseverwaltung

PL ACADEMIC RESEARCH

Bibliografische Information der Deutschen Nationalbibliothek
Die Deutsche Nationalbibliothek verzeichnet diese Publikation in der Deutschen Nationalbibliografie; detaillierte bibliografische Daten sind im Internet über http://dnb.d-nb.de abrufbar.

Zugl.: Kiel, Univ., Diss., 2016

D 8
ISSN 2194-4881
ISBN 978-3-631-67643-1 (Print)
E-ISBN 978-3-653-07024-8 (E-PDF)
E-ISBN 978-3-631-69569-2 (EPUB)
E-ISBN 978-3-631-69570-8 (MOBI)
DOI 10.3726/978-3-653-07024-8

PL Academic Research ist ein Imprint der Peter Lang GmbH.

Peter Lang – Frankfurt am Main · Bern · Bruxelles · New York · Oxford · Warszawa · Wien

Diese Publikation wurde begutachtet.

www.peterlang.com

Inhaltsverzeichnis

Literaturverzeichnis

Andres, Dirk/Leithaus, Rolf/Dahl, Michael: Insolvenzordnung (Kommentar) 3. Auflage, München 2014 (zitiert: Andres/Leithaus – *Bearbeiter*, InsO).

Bärmann, Johannes/Pick, Eckhart: Wohnungseigentumsgesetz: WEG (Kommentar) 19. Auflage, München 2010 (zitiert: Bärmann/Pick – *Bearbeiter*, WEG).

Bamberger, Georg/Roth, Herbert: Beck'scher Online-Kommentar Bürgerliches Gesetzbuch abrufbar im Internet: https://beck-online.beck.de Stand: 01.08.2015 (zitiert: *Bearbeiter*, in: BeckOK BGB).

Beck, Siegfried/Depré, Peter: Praxis der Insolvenz Ein Handbuch für die Beteiligten und ihre Berater 2. Auflage, München 2010 (zitiert: *Bearbeiter*, in: Beck/Depré, Praxis der Insolvenz).

Beuthien, Volker: Zur Unvererblichkeit des Anspruchs auf Geldentschädigung für Persönlichkeitsrechtsverletzung GRUR 2014, 957 (zitiert: Beuthien, GRUR 2014).

Blank, Hubert/Börstinghaus, Ulf, P.: Miete (Kommentar) 4. Auflage, München 2014 (zitiert: Blank/Börstinghaus – *Bearbeiter*, Miete).

Blersch, Jürgen/Goetsch, Hans-W./Haas, Ulrich: Berliner Kommentar Insolvenzrecht Grundwerk mit Ergänzungslieferungen 55. Lieferung, Köln 2015 (zitiert: Blersch/Goetsch/Haas – *Bearbeiter*, BK-InsO).

Böttcher, Roland: ZVG (Kommentar) 5. Auflage, München 2010 (zitiert: Böttcher, ZVG).

Borchardt, Peter-A./Frind, Frank: Die Betriebsfortführung in Insolvenzverfahren Köln 2013 (zitiert: Borchardt/Frind – *Bearbeiter*, Betriebsfortführung).

Braun, Eberhard: Insolvenzordnung (Kommentar) 6. Auflage, München 2014 (zitiert: Braun – *Bearbeiter*, InsO).

Brause, Hans Peter: Zum Zeugenbeweis in der Rechtsprechung des BGH NStZ 2007, 505 (zitiert: Brause, NStZ 2007).

Brehm, Wolfgang: Konkurs – Rechtskraftwirkung der Feststellung zur Tabelle EWiR 1991, 493 (zitiert: Brehm, EWiR 1991).

Breuer, Wolfgang: Insolvenzrechts – Formularbuch 3. Auflage, München 2007 (zitiert: Breuer, Insolvenzrechts-Formularbuch).

Brich, Stefanie/Hasenbalg, Claudia/Winter, Eggert: Gablers (online) Wirtschaftslexikon September 2015 abrufbar im Internet: http://wirtschaftslexikon.gabler.de Stand: 01.09.2015 (zitiert: Gablers Wirtschaftslexikon).

Bydlinski, Franz: Juristische Methodenlehre und Rechtsbegriff 2. erweiterte Auflage, Stuttgart 2011 (zitiert: Bydlinski, Juristische Methodenlehre).

Canaris, Claus-Wilhelm: Die Vertrauenshaftung im deutschen Privatrecht München 1971 (zitiert: Canaris, Vertrauenshaftung).

Dölle, Hans: Festschrift Fritz Schulz Band 2, Weimar 1951 (zitiert: Dölle, FS Fritz Schulz).

Dörner, Heinrich/Staudinger, Ansgar: Schuldrechtsmodernisierungsgesetz Baden-Baden 2002 (zitiert: Dörner/Staudinger, Schuldrechtsmodernisierungsgesetz).

Drasdo, Michael: Das Verhältnis zwischen InsO und WEG Zahlungspflichten des Insolvenzverwalters NZI 2005, 489 (zitiert: Drasdo, NZI 2005).

Eckardt, Fabian: „Unanmeldbare" Forderungen im Konkursfeststellungsverfahren nach §§ 138 ff. KO ZIP 1993, 1765 (zitiert: Eckardt, ZIP 1993).

Epping, Volker/Hillgruber, Christian: Beck'scher Online-Kommentar Grundgesetz abrufbar im Internet: https://beck-online.beck.de Stand: 01.06.2015 (zitiert: *Bearbeiter*, in: BeckOK GG).

Erfurter Kommentar: Erfurter Kommentar zum Arbeitsrecht 16. Auflage, München 2016 (zitiert: *Bearbeiter*, in: ErfK BGB).

Fischinger, Philipp: Zur Hemmung der Verjährung durch Verhandlungen nach § 203 BGB VersR 2005, 1641 (zitiert: Fischinger, VersR 2005).

Frege, Michael: Informationserteilung und Informationsverwendung im Insolvenzverfahren ZInsO 2012, 2217 (zitiert: Frege, ZInsO 2012).

Frege, Michael/Keller, Ulrich/Riedel, Ernst: Insolvenzrecht 8. Auflage, München 2015 (zitiert: Frege/Keller/Riedel, Insolvenzrecht).

Frind, Frank: Die Begründung von Masseverbindlichkeiten im Eigenverwaltungseröffnungsverfahren ZInsO 2012, 1099 (zitiert: Frind, ZInsO 2012).

Gottwald, Peter: Insolvenzrechts – Handbuch 5. Auflage, München 2015 (zitiert: *Bearbeiter*, in: Gottwald, Insolvenzrechts-Handbuch).

Graeber, Thorsten: InsVV Insolvenzrechtliche Vergütungsverordnung (Kommentar) Potsdam/Wien 2013 (zitiert: Graeber, InsVV).

Haarmeyer, Hans/Wutzke, Wolfgang/Förster, Karsten: Handbuch der vorläufigen Insolvenzverwaltung München 2011 (zitiert: Haarmeyer/Wutzke/Förster, Handbuch der vorläufigen Insolvenzverwaltung).

Hähnchen, Susanne: Obliegenheiten und Nebenpflichten Tübingen 2010 (zitiert: Hähnchen, Obliegenheiten).

Henckel, Wolfram: Jaeger Konkursordnung (Großkommentar) 9. Auflage, Berlin 1997 (zitiert: *Bearbeiter*, in: Jaeger KO).

Henckel, Wolfram/Gerhardt, Walter: Jaeger Insolvenzordnung (Großkommentar)
Band 1: §§ 1–55, Berlin 2004

Band 6: §§ 174–216, Berlin/New York 2013 (zitiert: *Bearbeiter*, in: Henckel/Gerhardt, Jaeger InsO).

Hess, Harald: Großkommentar Insolvenzordnung 2. Auflage, Heidelberg 2013 (zitiert: Hess, InsO).

Holzer, Johannes: Das Aufgebot der Nachlassgläubiger nach dem FamFG ZEV 2014, 583 (zitiert: Holzer, ZEV 2014).

Horstkotte, Martin/Martini, Torsten: Die Einzelermächtigung – ein zusätzliches Haftungsrisiko? ZInsO 2010, 750 (zitiert: Horstkotte/Martini, ZInsO 2010).

Hunold, Katharina: Insolvenzgeld und Insolvenzgeldvorfinanzierung als Sanierungsinstrument NZI 2015, 785 (zitiert: Hunold, NZI 2015).

Jauch, Hans-Gerd/Wenner, Christian: Die Verjährung von Masseverbindlichkeiten im Insolvenzverfahren bei Masseunzulänglichkeit ZIP 2009, 1894 (zitiert: Jauch/Wenner, ZIP 2009).

Kaufmann, Christian: Anmerkung zum BGH-Urteil vom 06. Mai 2004 – IX ZR 48/03 NZI 2004, 435 (zitiert: Kaufmann, NZI 2004).

Keller, Ulrich: Insolvenzrecht München 2006 (zitiert: Keller, Insolvenzrecht).

Kick, Sabine: Parteistellung des Konkursverwalters, Verfahrensunterbrechung durch Konkurs, Rechtsmitteleinlegung während der Unterbrechung EWiR 1997, 313 (zitiert: Kick, EWiR 1997).

Kiesbye, Levke: Die Hemmung der Verjährung durch Anmeldung einer Forderung im Insolvenzverfahren Baden-Baden 2012 (zitiert: Kiesbye, Hemmung der Verjährung).

Kirchhof, Hans-Peter: Begründung von Masseverbindlichkeiten im vorläufigen Insolvenzverfahren ZInsO 2004, 57 (zitiert: Kirchhof, ZInsO 2004).

Kirchner, Hildebert: Kirchner – Abkürzungsverzeichnis der Rechtssprache 8. Auflage, Berlin 2015.

Kluth, Thomas: Die Rechtsstellung des Insolvenzverwalters oder die „Insolvenz" der Verwaltertheorien NZI 2000, 351 (zitiert: Kluth, NZI 2000).

Koller, Ingo/Kindler, Peter/Roth, Wulf-Henning/Morck, Winfried: HGB Kommentar 8. Auflage, München 2015 (zitiert: Koller/Kindler/Roth/Morck, HGB).

Köster, Malte/Ahrendt, Achim: Feststellung einer titulierten Forderung zur Insolvenztabelle auch ohne Vorlage des Originaltitels EWiR 2006, 177 (zitiert: Köster/Ahrendt, EWiR 2006).

Kreft, Gerhart: Heidelberger Kommentar zum Insolvenzrecht 7. Auflage, Heidelberg 2014 (zitiert: *Bearbeiter*, in: HK-InsO).

Kuhn, Georg/Uhlenbruck, Wilhelm: Konkursordnung (Kommentar) 11. Auflage, München 1994 (zitiert: Kuhn/Uhlenbruck – *Bearbeiter*, KO).

Lackner, Karl/Kühl, Kristian: Strafgesetzbuch mit Erläuterungen 28. Auflage, München 2014 (zitiert: Lackner/Kühl – *Bearbeiter*, StGB).

Lakkis, Panajotta: Der Verjährungsverzicht heute ZGS 2003, 423 (zitiert: Lakkis, ZGS 2003).

Larenz, Karl/Canaris, Claus-Wilhelm: Methodenlehre der Rechtswissenschaft 3. Auflage, Berlin 1995 (zitiert: Larenz/Canaris, Methodenlehre).

Laroche, Peter: Einzelermächtigung zur Begründung von Masseverbindlichkeiten durch den „schwachen" vorläufigen Insolvenzverwalter NZI 2010, 965 (zitiert: Laroche, NZI 2010).

Leenen, Detlef: Die Neugestaltung des Verjährungsrechts durch das Schuldrechtsmodernisierungsgesetz DStR 2002, 34 (zitiert: Leenen, DStR 2002).

Leonhardt, Peter/Smid, Stefan/Zeuner, Mark: Insolvenzordnung (Kommentar) 3. Auflage, Stuttgart 2010 (zitiert: Leonhardt/Smid/Zeuner – *Bearbeiter*, InsO).

Looschelders, Dirk/Roth, Wolfgang: Juristische Methodik im Prozess der Rechtsanwendung Berlin 1996 (zitiert: Looschelders/Roth, Juristische Methodik).

Martini, Torsten: Die Anfechtbarkeit der Zahlung der Vergütung des vorläufigen Insolvenzverwalters im Zweitverfahren Frankfurt am Main 2014 (zitiert: Martini, Anfechtbarkeit der Zahlung).

Martini, Torsten: Der Insolvenzplan im öffentlich geförderten sozialen Wohnungsbau in Berlin als Chance zur Rettung Das Grundeigentum 14/2009, 889 (zitiert: Martini, Das Grundeigentum 14/2009).

Maunz, Theodor/Dürig, Günter: Grundgesetz (Kommentar) 75. Ersatzlieferung 2015 (zitiert: Maunz/Dürig – *Bearbeiter*, GG).

Münchener Kommentar: zum BGB (Kommentar) Band 1: Allgemeiner Teil § 1 – 240 BGB 7. Auflage, München 2015 (zitiert: MüKoBGB – *Bearbeiter*, BGB).

Münchener Kommentar: zum BGB (Kommentar) Band 2: Schuldrecht – Allgemeiner Teil §§ 241–432 BGB 7. Auflage, München 2016 (zitiert: MüKoBGB – *Bearbeiter*, BGB).

Münchener Kommentar: zum BGB (Kommentar) Band 9: Erbrecht §§ 1922 – 2385 BGB 6. Auflage, München 2013 (zitiert: MüKoBGB – *Bearbeiter*, BGB).

Münchener Kommentar: zur Insolvenzordnung (Kommentar) Band 1: §§ 1–79 InsO, InsVV 3. Auflage, München 2013 (zitiert: MüKoInsO – *Bearbeiter*, InsO).

Münchener Kommentar: zur Insolvenzordnung (Kommentar) Band 2: §§ 80–216 InsO 3. Auflage, München 2013 (zitiert: MüKoInsO – *Bearbeiter*, InsO).

Münchener Kommentar: zur Insolvenzordnung (Kommentar) Band 3: §§ 217–359 InsO 3. Auflage, München 2014 (zitiert: MüKoInsO – *Bearbeiter*, InsO).

Münchener Kommentar: zum Insolvenzsteuerrecht (Kommentar) Band 3 3. Auflage, München 2014 (zitiert: MüKoInsO – *Bearbeiter*, ISr).

Münchener Kommentar: zur Zivilprozessordnung (Kommentar) Band 1: §§ 1 – 354 ZPO 4. Auflage, München 2013 (zitiert: MüKoZPO – *Bearbeiter*, ZPO).

Münchener Kommentar: zur Zivilprozessordnung (Kommentar) Band 2: § 355 – 1024 ZPO 4. Auflage, München 2012 (zitiert: MüKoZPO – *Bearbeiter,* ZPO).

Musielak, Hans-Joachim: Zivilprozessordnung: ZPO 12. Auflage, München 2015 (zitiert: *Bearbeiter*, in: Musielak, ZPO).

Musielak, Hans-Joachim/Voit, Wolfgang: Grundkurs ZPO 12. Auflage, München 2014 (zitiert: *Bearbeiter*, in: Musielak, Grundkurs ZPO).

Nerlich, Jörg/Römermann, Volker: Insolvenzordnung (Kommentar) 28. Ergänzungslieferung, Januar 2015 (zitiert: Nerlich/Römermann – *Bearbeiter*, InsO).

Nerlich, Jörg/Kreplin, Georg: Münchener Anwaltshandbuch Insolvenz und Sanierung 2. Auflage, München 2012 (zitiert: *Bearbeiter*, in: Nerlich/Kreplin, Münchener Anwaltshandbuch).

Palandt, Otto: Bürgerliches Gesetzbuch Beck'sche Kurzkommentare 75. Auflage, München 2016 (zitiert: Palandt – *Bearbeiter*, BGB).

Pape, Gerhardt: Bevorzugung der „Neumassegläubiger“ im masseunzulänglichen Konkursverfahren ZIP 1984, 796 (zitiert: Pape, ZIP 1984).

Pape, Gerhardt: Teleologische Reduktion des § 60 KO EWiR 1993, 701 (zitiert: Pape, EWiR 1993).

Paulus, Christoph: Anfechtung, Zahlungseinstellung, objektive Anforderungen EWiR 1998, 121 (zitiert: Paulus, EWiR 1998).

Pawlowski, Hans-Martin: Einführung in die Juristische Methodenlehre 2. Auflage, Heidelberg 2000 (zitiert: Pawlowski, Einführung in die Methodenlehre).

Pawlowski, Hans-Martin: Methodenlehre für Juristen 3. Auflage, Heidelberg 1999 (zitiert: Pawlowski, Methodenlehre).

Piekenbrock, Andreas: Befristung, Verjährung, Verschweigung und Verwirkung Tübingen 2006 (zitiert: Piekenbrock, Befristung).

Preuß, Nicola: „Missbrauch der Vertretungsmacht“ des Insolvenzverwalters NZI 2003, 625 (zitiert: Preuß, NZI 2003).

Ries, Stephan: Sanierung über Beschäftigungs- und Qualifizierungsgesellschaften Kosten, Nutzen, Risiken NZI 2002, 521 (zitiert: Ries, NZI 2002).

Ronellenfitsch, Michael: Beck'scher Online-Kommentar VwVfG abrufbar im Internet: https://beck-online.beck.de Stand: 01.07.2015 (zitiert: *Bearbeiter*, in: BeckOK VwVfG).

Saenger, Ingo: Zivilprozessordnung (Handkommentar) 6. Auflage, Baden-Baden 2015 (zitiert: *Bearbeiter*, in: Saenger, ZPO).

Schmidt, Andreas: Insolvenzordnung (Hamburger Kommentar) 5. Auflage, Köln 2015 (zitiert: HmbKo – *Bearbeiter*, InsO).

Schulze, Reiner/Dörner, Heinrich/Ebert, Ina/Hoeren, Thomas/Kemper, Rainer/Schreiber, Klaus/Schulte-Nölke, Hans/Saenger, Ingo: Bürgerliches Gesetzbuch

(Handkommentar) 8. Auflage, Baden-Baden 2014 (zitiert: HK-BGB – *Bearbeiter*, BGB).

Smid, Stefan: Verjährungshemmung durch Forderungsanmeldung DZWiR 2012, 267 (zitiert: Smid, DZWiR 2012).

Smid, Stefan: Praxishandbuch Insolvenzrecht 5. Auflage, Berlin 2007 (zitiert: Smid, Praxishandbuch Insolvenzrecht).

Smid, Stefan: Zur Berücksichtigung der Neumasseschulden nach § 60 KO Bemerkungen zur Judikatur des BVerfG zum „Konkurs im Konkurs" WiR 1993, 303 (zitiert: Smid, WiR 1993).

Smid, Stefan: Anmerkung zum BGH – 9. Zivilsenat Urteil vom 01.12.2005 – IX ZR 95/04 Der Forderungsanmeldung beizufügende Belege (zitiert: Smid, jurisPR-InsR 7/2006 Anm. 3).

Statistisches Bundesamt: Abrufbar im Internet: www.destatis.de Stand: 10/2015 (zitiert: Statistisches Bundesamt/Name der Statistik).

Staudinger, Julius von: Kommentar zum Bürgerlichen Gesetzbuch Buch 1: Allgemeiner Teil 5, §§ 164 – 240 Neubearbeitung, Berlin, 2014 (zitiert: *Bearbeiter*, in: Staudinger, BGB)

Buch 2: Recht der Schuldverhältnisse, §§ 241–2431 5. Auflage, Berlin 2015 (zitiert: *Bearbeiter*, in: Staudinger, BGB).

Stein, Friedrich/Jonas, Martin: Kommentar zur Zivilprozessordnung: ZPO 22. Auflage, Tübingen 2013 (zitiert: Stein/Jonas – *Bearbeiter*, ZPO).

Steinecke, Alexandra: Zur Forderungsanmeldung im Geltungsbereich der GesO EWiR 2001, 1147 (zitiert: Steinecke, EWiR 2001).

Stürner, Rolf: Jauernig Kommentar zum BGB 16. Auflage, München 2015 (zitiert: Jauernig – *Bearbeiter*, BGB).

Tetzlaff, Christian: Anmerkung zum BGH Beschluss vom 19. Juli 2007 – IX ZB 36/07 (zitiert: Tetzlaff, jurisPR-InsR 23/2007 Anm. 3).

Uhlenbruck, Wilhelm: Insolvenzordnung (Kommentar) 14. Auflage, München 2015 (zitiert: Uhlenbruck – *Bearbeiter*, InsO).

Uhlenbruck, Wilhelm/Klasmeyer, Bernd/Kübler, Bruno M.: Einhundert Jahre Konkursordnung. 1877–1977 Festschrift Köln 1977 (zitiert: *Bearbeiter*, in: 100 Jahre Konkursordnung).

Vogel, A. Olrik: Verjährung und Insolvenzverfahren BauR 2004, 1365 (zitiert: Vogel, BauR 2004).

Vorwerk, Volkert/Wolf, Christian: Beck'scher Online-Kommentar Zivilprozessordnung abrufbar im Internet: https://beck-online.beck.de Stand: 01.12.2015 (zitiert: *Bearbeiter*, in: BeckOK ZPO).

Wehdeking, Silke: Anmerkung zum AG München Urteil vom 23. Juni 2009–173 C 5006/09 Verweisung auf Anlagen bei Anmeldung einer Forderung zur Tabelle (zitiert: Wehdeking, jurisPR-InsR 4/2010 Anm. 4).

Weitemeyer, Birgit: Insolvenz und Umweltschutz NVwZ 1997, 534 (zitiert: Weitemeyer, NVwZ 1997).

Wenner, Christian/Schuster, Michael: Die Hemmung der Verjährung durch die Anmeldung von Forderungen im Insolvenzverfahren BB 2006, 2649 (zitiert: Wenner/Schuster, BB 2006).

Westermann, Peter: Erman – BGB Handkommentar 12. Auflage, Köln 2008 (zitiert: Erman – *Bearbeiter*, BGB).

Wieacker, Franz: Zur rechtstheoretischen Präzisierung des § 242 BGB Recht und Staat 172/1956 (zitiert: Wieacker, Präzisierung).

Wieczorek, Bernhardt/Schütze, Rolf: Zivilprozessordnung und Nebengesetze Großkommentar Band 2, Teilband 1: §§ 128–252 3. Auflage, Berlin/Boston 2010 (zitiert: Wieczorek/Schütze – *Bearbeiter,* ZPO).

Wimmer, Klaus: Frankfurter Kommentar zur Insolvenzordnung 8. Auflage, Köln 2015 (zitiert: FK – *Bearbeiter,* InsO).

Winnefeld, Robert: Bilanz-Handbuch 5. Auflage, München 2015 (zitiert: Winnefeld, Bilanzhandbuch).

A. Grundproblem und thematische Einordnung

Insolvenzverfahren dauern üblicherweise mehrere Jahre. Masseverbindlichkeiten verjähren in der Regel binnen drei Jahren (Regelverjährung).[1] Insolvenzverwalter[2] notieren Masseverbindlichkeiten in einer sogenannten Masseverbindlichkeitentabelle[3], wobei das Verfahren und die verwendeten Begrifflichkeiten, wie diese Arbeit zeigen wird, regelmäßig denen des Verfahrens der Anmeldung einer Insolvenzforderung ähnlich oder mit diesen identisch sind. Bezahlt werden die geltend gemachten Masseverbindlichkeiten jedoch aus unterschiedlichen Gründen häufig nicht. Begründet wird dies teilweise mit der materiellen Masseunzulänglichkeit oder materieller und formeller Masseunzulänglichkeit, mitunter erfolgt keine Begründung. Selbst wenn der Insolvenzverwalter zahlungswillig ist, wird er insbesondere in Fällen der Masseunzulänglichkeit nicht zahlen dürfen. Grund hierfür ist, dass er Gefahr liefe, seinen Vergütungsanspruch durch Kürzung der Vergütung zu gefährden, wenn er auf diese (nun Altmasseverbindlichkeit) Zahlungen leistete bzw. sich ggf. Schadensersatzansprüchen ausgesetzt sehen könnte. Altmasseverbindlichkeiten sind solche, die nicht unter § 209 Abs. 1 Nr. 1 und Nr. 2 oder Abs. 2 InsO zu subsumieren sind und im dritten Rang nach den Kosten des Verfahrens und den Neumasseverbindlichkeiten zu erfüllen sind.[4] Durch Anzeige der Masseunzulänglichkeit wird eine Masseverbindlichkeit zur Altmasseverbindlichkeit.[5] Die Kürzung der Vergütung des Insolvenzverwalters im Falle des Verstoßes gegen die Befriedigungsreihenfolge wird damit begründet, dass der Insolvenzverwalter mit der Zahlung die gesetzliche Befriedigungsreihenfolge verletzt habe.[6] Der gesetzlich legitimierten Leistungsverweigerung des Insolvenzverwalters steht somit eine Forderung gegen die Insolvenzmasse gegenüber, deren Nichtzahlung bzw. deren Ausschluss

---

1 Uhlenbruck – *Ries*, InsO, § 210 Rn. 20.

2 Insolvenzverwalter/Insolvenzverwalterin: Aus Gründen der besseren Lesbarkeit wird im Text generell ausschließlich die männliche Form von Personen verwendet. Diese Formulierungen umfassen jedoch gleichermaßen weibliche und männliche Personen.

3 Breuer, Insolvenzrechts-Formularbuch, B. XIII. 3.

4 Uhlenbruck – *Ries*, InsO, § 209 Rn. 31.

5 AG Hamburg, Urt. v. 14.04.2015 – 48 C 68/14 = BeckRS 2015, 14448.

6 BVerfG, Beschl. v. 30.03.1993 – 1 BvR 1045/89 = NJW 1993, 2861; siehe hierzu ausführlich unter 3.4.7.

der Zahlung das Grundrecht des Art. 14 Abs. 1 Satz 1 GG[7] des Massegläubigers beeinträchtigen könnte. Zwar ist es denkbar, dass ein Verzicht auf die Einrede der Verjährung durch den Insolvenzverwalter erfolgt,[8] jedoch nur dann, wenn durch den Verzicht ein Nachteil für die Insolvenzmasse abgewehrt würde. Ein solcher Nachteil könnte eine Feststellungsklage auf den Bestand einer Masseverbindlichkeit sein, da die Masse dann mit zusätzlichen Kosten für den Rechtsstreit belegt würde.[9] Tritt tatsächlich eine Verjährung ein und beruft sich der Insolvenzverwalter im Hinblick auf den Schutz seiner eigenen Vergütung[10] oder, um sich nicht Schadensersatzansprüchen auszusetzen, pflichtgemäß hierauf, führt dies dazu, dass ab dem Zeitpunkt des Entfalls der Masseunzulänglichkeit faktisch die Masseverbindlichkeitengläubiger durch ihren Ausfall die Insolvenzgläubiger subventionieren. Die auf Insolvenzgläubiger zu verteilende Masse würde sich durch Nichtbefriedigung wegen Verjährung des vorrangigen Rechts erhöhen, was zu einer höheren Quote für Insolvenzgläubiger führen würde. Beruft sich der Insolvenzverwalter pflichtwidrig nicht auf die Verjährung, sondern zahlt die verjährte Masseverbindlichkeit, verkürzt er hierdurch die Insolvenzmasse und könnte sich gegenüber der Insolvenzmasse zumindest im Falle der Masseunzulänglichkeit und der quotalen Befriedigung von Masseverbindlichkeiten (§ 209 InsO) den Masseverbindlichkeitengläubigern, die nun eine kleine Quote erhalten, schadensersatzpflichtig machen (Haftung gemäß § 60 InsO).[11]

Für den Gläubiger besteht somit allein durch Zeitablauf die Gefahr, seine Forderung wegen Verjährung nicht mehr durchsetzen zu können, und zwar insbesondere vor dem Hintergrund, dass Masseverbindlichkeiten – auch im Falle der Masseunzulänglichkeit – nach den allgemeinen Vorschriften verjähren, ohne dass spezielle Hemmungstatbestände aufgrund der Besonderheit des Vorhandenseins eines Insolvenzverfahrens zu greifen scheinen[12] und sich der

---

7 Zum Eigentumsbegriff: *Axer*, in: BeckOK GG, Art. 14 Rn. 42, 43.

8 Uhlenbruck – *Ries*, InsO, § 210 Rn. 20.

9 Kostenentscheidung: OLG Koblenz, Urt. v. 11.05.2007 – 8 U 1776/05 = BeckRS 2007, 08742.

10 BVerfG, Beschl. v. 30.03.1993 – 1 BvR 1045/89 = NJW 1993, 2861; siehe hierzu ausführlich unter 3.4.7.

11 BGH, Urt. v. 06.05.2004 – IX ZR 48/03 = Kaufmann, NZI 2004, 435; siehe zum Inhalt der Entscheidung ausführlich unter 2.1.4.4 in Petit.

12 Jauch/Wenner, ZIP 2009, 1894 m.w.N.; a.A.: Uhlenbruck – *Ries*, InsO, § 210 Rn. 20, jedenfalls für den Fall, dass der Masseverbindlichkeitengläubiger seine Forderung gegenüber dem Insolvenzverwalter geltend macht und dieser die Forderung in die „Masseverbindlichkeitenliste“ aufnimmt.

Insolvenzverwalter aus oben genannten Gründen auf die Verjährung zu berufen hat. Dieser Gefahr könnte er nur durch verjährungshemmende Maßnahmen, wie z. B. durch das Hinwirken auf einen Verjährungsverzicht oder letztlich durch die Rechtsverfolgung, entgegenwirken.[13]

Die Frage nach Eintritt der Verjährung kann nicht pauschal, sondern nur im Einzelfall beantwortet werden, da die Prüfung immer bzgl. eines konkreten Anspruches,[14] d. h. hinsichtlich des zugrunde liegenden Lebenssachverhaltes[15] zu erfolgen hat. Deshalb sollen folgende Szenarien der näheren Bestimmung und Eingrenzung der Verjährung von Masseverbindlichkeiten dienen, sodass hieraus schlussendlich allgemeine Aussagen abgeleitet werden können. Folgende Szenarien sind näher zu betrachten:

Szenario 1:
Der Masseverbindlichkeitengläubiger M unterlässt es, seine Forderungen gegenüber Insolvenzverwalter I geltend zu machen. Zum einen hat er eine Forderung aus Lieferungen und Leistungen, die der Insolvenzverwalter geordert hat, und zum anderen aus oktroyierten Masseverbindlichkeiten, nämlich Mietzins aus einem vor Eröffnung des Insolvenzverfahrens abgeschlossenen Immobiliarmietverhältnis. Da die Forderungen nicht geltend gemacht werden, zahlt der Insolvenzverwalter diese nicht. Im Anschluss beruft sich der Insolvenzverwalter auf die Verjährung und verweigert die Leistung.

Bei näherer Betrachtung und Einordnung dieses Szenarios in das bestehende Verjährungsrecht wird insbesondere zu eruieren sein, ob zwischen vom Verwalter begründeten Masseverbindlichkeiten und oktroyierten Masseverbindlichkeiten zu unterscheiden ist.[16] Auch gilt es zu untersuchen, ob den Insolvenzverwalter aufgrund seiner Stellung als Amtsträger[17] eine Informationspflicht gegenüber dem Masseverbindlichkeitengläubiger trifft.[18]

Szenario 2:
Ein weiteres typisches Szenario wirft die Frage auf, wie es sich verhält, wenn der Masseverbindlichkeitengläubiger M seine Forderung aus Lieferungen und Leistungen sowie seine Forderung aus dem Mietvertrag geltend macht, der

---

13 ArbG Oberhausen, Urt. v. 19.04.2012 – 4 Ca 2167/11 = BeckRS 2013, 65300.

14 Zum Anspruchsbegriff: MüKoBGB – *Grothe*, BGB, § 194 Rn. 2.

15 *Henrich*, in: BeckOK BGB, § 195 Rn. 6.

16 Zu den verschiedenen Arten von Masseverbindlichkeiten siehe unter 1.2 ff.

17 Zum Begriff des Amtsträgers: Kluth, NZI 2000, 351, 353.

18 Zum Nichtbestehen von Informationspflichten siehe unter 2.1.4.6.

Insolvenzverwalter I hierauf jedoch nicht reagiert. In der Folge beruft sich der Insolvenzverwalter I auf Verjährung und verweigert die Leistung.

In diesem Szenario wird insbesondere ergänzend zu untersuchen sein, ob die Geltendmachung der Ansprüche zur Verjährungshemmung ausreichend ist und die fehlende Reaktion des Insolvenzverwalters, also sein Unterlassen, insbesondere im Hinblick auf seine Eigenschaft als Amtsträger[19], für den (gutgläubigen) Masseverbindlichkeitengläubiger unschädlich ist.

Szenario 3:
Im dritten Szenario meldet der Masseverbindlichkeitengläubiger M seine Forderungen aus Lieferungen und Leistungen sowie Mietzins entweder in Verkennung seiner Forderung oder der Reichweite der Möglichkeit der Anmeldung nach den §§ 174 ff. InsO zur Insolvenztabelle an. Der Insolvenzverwalter I reagiert nur insoweit, als dass er die Anmeldung zur Insolvenztabelle bestreitet und der Tabellenauszug mit diesem Bestreiten dem Masseverbindlichkeitengläubiger M zugestellt wird oder er formlos mitteilt, dass es sich um keine Insolvenzforderung handele und diese geltend gemachte Forderung daher nicht zur Tabelle feststellbar sei. Im Anschluss beruft sich der Insolvenzverwalter I auf Verjährung und leistet unter Hinweis auf diese nicht.

In diesem Szenario nutzt der Masseverbindlichkeitengläubiger das von der Insolvenzordnung (InsO) vorgesehene Verfahren zur Geltendmachung von Insolvenzforderungen, um seine Masseverbindlichkeit geltend zu machen, entweder in Verkennung der Reichweite der Möglichkeit zur Anmeldung von Forderungen zur Insolvenztabelle oder in Verkennung der Rechtsnatur seiner Forderung. Hier stellt sich insbesondere die Frage, ob nicht eine vergleichbare Situation besteht und eine Umdeutung zur Anmeldung einer Masseverbindlichkeit zur Masseverbindlichkeitentabelle erfolgte. Dies ist vor dem Hintergrund zu betrachten, dass ein Laie möglicherweise nicht zwischen der gesetzlich vorgesehenen Tabelle der Insolvenzgläubiger und der nicht gesetzlich vorgesehenen, aber in § 209 InsO vorausgesetzten Tabelle der Massegläubiger zu unterscheiden vermag und der Insolvenzverwalter über Sonderwissen und Vertrauen verfügt. Hier ist die Frage zu stellen, ob nicht § 204 Abs. 1 Nr. 10 BGB als Norm zur Hemmung angemeldeter Insolvenzforderungen entsprechend anzuwenden ist.[20]

19 Zum Begriff des Amtsträgers: Kluth, NZI 2000, 351, 353.

20 Siehe hierzu unter 3.8.2.2.

Szenario 4:
Abweichend vom vorgenannten Szenario macht der Masseverbindlichkeitengläubiger M richtigerweise eine Masseverbindlichkeit aus Lieferung und Leistung und eine aus Mietzins geltend und erhält vom Insolvenzverwalter I die Nachricht, dass diese notiert wurde. Weitere Informationen folgen nicht. Der Insolvenzverwalter I beruft sich auf Verjährung.

In diesem Szenario erhält der Masseverbindlichkeitengläubiger durch den Insolvenzverwalter eine ausdrückliche Nachricht, dass seine Forderung bekannt, nämlich die Geltendmachung eingegangen ist und diese notiert wurde. Hier besteht eine Parallele zur Feststellung einer Forderung zur Insolvenztabelle. Dort erfolgt ebenso zunächst keine Zahlung, sondern erst am Ende des Verfahrens eine quotale Befriedigung. Hier ist die Frage nach einer entsprechenden Anwendung des § 204 Abs. 1 Nr. 10 BGB[21] zu stellen, da für den Gläubiger möglicherweise kein Unterschied zu der Geltendmachung einer Insolvenzforderung besteht, sodass der Gläubiger annimmt, alles Notwendige getan zu haben, damit seine Forderung (wenn auch nur quotal) befriedigt wird.

Szenario 5:
Der Masseverbindlichkeitengläubiger M macht wiederum eine Forderung aus Lieferung und Leistung sowie eine aus Mietzins geltend. Der Insolvenzverwalter I notiert diese zur Masseverbindlichkeitentabelle, teilt jedoch mit, dass die Forderung aufgrund der eingetretenen Masseunzulänglichkeit nicht gezahlt werden kann. Der Insolvenzverwalter I beruft sich auf Verjährung.

Festzustellen ist, ob § 204 Abs. 1 Nr. 10 BGB direkt oder entsprechend anzuwenden ist,[22] dies insbesondere vor dem Hintergrund, dass hier zusätzlich § 209 InsO anzuwenden ist, d.h., der Insolvenzverwalter notiert diese Forderung und im Falle der fortbestehenden Masseunzulänglichkeit bei Verfahrensaufhebung werden die Gläubiger nur quotal befriedigt. Dies ist dann exakt der gleiche Fall wie bei der Anmeldung einer Insolvenzforderung zur Insolvenztabelle, kurz gesagt, es handelt sich um eine ‚Insolvenz in der Insolvenz'.

Gemeinsamkeiten der Szenarien:
Den Szenarien ist gemein, dass sich der Insolvenzverwalter auf die nach seiner Meinung eingetretene Verjährung beruft, ob dies zu Recht oder zu Unrecht erfolgt, wird noch zu untersuchen sein. Interesse an der Klärung dieser Frage, ob

21 Siehe hierzu unter 3.8.2.2.
22 Siehe hierzu unter 3.8.2.2.

ihm nämlich dies tatsächlich rechtlich wirksam möglich ist, besteht nicht nur seitens der streitenden Parteien, des Insolvenzverwalter und des Massegläubigers aufgrund dieses individuellen Rechtsverhältnisses, sondern auch seitens des Insolvenzverwalters im Hinblick auf eine klare und komplikationsfreie Abwicklung des Insolvenzverfahrens. Dies gilt insbesondere vor dem Hintergrund der Vermeidung von Haftungsrisiken, da er zur Vermeidung von Vergütungseinbußen[23] und Schadensersatzansprüchen[24] gehalten ist, sich auf Verjährung zu berufen.

23 BVerfG, Beschl. v. 30.03.1993 – 1 BvR 1045/89 = NJW 1993, 2861; siehe hierzu ausführlich unter 3.4.7.

24 BGH, Urt. v. 06.05.2004 – IX ZR 48/03 = Kaufmann, NZI 2004, 435; siehe zum Inhalt der Entscheidung ausführlich unter 2.1.4.4 in Petit.

B. Die Untersuchung

Um diese in den Szenarien benannten Verjährungsthemen angemessen betrachten zu können, muss zunächst bestimmt werden, welche Forderungen in Betracht kommen und wie diese rechtlich einzuordnen sind. Dies erfolgt vor dem Hintergrund, dass Verjährung immer anhand des individuellen Anspruchs zu untersuchen ist, jedoch nicht auszuschließen ist, dass die Art und Weise der Begründung (Von wem wird wie begründet?) Einfluss auf den Eintritt der Verjährung und die Hemmung haben kann. Ausgangspunkt der Überlegung ist das Vorhandensein von Masseverbindlichkeiten verschiedener Arten, nämlich aus Lieferungen und Leistungen sowie aus Mietzins, sodass diese zunächst zu bestimmen und voneinander abzugrenzen sind. Um Masseverbindlichkeiten voneinander abzugrenzen, bedarf erst zunächst einer Begriffsbestimmung. Die Begrifflichkeit wurde historisch jedoch verschieden verwendet, sodass zur Vermeidung von Missverständnissen in Abgrenzung zum heutigen Verständnis diese chronologisch aufzuzeigen sind. Denn die Einordnung eines Anspruches als Masseverbindlichkeit weist den Weg zu dessen rechtlicher Stellung im Verfahren und zur Art und Weise der Geltendmachung und letztlich der Verjährung.

1. Teil: Die Masseverbindlichkeit

1.1 Definition und historische Entwicklung des Begriffes

1.1.1 Ursprung der Begrifflichkeit ‚Masseverbindlichkeit'

Bereits in der Preußischen Konkursordnung (KO) vom 08.05.1855 bzw. vom 09.05.1855 sind die Massegläubiger im fünften Abschnitt erwähnt. Dieser gliedert diese in Massekostengläubiger und Masseschuldengläubiger, die unter dem Oberbegriff Masseverbindlichkeitengläubiger zusammengefasst wurden.[25] Dort verstand man unter Masseverbindlichkeiten sowohl die Massekosten als auch die Masseschulden. Letztere sind der Insolvenzordnung fremd. Der Begriff Masseverbindlichkeit fungierte demnach zunächst als Oberbegriff. Masseschulden und Massekosten waren somit zwar nicht gleichrangig, überschnitten sich aber teilweise inhaltlich mit den heutigen Einordnungen der Begrifflichkeiten. Auf Basis der Preußischen Konkursordnung entstand die Konkursordnung für das

25 MüKoInsO – *Hefermehl*, InsO, § 55 Rn. 7.

Deutsche Reich vom 10.02.1877.[26] In ihrer Fassung der Bekanntmachung vom 20.05.1898 sind die Massegläubiger – mit gleicher Aufteilung – in den §§ 57 ff. (vorher §§ 50 ff.) geregelt. Die Konkursordnung wurde am 01.01.1999 außer Kraft gesetzt[27] und durch die Insolvenzordnung abgelöst[28]. In dieser sind nunmehr die Massegläubiger, zu denen auch die Masseverbindlichkeitengläubiger zählen, in den §§ 53 ff. InsO geregelt. Wie sich noch zeigen wird, hat sich die inhaltliche Bestimmung des Begriffes Masseverbindlichkeiten von der Konkursordnung zur Insolvenzordnung hin geändert, und dies mit rechtlichen Folgen.

1.1.2 Masseverbindlichkeiten i.S.d. Konkursordnung

Nach nunmehr erfolgter Ermittlung des Begriffsursprungs gilt es zu klären, wie der Begriff Masseverbindlichkeit im Rahmen der Konkursordnung zu verstehen war. Hierzu ist dieser zunächst in seine beiden Fallgruppen Massekosten und Masseschulden zu zerlegen.

Massekosten bezeichneten unter Geltung der Konkursordnungen die gerichtlichen Kosten für das gemeinschaftliche Verfahren sowie die Ausgaben für die Verwaltung, Verwertung und Verteilung der Masse.[29]

Der Begriff der Masseschulden der Konkursordnung umfasste hingegen Verbindlichkeiten aus Rechtsgeschäften und sonstigen Handlungen des Konkursverwalters sowie Verbindlichkeiten aus beiderseitigen Verträgen, deren Erfüllung der Konkursverwalter wählte oder deren Erfüllung kraft Gesetzes für die Zeit nach Eröffnung des Verfahrens erfolgen musste.[30] Darüber hinaus waren Ansprüche der Arbeitnehmer aus dem Zeitraum vor Eröffnung des Konkursverfahrens gemäß § 59 Abs. 1 Nr. 3 KO privilegiert und galten als Masseschulden. Um die Verwendung dieses Begriffes sowohl in der Konkursordnung als auch in der Insolvenzordnung im Folgenden miteinander vergleichen zu können, bedarf es nunmehr zunächst der Darstellung, wie der Begriff Masseverbindlichkeit i.S.d. Insolvenzordnung zu verstehen ist.

---

26 *Thieme*, in: 100 Jahre Konkursordnung, 44.

27 Konkursordnung aufgehoben am 01.01.1999 durch Art. 2 Nr. 4 G v. 05.10.1994 (BGBl. I S. 2911).

28 Ab diesem Zeitpunkt gilt die Insolvenzordnung, Einführungsgesetz vom 05.10.1994 (BGBl. I S. 2866).

29 Vgl. § 58 KO.

30 Vgl. § 59 KO.

1.1.3 *Masseverbindlichkeiten i.S.d. Insolvenzordnung*

Unter Masseverbindlichkeiten unter Geltung der Insolvenzordnung sind Verbindlichkeiten, die im Rang nach den Massekosten[31] (im Falle der Masseunzulänglichkeit), jedoch vor den Insolvenzforderungen[32] zu bedienen sind, zu verstehen. Hierbei handelt es sich im Wesentlichen um Verbindlichkeiten, die durch die Handlung des Insolvenzverwalters oder in anderer Weise begründet wurden und die aus gegenseitigen Verträgen stammen, soweit deren Erfüllung zur Insolvenzmasse verlangt wird, oder zeitlich nach der Eröffnung des Insolvenzverfahrens erfolgen müssen oder aus ungerechtfertigter Bereicherung stammen.[33] Diese und weitere Fallgruppen sind im Verlaufe dieser Arbeit näher zu betrachten. Die Insolvenzordnung regelt in § 53 InsO, dass die Kosten des Insolvenzverfahrens sowie die sonstigen Masseverbindlichkeiten gemäß § 55 InsO vorweg zu befriedigen sind. Zu den sonstigen Masseverbindlichkeiten gemäß § 55 InsO kommen noch weitere außerhalb von § 55 InsO normierte Masseverbindlichkeiten hinzu.[34] Das Gesetz ordnet somit einen Gleichrang der Massekosten und Masseverbindlichkeiten an, weicht dieses jedoch durch die Befriedigungsreihenfolge bei Masseunzulänglichkeit durch die Rangordnung des § 209 InsO, wonach im Falle des ‚Konkurses im Konkurs' Massekosten vorrangig zu bedienen sind, wieder auf.[35]

1.1.4 *Vergleich der Begrifflichkeiten ‚Konkursordnung' und ‚Insolvenzordnung'*

Aus den bisherigen Ausführungen zu Masseverbindlichkeiten i.S.d. Konkursordnung und der Insolvenzordnung sind bereits Unterschiede ersichtlich, die es nunmehr gegenüberzustellen gilt, um letztlich ein besseres Begriffsverständnis zu erzielen. Dies gilt insbesondere vor dem Hintergrund, dass im Untersuchungsverlauf die Einordnung als Masseverbindlichkeit entscheidend für den Befriedigungsrang ist. Mit dem Wandel der Begrifflichkeit ging auch eine Änderung des Befriedigungsranges einher.

Massekosten sind im Geltungsbereich der Insolvenzordnung gemäß § 54 InsO die Gerichtskosten für das Insolvenzverfahren sowie die Vergütungen und Auslagen des vorläufigen und endgültigen Insolvenzverwalters sowie die der

---

31 Uhlenbruck – *Sinz*, InsO, § 54 Rn. 1.

32 Braun – *Bäuerle*, InsO, § 53 Rn. 5.

33 MüKoInsO – *Hefermehl*, InsO, § 53 Rn. 19 ff.

34 So u.a. § 324 InsO, § 123 Abs. 2 S. 1 InsO.

35 Andres/Leithaus – *Andres*, InsO, § 209 Rn. 2.

Mitglieder des Gläubigerausschusses, nicht jedoch – wie in der Konkursordnung noch vorgesehen – die Auslagen für Verwaltung und Verwertung. Der Begriff ist somit nicht mehr so umfassend wie zu Zeiten der Konkursordnung.[36]

Der Begriff der Masseschulden i.S.d. Konkursordnung ist weitgehend deckungsgleich mit dem der heutigen Masseverbindlichkeiten gemäß § 55 Abs. 1 Nr. 1 und 2 InsO, umfasst jedoch nicht Auslagen für die Verwaltung und Verwertung sowie das Folgende. Es existiert keine Privilegierung der Ansprüche der Arbeitnehmer. Der Gesetzgeber der Insolvenzordnung hat für diese eine konträre Wertung zur Konkursordnung vorgenommen, indem er diesen gemäß § 55 Abs. 3 InsO den Rang einer Insolvenzforderung gemäß § 38 InsO zuweist.[37]

Es ist somit festzustellen, dass keine neue Schuldart eingeführt wurde, sondern lediglich eine Neujustierung und Einordnung der Gläubiger in Rangklassen erfolgte. Der Inhalt der Begrifflichkeiten wurde neu definiert.

Im Folgenden gilt es, den Grund für die Erschaffung und Neujustierung im Rahmen des § 55 InsO mit dessen Regelungsgehalt sowie dessen Funktion näher zu untersuchen.

1.1.5 Funktion von Masseverbindlichkeiten i.S.d. Insolvenzordnung

Um im weiteren Verlauf der Arbeit eine Bewertung vornehmen zu können, ob und wie Masseverbindlichkeiten verjähren bzw. deren Verjährung gehemmt wird, und um zu verstehen, warum Masseverbindlichkeiten überhaupt durch welche ‚Handlung' begründet werden können, ist zunächst die Funktion von Masseverbindlichkeiten i.S.d. Insolvenzordnung zu erörtern.

Gemäß § 53 InsO sind die Kosten des Insolvenzverfahrens und sonstige Masseverbindlichkeiten vorweg aus der Insolvenzmasse zu befriedigen. Der Grund für diese Regelung liegt in dem Umstand, dass die Durchführung eines Insolvenzverfahrens ohne den Einsatz finanzieller Mittel nicht denkbar ist.[38] Sowohl die Verwaltung und Verwertung der Masse[39] als auch eine etwaige Betriebsfortführung[40] verlangt den Abschluss von Rechtsgeschäften, durch die Masseverbindlichkeiten begründet werden. Diese Verbindlichkeiten müssen vom Insolvenzverwalter

36 Uhlenbruck – *Sinz*, InsO, § 54 Rn. 1.
37 MüKoInsO – *Hefermehl*, InsO, § 53 Rn. 2.
38 *Henckel*, in: 100 Jahre Konkursordnung, 169, 171.
39 MüKoInsO – *Hefermehl*, InsO, § 53 Rn. 1.
40 Borchardt/Frind – *Frind*, Betriebsfortführung, Rn. 356.

begründet und dann auch befriedigt werden können, andernfalls würde sich niemand finden, der mit einem Insolvenzverwalter Rechtsgeschäfte abschlösse.[41]

§ 53 InsO enthält zwei Regelungen: den Vorrang der Massekosten und den der Masseverbindlichkeiten vor Insolvenzforderungen. Aufgrund der Befriedigungsreihenfolge des § 209 InsO wird zwischen diesen jedoch im Rang nochmals unterschieden, denn im Falle der Masseunzulänglichkeit sind die Kosten des Verfahrens vorrangig zu zahlen.[42] Deren Funktion liegt somit in der Gewährleistung einer geordneten Verfahrensabwicklung.[43]

Bereits an dieser Stelle ist im Hinblick auf die spätere Prüfung hervorzuheben, dass es sich bei § 209 InsO um einen Fall des ‚Konkurses im Konkurs' oder um eine ‚Insolvenz in der Insolvenz' handelt.[44] Hierbei sind verschiedene Varianten zu betrachten: Zunächst können Massekosten vollständig beglichen werden, Masseverbindlichkeitengläubiger werden jedoch insofern unterschiedlich behandelt, als dass zumindest auf Altmasseverbindlichkeiten nur eine Quote unter Zuhilfenahme eines Masseverbindlichkeitenverzeichnisses[45] gezahlt wird.[46] Dieses Vorgehen weist, jedenfalls für den Laien, erhebliche Parallelen zur Befriedigung von Insolvenzgläubigern nach Anmeldung ihres Anspruches zur Insolvenztabelle auf, sodass noch zu untersuchen sein wird, welche Auswirkungen dies auf eine mögliche Verjährung des Anspruches hat.[47] Denn auf den ersten Blick scheint folgender Unterschied zu bestehen: Wenn die Masseunzulänglichkeit entfällt und ein Altmassegläubiger nicht befriedigt wird, da sich der Insolvenzverwalter bzgl. dessen Anspruches auf Verjährung beruft, fällt dieser Gläubiger mit seiner Forderung aus. Gegenüber einem Insolvenzgläubiger besteht der Unterschied darin, dass dieser bei ausreichend vorhandener Insolvenzmasse zum Verfahrensende eine Quote in Höhe von hundert Prozent erhält, da seine Insolvenzforderung – deren korrekte Anmeldung vorausgesetzt – durch Aufnahme in die Insolvenztabelle nicht verjährt.[48] Die zweite Variante gleicht der ersten und unterscheidet sich nur darin, dass Altmassegläubiger vollständig ausfallen und das Schicksal der Teilbefriedigung nunmehr die Neumassegläubiger ereilt. Hiervon abzugrenzen ist der Fall der Massearmut, in dem nicht einmal die Kosten des Verfahrens gedeckt sind.[49] Da in diesem Falle kein Masseverbindlichkeitengläubiger, unabhängig von seiner Stellung als Alt- oder Neumassegläubiger, etwas erhält, entsteht hier – zumindest wirtschaftlich – kein Problem durch eine etwaige Verjährung.

---

41 MüKoInsO – *Hefermehl*, InsO, § 53 Rn. 1.

42 Nerlich/Römermann – *Westphal*, InsO, § 209 Rn. 5.

43 MüKoInsO – *Hefermehl*, InsO, § 53 Rn. 1.

44 Uhlenbruck – *Ries*, InsO, § 209 Rn. 1.

45 Zur Tabelle der Masseverbindlichkeiten: Breuer, Insolvenzrechts-Formularbuch, B. XIII. 3.

46 Braun – *Kießner/Braun*, InsO, § 209 Rn. 3.

47 Siehe hierzu unter 3.8.2.2.2.

48 Smid, DZWiR 2012, 267, 268.

49 Braun – *Kießner/Braun*, InsO, § 207 Rn. 1.

Diese faktische Besserstellung von Verfahrenskosten im Verhältnis zu Masseverbindlichkeiten ist notwendig, damit Masseverbindlichkeiten überhaupt begründet werden können. Denn hierfür bedarf es in der Regel des Übergangs der Verwaltungs- und Verfügungsbefugnis auf einen Insolvenzverwalter.[50] Insolvenzverwalter sind jedoch keine Beamten, sondern Unternehmer, die mit dieser Tätigkeit ihren Lebensunterhalt verdienen.[51] Um sicherzustellen, dass sich jemand bereit erklärt, diese Funktion zu übernehmen und die Verwaltung und Verwertung der Masse durchzuführen, also Masseverbindlichkeiten begründet, bedarf es der Sicherung seines Vergütungsanspruches. Denklogisch ist es daher erforderlich, dass zunächst sichergestellt wird, dass jemand Masseverbindlichkeiten begründen und bei Fehlverhalten auch in Haftung genommen werden kann. Die begriffliche Unterscheidung der Massekosten und Masseverbindlichkeiten ist vonnöten, damit bei einer eingetretenen Masseunzulänglichkeit und deren pflichtgemäßer Anzeige die bisherigen, d.h. die bis zu diesem Zeitpunkt entstandenen Verfahrenskosten nicht wie Altmasseverbindlichkeiten nachrangig werden und dem Insolvenzverwalter ein Ausfall droht,[52] wie es zu Zeiten der Konkursordnung, bevor das Bundesverfassungsgericht diese Gefahr durch eine entsprechende Auslegung derselben gebannt hatte, der Fall gewesen war.[53]

Gäbe es keinen Vorrang, hätte dies zur Folge, dass Insolvenzverwalter ebenfalls nur einen Anspruch auf quotale Befriedigung bzgl. Vergütungen, die vor Anzeige der Masseunzulänglichkeit erwirtschaftet wurden, hätten. Bei 24.085 eröffneten Unternehmensinsolvenzverfahren im Jahre 2014[54] würde dies ein erhebliches Ausfallrisiko für Insolvenzverwalter bedeuten und somit bestünde die Gefahr einer Unterversorgung des Abwicklungsmarktes mit qualifizierten Verwaltern. Dies erklärt, warum Masseverbindlichkeiten in der Rangfolge vor den Insolvenzforderungen und bei der Befriedigung nach den Verfahrenskosten stehen und es somit einer Differenzierung bedarf.

---

50 Siehe hierzu unter 1.2.1 ff.

51 BGH, Beschl. v. 04.12.2014 – IX ZB 60/13 = ZIP 2015, 138.

52 BVerfG, Beschl. v. 30.03.1993 – 1 BvR 1045/89 = NJW 1993, 2861; siehe hierzu auch unter 3.4.7.

53 BVerfG, Beschl. v. 30.03.1993 – 1 BvR 1045/89 = NJW 1993, 2861; siehe hierzu auch unter 3.4.7.

54 Statistisches Bundesamt, Statistik: Insolvenzen in Deutschland 2014; Abruf 10/2015.

Unter Berücksichtigung dessen ergibt sich folgende Befriedigungsreihenfolge:

Erstens: Kosten des Insolvenzverfahrens gemäß § 54 InsO

Zweitens: Masseverbindlichkeiten nach Anzeige der Masseunzulänglichkeit gemäß § 209 InsO

Drittens: übrige Masseverbindlichkeiten gemäß § 209 InsO

Viertens: Insolvenzforderungen gemäß § 38 InsO

Fünftens: nachrangige Forderungen gemäß § 39 InsO

Wenn auch unter der Geltung der Konkursordnung die Begriffe rechtlich und inhaltlich anders belegt waren, diente diese bereits der Abgrenzung von Gläubigerforderungen und der Einteilung in verschiedene Rangklassen.[55] Auch diesen war eine priorisierte Befriedigungsreihenfolge zugewiesen.[56] Folgende Rangklassen galten unter Berücksichtigung des § 60 KO im Rahmen der Konkursordnung:

Erstens: Masseschulden i.S.d. § 59 Abs. 1 Nr. 1 und 2 KO

Zweitens: Massekosten i.S.d. § 58 Nr. 1 und 2 KO und von diesen zuerst die baren Auslagen

Drittens: Masseschulden i.S.d. § 59 Abs. 1 Nr. 3 und 4 KO

Viertens: Massekosten i.S.d. § 58 Nr. 3 KO

Fünftens: Konkursforderungen i.S.d. § 3 KO im Rang nach § 61 KO

Nachrangige Forderungen i.S.d. § 39 InsO konnten im Rahmen der Konkursordnung gemäß § 63 KO nicht geltend gemacht werden.

Diese Aufteilung wurde durch die Entscheidung des Bundesverfassungsgerichtes dergestalt modifiziert, dass „die Rangfolgeregelung des § 60 Abs. 1 Nr. 1 und 2 KO verfassungskonform dahin gehend auszulegen ist, daß sie nicht Ansprüche des Konkursverwalters erfaßt, die auf die Zeit nach Feststellung der Massearmut entfallen".[57]

1.1.6 Zwischenergebnis

Nachdem nunmehr die Funktion und die Entwicklung des Begriffes der Masseverbindlichkeiten aufgezeigt worden sind, steht dem Grundsatz nach fest, dass Masseverbindlichkeiten abstrakt gesehen Forderungen bestimmter Gläubiger

55 Pape, ZIP 1984, 796, 796.
56 BGH, Urt. v. 15.02.1984 – VIII ZR 213/82 (OLG Düsseldorf) = ZIP 1984, 612.
57 BVerfG, Beschl. v. 30.03.1993 – 1 BvR 1045/89 = NJW 1993, 2861.

sind, die einem fest definierten Rang im Rahmen des Insolvenzverfahrens zugewiesen sind, wobei sich die Einordnung in diese Rangklassen historisch entwickelt und gewandelt hat.

Um zu bestimmen, wie eine Masseforderung verjährt, ist deshalb zunächst zu ermitteln, um welche Forderung – also um welchen Anspruch – es sich konkret handelt und ob diese unter den abstrakten Begriff der Masseverbindlichkeit zu subsumieren ist.

Dies ist notwendig, da es im Gesetz weder Beispiele für die Einordnung konkreter Forderungen als Masseverbindlichkeiten (Forderungen aus Kaufverträgen nach Eröffnung sind beispielsweise immer Masseverbindlichkeiten) gibt, noch spezielle Verjährungsregelungen für Masseverbindlichkeiten, die pauschal und abstrakt angewendet werden könnten. Jede einzelne Forderung in einem Insolvenzverfahren ist daher zu prüfen und einzuordnen. Um dies in der vorliegenden Arbeit darstellen zu können, wird zunächst ein kurzer und mit Beispielen versehener Abriss der vom Gesetz vorgesehenen ʹArten von Masseverbindlichkeiten‘ erfolgen. Der gesetzlichen Differenzierung ist gemein, dass diese an den Ursprung bzw. das Entstehen der einzelnen Verbindlichkeit anknüpft und hiernach unterscheidet, d.h., keine konkrete Einordnung einzelner Vertragsarten oder Ansprüche vorgibt.

Dieses Vorgehen macht eine nähere Betrachtung erforderlich, da später noch zu prüfen sein wird, ob die Art der Begründung ggf. Einfluss auf den Verjährungsbeginn und auf eine etwaige Hemmung hat.

1.2 Arten von Masseverbindlichkeiten und deren Entstehen / Ursprung

Forderungen können auf verschiedene Art und Weise zu Masseverbindlichkeiten qualifiziert werden, wobei auf deren Entstehen bzw. deren Ursprung abzustellen ist. Das Gesetz ordnet an, dass gewisse vom Insolvenzverwalter begründete Verbindlichkeiten Masseverbindlichkeiten sind,[58] des Weiteren aber auch Verbindlichkeiten, die ohne Handlung eines Insolvenzverwalters entstanden sind, Masseverbindlichkeiten sein können.[59] In beiden Fällen ist der Masseverbindlichkeitenstatus an den Zeitpunkt des Entstehens und die Verfügungsmacht geknüpft.[60] Gleichzeitig ordnet das Gesetz jedoch auch an, dass Forderungen, die per Subsumtion im Grundsatz dem § 38 InsO unterfallen und somit (vor Eröffnung begründete) Insolvenzforderungen wären, aufgrund spezieller gesetzlicher Anordnungen

58 Vgl. § 55 InsO.
59 Vgl. § 55 InsO.
60 Siehe hierzu auch unter 1.2.1.

Masseverbindlichkeiten werden[61] oder Forderungen, die durch Handeln eines Verwalters nach Übergang der Verwaltungs- und Verfügungsbefugnis begründet wurden, Insolvenzforderungen sind.[62] Um bestimmen zu können, wie eine Masseverbindlichkeit verjährt ist, muss diese zunächst konkretisiert und von anderen Forderungen (Insolvenzforderungen und Massekosten) abgegrenzt werden, da diese wiederum einer anderen Verjährungsregelung unterliegen können.[63]

1.2.1 Masseverbindlichkeiten durch Handlung des Insolvenzverwalters

§ 55 Abs. 1 Nr. 1 InsO regelt, dass durch Handlungen des Insolvenzverwalters Masseverbindlichkeiten begründet werden können. Neben Rechtshandlungen reicht jedoch bereits jedes Tun oder Unterlassen im Rahmen seines Wirkungskreises aus.[64] Für die weitere Prüfung im Rahmen dieser Arbeit ist die Feststellung, ob es sich um eine Masseverbindlichkeit durch Handlung des Insolvenzverwalters handelt, von Bedeutung, insbesondere im Zusammenhang mit etwaigen Informationspflichten gegenüber dem Gläubiger im Vergleich zu Informationspflichten bei oktroyierten Masseverbindlichkeiten[65] oder dem Verjährungsbeginn.[66]

Zu Zeiten der Konkursordnung war die Abgrenzung zwischen Handlungen durch Verwaltung, Verwertung und Verteilung der Insolvenzmasse und sonstigen Handlungen des Insolvenzverwalters entscheidend, da erstere Handlungen im Rang (§ 58 KO) den zweiten (§ 59 KO) bei der Verteilung von Masse unzulänglicher Verfahren vorgingen.[67] Gemäß § 55 Abs. 1 Nr. 1 InsO wird hier nicht mehr differenziert, sodass es für die rechtliche Einordnung der Verbindlichkeiten in eine Rangklasse dieser Differenzierung der auf andere Weise begründeten Masseverbindlichkeiten nicht mehr bedarf.[68]

Unter Tun wird jede (schuldrechtliche) Willenserklärung sowie jeder Realakt erfasst.[69] Auch Prozesshandlungen des Insolvenzverwalters sind Handlungen i.S.d. Norm, wenn hierdurch Kosten zulasten der Masse entstehen, soweit der Insolvenzverwalter als Partei kraft Amtes tätig wird.[70]

---

61 So z.B. § 55 Abs. 4 InsO für Umsatzsteuerverbindlichkeiten aus dem Eröffnungsverfahren; Uhlenbruck – *Sinz,* InsO, § 55 Rn. 94.
62 Uhlenbruck – *Sinz*, InsO, § 55 Rn. 94.
63 Siehe hierzu unter 3.8.2.2.1.
64 HambKo – *Jarchow/Denkhaus,* § 55 Rn. 4.
65 Siehe hierzu unter 2.1.4.6.
66 Siehe hierzu unter 3.4.4.1 ff.
67 *Henckel*, in: Henckel/Gerhardt, Jaeger InsO, § 55 Rn. 28.
68 *Henckel*, in: Henckel/Gerhardt, Jaeger InsO, § 55 Rn. 28.
69 Braun – *Bäuerle/Schneider*, InsO, § 55 Rn. 1.
70 *Henckel*, in: Jaeger KO, § 10 Rn. 119.

Neben eigenen Handlungen hat der Insolvenzverwalter sich Handlungen Dritter, die in Vollmacht für ihn tätig sind und zulasten der Masse gehen, zurechnen zu lassen, sodass auch insoweit Masseverbindlichkeiten begründet werden.[71] *Dies können insbesondere ihn vertretende Mitarbeiter oder Anwaltskollegen sein. Zwar ist das Amt des Insolvenzverwalters höchstpersönlicher Natur, sodass er Grundpflichten – wie die Erklärung der Erfüllungswahl oder die Betriebsführung – nicht übertragen kann, eine Vertretung bei untergeordneten Tätigkeiten jedoch als möglich anzusehen ist.*[72] *Selbst wenn der Insolvenzverwalter eine Handlung delegiert haben sollte, die er nicht hätte delegieren dürfen, kann dies nicht zum Nachteil des Gläubigers bzw. der gegnerischen Partei sein. Handlungen Dritter ohne Vertretungsmacht – oder im vorgenannten Sinne delegierte Handlungen ohne Legitimation zur Delegation – hat sich der Insolvenzverwalter und damit die Insolvenzmasse, denn für diese handelt er, nur nach den allgemeinen Vorschriften über die Vertretungsmacht*[73] *zurechnen zu lassen. Allgemein zugerechnet werden jemandem vollmachtslose Vertreterhandlungen, sofern ein Fall einer Duldungs- oder Anscheinsvollmacht gegeben ist. Eine Duldungsvollmacht ist dann gegeben, wenn der Vertretene weiß, dass jemand in seiner Angelegenheit handelt, aber nichts dagegen unternimmt und ein Dritter deswegen irrigerweise eine Vertretungsmacht annimmt.*[74]

Eine Anscheinsvollmacht liegt dann vor, wenn durch den Geschäftsherrn im Rechtsverkehr der Eindruck erweckt wird, dass jemand zu seiner Vertretung berechtigt ist.[75] *Dies ist insbesondere dann denkbar, wenn eine Person mit Zustimmung des Vertretungsberechtigten als Geschäftsführer auftritt, tatsächlich jedoch nicht als solcher bestellt ist.*[76]

Daneben ist auch vorstellbar, dass jemand aufgrund eines Auftrages für einen Insolvenzverwalter handelt, ohne dessen Angestellter zu sein, und dies nach außen auch kommuniziert. Insbesondere im Rahmen von Betriebsfortführungen schaltet ein Insolvenzverwalter häufig Dritte ein, z. B. für die Abwicklung von Arbeitnehmerangelegenheiten. In diesen Fällen stellt sich die Frage nach der Rechtsstellung bei Auftritt im Außenverhältnis. Bei substituierbaren Tätigkeiten, d. h. solchen, die ohne weitere Rechtsnachteile auf Dritte übertragbar sind, ist die Möglichkeit anerkannt.[77] *In diesen Fällen ist fraglich, ob der Beauftragte als Erfüllungsgehilfe Masseverbindlichkeiten begründen kann. Dies ist solange unproblematisch, wie diese im Rahmen der allgemeinen Vorschriften zur Vertretung gemäß den §§ 164 ff. BGB handeln, da insoweit der Verwalter und somit die Masse verpflichtet werden. Handeln diese Dritten außerhalb ihrer Vertretungsmacht, so gilt § 179 BGB mit der Folge, dass der eigentliche Massegläubiger nur einen Anspruch gegen den Vertreter hat. Besonders*

---

71 Uhlenbruck – *Zobel*, InsO, § 113 Rn. 29.

72 Nerlich/Römermann – *Delhaes*, InsO, § 56 Rn. 22 m.w.N.

73 § 171 Abs. 1 BGB.

74 MüKoBGB – *Schubert*, BGB, § 167 Rn. 102 m.w.N.

75 Palandt – *Ellenberger*, BGB, § 172 Rn. 11 m.w.N.

76 BGH, Urt. v. 14.03.2000 – XI ZR 55/99 = BeckRS 2000, 03998.

77 Haarmeyer/Wutzke/Förster, Handbuch der vorläufigen Insolvenzverwaltung, § 3 Rn. 14.

problematisch wird dies in den Fällen, in denen die Gehalt abrechnende Stelle z. B. eine Lohnzahlung zusagt, der Verwalter diese aber mangels ausreichender Masse nicht ausführt. Handelt die Lohn abrechnende Stelle außerhalb ihrer Vertretungsmacht und greifen die allgemeinen Voraussetzungen der Vertretungsmacht nicht, so besteht kein Anspruch gegen die Masse und damit auch nicht die Möglichkeit des Rückgriffs auf die §§ 60 und 61 InsO, Organisations- und Auswahlverschulden hier außen vor gelassen.

Neben der Vertretung sind auch Fälle denkbar, in denen ein Dritter Aufgaben des Insolvenzverwalters wahrnimmt, ohne von diesem beauftragt zu sein, und diese dennoch Masseverbindlichkeiten darstellen. Dies ist bei der Geschäftsführung ohne Auftrag denkbar, denn diese kann durch den Verwalter genehmigt werden.[78] *Eine Genehmigung hat zur Folge, dass die Verbindlichkeit gegen den Genehmigenden wirkt,*[79] *also hier gegen die Masse, für die genehmigt wird. Bei der Genehmigung einer Geschäftsführung ohne Auftrag ist danach zu differenzieren, ob diese Geschäftsführung vor Verfahrenseröffnung – sodann ist es eine Insolvenzforderung – oder ob diese nach Eröffnung erfolgte, sodann ist es eine Masseverbindlichkeit.*[80] *Es ist also nicht auf den Zeitpunkt der Verwalterhandlung, sprich der Genehmigung abzustellen, sondern auf den Zeitpunkt des Begründens der Forderung durch den Geschäftsführer.*

Weiterhin ist ebenfalls anerkannt, dass die Masse für unerlaubte Handlungen[81] *und Gefährdungen des Insolvenzverwalters haftet, so z. B. für schuldhafte Vereitlung von Ab- und Aussonderungsansprüchen.*[82]

Ein Unterlassen des Insolvenzverwalters stellt dann eine Handlung dar, wenn er kraft seines Amtes zur Handlung verpflichtet war. Ihn treffen hierbei neben den Amt- und Fürsorgepflichten für die Insolvenzmasse alle Handlungspflichten, die auch den Schuldner treffen.[83] *Führt der Verwalter also einen Betrieb fort und nimmt er im Rahmen der Tätigkeit des Betriebes Handlungen nicht vor, zu denen er als Verantwortlicher für den Betrieb verpflichtet ist, z. B. die regelmäßige Reinigung von Filtern an Maschinen an denen Aussonderungsrechte bestehen, dann führt dies zu einem Anspruch gegen die Masse.*

Auch ein Dulden eines Insolvenzverwalters kann zu einer Masseverbindlichkeit führen. Dies ist insbesondere in den Fällen denkbar, in denen der Insolvenzverwalter trotz Kenntnis einer selbstständigen Tätigkeit einer natürlichen Person diese nicht freigibt, wobei die Freigabe hinsichtlich ihrer Wirkung und Reichweite im Einzelfall umstritten ist.[84] *Aufgrund der Besonderheit dieser Fallgruppe ist hierauf im Detail nochmals einzugehen.*[85]

---

78 Uhlenbruck – *Sinz*, InsO, § 55 Rn. 9.

79 Uhlenbruck – *Sinz*, InsO, § 55 Rn. 10 m.w.N.

80 *Henckel*, in: Henckel/Gerhardt, Jaeger InsO, § 55 Rn. 9.

81 Andres/Leithaus – *Leithaus*, InsO, § 55 Rn. 5.

82 Nerlich/Römermann – *Rein*, InsO, § 60 Rn. 27.

83 Zu Reichweite und Streitstand: MüKoInsO – *Ott/Vuia*, InsO, § 80 Rn. 432 m.w.N.

84 BFH, Urt. v. 21.07.2009 – VII R 49/08 (FG Rheinland-Pfalz), NZI 2010, 37.

85 Siehe hierzu unter 1.2.9.

1.2.2 Masseverbindlichkeiten in anderer Weise durch die Verwaltung, Verwertung und Verteilung begründet

Anders als bei Masseverbindlichkeiten, die durch Tun, Dulden oder Unterlassen begründet wurden, kann auf eine Handlung, sei sie Unterlassen oder Dulden im Bereich der in anderer Weise begründeten Masseverbindlichkeiten, gerade nicht abgestellt werden, sodass es auch hier einer näheren Betrachtung und Abgrenzung zu Insolvenzforderungen bedarf. Einer Abgrenzung zu den Massekosten ist hingegen nicht notwendig, da kein Fall denkbar ist, in dem eine Verwechslung realistisch wäre. Für die Verjährungshemmung, insbesondere die Anwendbarkeit des § 204 Abs. 1 Nr. 10 BGB wird die Abgrenzung, ob es sich um eine Masseverbindlichkeit oder Insolvenzforderung handelt, jedoch von erheblicher Bedeutung sein.[86]

Zu denen in anderer Weise begründeten Masseverbindlichkeiten zählen insbesondere Steuerforderungen, die nach Eröffnung des Insolvenzverfahrens entstanden sind. Grund für die Einordnung als ‚in anderer Weise begründete‘ Forderungen ist, dass diese nicht aufgrund einer Rechtshandlung des Insolvenzverwalters entstehen, sondern gesetzliche Folge der Handlungen des Insolvenzverwalters zur Verwaltung und Verwertung der Masse sind.[87] *Nicht von dieser Regelung umfasst sind Steuerverbindlichkeiten, die dem Zeitraum vor Eröffnung des Insolvenzverfahrens zuzurechnen sind – dies sind Insolvenzforderungen –, wobei auf die insolvenzrechtliche Begründetheit der Steuerforderung abzustellen ist.*[88] *Anders ist dies nur zu beurteilen, wenn während des vorläufigen Insolvenzverfahrens eine Steuerverbindlichkeit begründet wurde und die Verwaltungs- und Verfügungsbefugnis auf den vorläufigen Insolvenzverwalter übergegangen war*[89] *oder im Falle des § 55 Abs. 4 InsO. Dem folgend, ist es insbesondere so, dass eine Steuerforderung auch nicht allein dadurch Annex zur Masseverbindlichkeit wird, dass ein vorläufiger schwacher Insolvenzverwalter ermächtigt war, Masseverbindlichkeiten gegenüber einem Lieferanten zu begründen und aufgrund dieses Rechtsgeschäftes eine Steuerverbindlichkeit entstand.*[90] *Diese Steuerverbindlichkeit wäre dann auch als Insolvenzforderung zu werten.*

Ähnlich verhält es sich im Falle von Verbindlichkeiten aufgrund öffentlicher Lasten, denn auch diese sind Masseverbindlichkeiten i.S.d. Norm, soweit sie nach Eröffnung begründet wurden,[91] *und zwar mit der folgenden tendenziell systemwidrigen Besonderheit des WEG-Rechts. Gerade im Zusammenhang mit dem Anstieg an Insolvenzen von Immobilienfonds*

---

86 Siehe hierzu unter 3.8.2.2.1 und 3.8.2.2.2.

87 MüKoInsO – *Hefermehl*, InsO, § 55 Rn. 70.

88 Zum Begriff der Begründetheit von Steuern: MüKoInsO – *Schüppen/Ruh*, ISr, Rn. 129.

89 Siehe unter 1.5.

90 MüKoInsO – *Schüppen/Ruh*, ISr, Rn. 23a.

91 MüKoInsO – *Hefermehl*, InsO, § 55 Rn. 81.

Ende der 2000er Jahre im Großraum Berlin[92] *stellte sich vermehrt die Frage, inwieweit Wohn- und Hausgelder Masseverbindlichkeiten darstellen. Auch hier ist wieder auf das Merkmal des Begründens abzustellen, denn die vor Eröffnung des Insolvenzverfahrens begründeten Ansprüche der Wohnungseigentümergemeinschaft sind Insolvenzforderungen nach § 38 InsO, die nach Eröffnung begründeten hingegen Masseverbindlichkeiten gemäß § 55 Abs. 1 Nr. 1 InsO, wobei teilweise umstritten ist, inwieweit Vorschriften der WEG das Insolvenzrecht überlagern.*[93] *Einer der häufigsten Fälle, in denen die Vorschriften der WEG das Insolvenzrecht überlagern, sind die Fälle der Wohngeldvorschüsse. Es ist hier – anders als im Regelfall – nicht nach dem Zeitpunkt des ordinären Begründens, sondern nach der bestimmten Fälligkeit zu entscheiden, d. h., wenn der Termin zur Fälligkeit auf einen Zeitpunkt nach Verfahrenseröffnung fällt, sind dies Masseforderungen, auch wenn der Beschluss hierüber vor Eröffnung gefasst worden ist.*[94] *Dies zeigt, dass der Begriff des Begründens als Unterscheidungskriterium infrage gestellt wird, und zwar hier mit dem Ziel, dass Verbindlichkeiten, die aufgrund des Abstellens auf den Zeitpunkt des Begründens Insolvenzforderungen werden, dem Rang nach zu Masseverbindlichkeiten erhöht werden.*

Insbesondere im Zusammenhang mit Insolvenzverfahren, in denen Grundvermögen, wie z. B. durch die Bewirtschaftung einer Betriebsimmobilie, liegt, werden häufig Masseverbindlichkeiten in anderer Weise gemäß § 55 Abs. 1 Nr. 1 InsO begründet, z. B. aufgrund Zustandsstörer im Ordnungsrecht. Denn selbst in Fällen von Verbraucherinsolvenzen, nämlich dann, wenn im Vermögen des Verbrauchers eine auch nur zu Wohnzwecken vermietete Immobilie liegt, kann es zu Verfügungen der Bauaufsichtsbehörde oder des Ordnungsamtes wegen Gefahren, die vom Gebäude ausgehen, kommen. In diesem Zusammenhang sind insbesondere die Reichweite und Einzelheiten der Pflichten des Insolvenzverwalters zur Gefahrenabwehr umstritten. Im Ergebnis ist eine Pflicht und damit eine Begründung von Masseverbindlichkeiten jedenfalls dann zu bejahen, wenn der Insolvenzverwalter über den Umstand der Inbesitznahme kraft Amtes weiter tätig wird, so z. B. im Falle der Betriebsfortführung als Anlagenbetreiber. Hier hätte er zudem gefährliche Stoffe zu beseitigen.[95] *Im Falle der Inbesitznahme eines Grundstückes ohne Geschäftsbetrieb begründet er allein durch den weiteren Besitz Masseverbindlichkeiten, wenn gegen ihn eine Verfügung als (Zustands)Störer, z. B. wegen Bodenkontaminationen, gerichtet ist.*[96] *Vereinbart der Insolvenzverwalter z. B. mit einem Grundpfandrechtsgläubiger eine kalte Zwangsverwaltung, reicht dies aus, um über die reine Inbesitznahme hinaus – und somit als Zustandsstörer – auch als Handlungsstörer in Anspruch genommen zu werden,*[97] *da*

92 Martini, Das Grundeigentum 14/2009, 889.

93 Zum Streitstand: Drasdo, NZI 2005, 489.

94 Drasdo, NZI 2005, 489 m.w.N.

95 Weitemeyer, NVwZ 1997, 533, 534 m.w.N.

96 BVerwG, Urt. v. 10.02.1999 – BVerwG 11 C 9.97 = ZIP 1999, 538.

97 Für den Zwangsverwalter: Böttcher, ZVG, § 155 Rn. 10d.

er im Rahmen der kalten Zwangsverwaltung dessen Rechte und Pflichten ausfüllt.[98] *Die Inanspruchnahme bezieht sich dabei primär auf die verwaltete Masse und nicht auf die Person und das Privatvermögen des Insolvenzverwalters.*

Als weitere Fallgruppe sind Schadensersatzansprüche, die sich gegen die Insolvenzmasse richten, zu nennen, die möglicherweise aus der Betriebsfortführung be- oder entstanden und dem Verwalter nicht bekannt sind. Es kann durchaus sein, z. B. im Falle der Betriebsfortführung eines Krankenhauses, dass ein angestellter Arzt einen Behandlungsfehler begeht, also kein Handeln, Dulden oder Unterlassen des Insolvenzverwalters vorliegt. Für diesen Behandlungsfehler haftet der Insolvenzschuldner als Betreiber des Krankenhauses. Dieser Behandlungsfehler wird jedoch möglicherweise durch den Patienten zunächst nicht angezeigt und durch die handelnde Person nicht bemerkt oder bestritten, sodass Verjährung zwar nicht nach § 195 BGB, aber nach § 199 BGB droht.

1.2.3 Sonstige Masseverbindlichkeiten aufgrund gegenseitiger Verträge § 55 Abs. 1 Nr. 2 InsO

In Abgrenzung zu § 55 Abs. 1 Nr. 1 InsO beruhen Masseverbindlichkeiten nach § 55 Abs. 1 Nr. 2 InsO gerade nicht auf Verträgen (Willenserklärungen und somit Rechtshandlungen) des Insolvenzverwalters, sondern auf gegenseitigen Verträgen i.S.d. §§ 320 ff. BGB, die bereits vor Eintritt der Insolvenz noch durch den Schuldner bzw. dessen Vertretungsberechtigten abgeschlossen wurden.[99] Diese Unterscheidung ist insbesondere vor dem Hintergrund des Beginns der Verjährungsfrist von Bedeutung, da es hier keine Handlung gibt, an die anzuknüpfen ist.[100] Auch hat die Einordnung als sonstige Masseverbindlichkeit zur Folge, dass hieraus möglicherweise entstehende Informationspflichten des Insolvenzverwalters noch näher zu betrachten sein werden.[101] Die Unterscheidung kann also Einfluss auf den Zeitablauf bis zum Eintritt der Verjährung der Masseverbindlichkeit haben.

Dies gilt auch für den Fall, dass der Insolvenzverwalter die Erfüllung gemäß den §§ 103 und 107 InsO gewählt hat und so eine eigene Erklärung abgibt; denn hier ist er nicht ursächlich für den Vertragsabschluss.[102] *Hierbei sind sodann ggf. Teilleistungen abzugrenzen. Zu diesen Verträgen gehören insbesondere Dauerschuldverhältnisse wie Leasingverträge über bewegliches Anlagevermögen, Telekommunikationsverträge, aber auch noch nicht erfüllte Kauf- oder Werkverträge.*

---

98 Uhlenbruck – *Brinkmann*, InsO, § 165 Rn. 34.

99 MüKoInsO – *Hefermehl*, InsO, § 55 Rn. 116.

100 Siehe hierzu unter 3.4.4.

101 Siehe hierzu unter 2.1.4.6 ff.

102 Leonhardt/Smid/Zeuner – *Smid/Leonhardt*, InsO, § 55 Rn. 34.

Eine weitere Fallgruppe dieser sonstigen Masseverbindlichkeiten sind Verbindlichkeiten aus gegenseitigen Verträgen, die trotz Erklärung der Nichterfüllung weiter zu bezahlen sind, sogenannte oktroyierte Masseverbindlichkeiten.

Insbesondere sind hier Auslaufgehälter[103] *und Auslaufmieten, hier mit der Sonderregel des § 109 InsO, zu nennen.*[104] *Jedoch sind auch bei Beendigung nicht sämtliche Abwicklungs- und sonstige vertraglichen Pflichten als Masseverbindlichkeiten zu erfüllen, sondern nur diejenigen, die in einem Gegenseitigkeitsverhältnis standen, sodass z. B. Mieten nach Eröffnung als Masseverbindlichkeiten zu zahlen sind, sogenannte Schönheitsreparaturen*[105] *oder sonstiger Schadensersatz jedoch nicht, da der Rechtsgrund bereits vor Eröffnung des Insolvenzverfahrens gelegt worden ist.*[106] *Wurde das Mietverhältnis bereits vor Verfahrenseröffnung durch Kündigung oder Aufhebungsvertrag beendet (auch im Falle der fristlosen Kündigung) und die Räumlichkeiten werden mit Eröffnung des Insolvenzverfahrens durch den Verwalter zurückgegeben, entstehen keine Masseverbindlichkeiten. Werden die Räumlichkeiten hingegen aufgrund einer bewussten Entscheidung des Insolvenzverwalters nicht zurückgegeben, hat dieser wegen Nutzung der Räumlichkeiten bzw. Entgegennahme der Leistungen den zivilrechtlichen Regelungen (§ 546a BGB) entsprechend für die Dauer der Vorenthaltung den Mietzins als Masseverbindlichkeit zu zahlen.*[107] *Für sonstigen Schadensersatz im Bereich der Miete (Schuldner als Mieter) regelt die Abgrenzung zwischen Masse- und Insolvenzforderungen ausdrücklich § 109 Abs. 1 Satz 3 InsO.*

Ist der Schuldner selbst Vermieter, Verpächter oder Leasinggeber, wird der Vertrag fortgeführt und ist nur unter den vertraglichen oder allgemeingesetzlichen Regeln mangels Berücksichtigung in den §§ 103 ff. InsO kündbar. Der Insolvenzverwalter hat alle Pflichten aus dem Mietverhältnis, insbesondere die dauerhafte Pflicht, den Miet-/Leasinggegenstand vertragsgemäß zu erhalten, denn dies sind Masseverbindlichkeiten i.S.d. Norm.[108]

Auch im Falle der Gesellschafts- und Gesellschafterinsolvenz[109] können Masseverbindlichkeiten i.S.d. Norm entstehen.

Dies ist immer dann der Fall, wenn das Insolvenzverfahren über das Vermögen der Gesellschaft eröffnet wurde und der Geschäftsbetrieb durch den Insolvenzverwalter fortgeführt wird. In einem solchen Fall können dort begründete Verbindlichkeiten entstehen, für die der Gesellschafter z. B. gemäß dem § 128 HGB i.V.m. § 161 Abs. 2 HGB haftet. Ist zum Zeitpunkt der Begründung dieser Verbindlichkeiten das Insolvenzverfahren über

---

103 Ries, NZI 2002, 521.

104 MüKoInsO – *Hefermehl*, InsO, § 53 Rn. 23b.

105 Zum Begriff der Schönheitsreparaturen: Blank/Börstinghaus – *Blank*, Miete, § 535 Rn. 434 ff.

106 BGH, Urt. v. 06.11.1978 – VIII ZR 179/77 = NJW 1979, 310.

107 OLG Celle, Urt. v. 13.07.2004 – 16 U 11/04 = DZWiR 2004, 425.

108 Braun – *Schneider/Bäuerle*, InsO, § 55 Rn. 9 m.w.N.

109 Ausführlich hierzu: MüKoInsO – *Hefermehl*, InsO, § 55 Rn. 207, 208.

das Vermögen des Gesellschafters bereits eröffnet, liegen dort Masseverbindlichkeiten i.S.d. § 52 Abs. 2 Nr. 2 InsO vor. War das Insolvenzverfahren noch nicht eröffnet und geschieht dies erst später, sind die Forderungen als Insolvenzforderungen im Verfahren des Gesellschafters zu qualifizieren.

1.2.4 Ungerechtfertigte Bereicherung nach Eröffnung des Insolvenzverfahrens

Masseverbindlichkeiten aus ungerechtfertigter Bereicherung sind alle Verbindlichkeiten, die nach Eröffnung des Insolvenzverfahrens durch Bereicherung der Insolvenzmasse durch Leistung oder auf andere Weise ohne rechtlichen Grund entstehen. Auch im Fall der Masseunzulänglichkeit werden solche Ansprüche wie Ansprüche nach § 55 Abs. 1 Nr. 1 und Nr. 2 InsO behandelt.[110] Bei Prüfung, ob diese Art der Masseverbindlichkeit vorliegt, ist vor allem im bargeldlosen Verkehr besonderes Augenmerk darauf zu legen, ob tatsächlich die Masse bereichert wurde oder ob es sich nicht um eine Bereicherung des Insolvenzverwalters handelt und somit die besonderen Vorschriften für die Hemmung von Insolvenzforderungen gemäß § 204 Abs. 1 Nr. 10 BGB[111] oder auch eine entsprechende Anwendung auf Masseverbindlichkeiten[112] a priori ausscheiden.

Hier ist insbesondere die Fehlüberweisung auf das schuldnerische Konto bzw. die Fehlüberweisung auf das Verwaltersonderkonto zu betrachten. Hier ist auf den Zeitpunkt des Geldeinganges, d. h. auf die Gutschrift auf dem jeweiligen Konto abzustellen. Die Gutschrift vor Eröffnung stellt den Anspruch aus ungerechtfertigter Bereicherung einer Insolvenzforderung dar. Ist der Geldeingang nach Öffnung des Insolvenzverfahrens zu verzeichnen, handelt es sich um eine Masseverbindlichkeit.[113]

Hiervon abzugrenzen sind Geldeingänge auf (unechten) Treuhandkonten oder Anderkonten oder dem Kanzleikonto des Insolvenzverwalters. Das Guthaben auf diesen Konten ist nicht massezugehörig.[114] *Grund hierfür ist, dass an dem Guthaben die Masse eventuell einen Herausgabeanspruch haben kann, Kontoinhaber jedoch nicht die Masse, sondern ein Dritter ist. Insofern ist auch nicht die Masse bereichert – dieses ist insbesondere im Hinblick auf eine Masseunzulänglichkeit erheblich –, sondern der jeweilige Kontoinhaber.*

110 BGH, Urt. v. 07.05.2009 – IX ZR 61/08 = NZI 2009, 475.

111 Siehe hierzu unter 3.8.2.2.1.

112 Siehe hierzu unter 3.8.2.2.2.

113 MüKoInsO – *Hefermehl*, InsO, § 55 Rn. 212 m.w.N. (auch zur Unterscheidung zwischen Ander-, Sonder- und Treuhandkonto).

114 Braun – *Bäuerle/Schneider*, InsO, § 55 Rn. 64 f.

1.2.5 *Masseverbindlichkeiten durch Handlungen des vorläufigen Insolvenzverwalters, auf den die Verwaltungs- und Verfügungsbefugnis übergegangen ist*

Im Falle der Anordnung eines allgemeinen Verfügungsverbots gemäß § 21 Abs. 2 Satz 1 Nr. 2 Alternative 1 InsO geht die Verwaltungs- und Verfügungsbefugnis über das Schuldnervermögen auf den vorläufigen Insolvenzverwalter über. Rechtsfolge ist, dass die ansonsten erst mit Eröffnung des Insolvenzverfahrens eintretenden Rechtswirkungen (§ 80 Abs. 1 InsO) bereits ab Anordnung dieser Maßnahme eintreten.[115] Der sogenannte starke vorläufige Insolvenzverwalter[116] hat somit weitgehend die gleiche Rechtsstellung wie der Insolvenzverwalter im eröffneten Verfahren. Folgerichtig ist es daher, dass er gemäß § 55 Abs. 2 InsO Masseverbindlichkeiten begründen kann. Wegen der Reichweite der Begründung von Masseverbindlichkeiten aus Handlungen, d.h. Tun, Dulden oder Unterlassen, kann auf die Ausführungen zum Insolvenzverwalter verwiesen werden.[117] Bei oktroyierten Masseverbindlichkeiten ist wie nachfolgend zu differenzieren.

1.2.6 *Masseverbindlichkeiten aus Dauerschuldverhältnissen im Eröffnungsverfahren bei Übergang der Verwaltungs- und Verfügungsbefugnis auf einen vorläufigen Insolvenzverwalter*

Gemäß § 55 Abs. 2 Satz 2 InsO sind Verbindlichkeiten aus einem Dauerschuldverhältnis, soweit der vorläufige Insolvenzverwalter für das von ihm verwaltete Vermögen die Gegenleistung in Anspruch nimmt, Masseverbindlichkeiten. Diese Vorschrift ist das Gegenstück zu § 52 Abs. 1 Nr. 2 InsO. Ein besonderer Unterschied liegt jedoch darin, dass für eine Einordnung als Masseverbindlichkeit die Inanspruchnahme der Leistung durch den vorläufigen Insolvenzverwalter erfolgen muss (vgl. § 55 Abs. 2 Satz 2 InsO). Mithin sind Leistungen, die er nicht in Anspruch nimmt, auch keine Masseverbindlichkeiten. Diese Unterscheidung ist also, wie später noch zu betrachten sein wird, für die Anwendbarkeit des § 204 Abs. 1 Nr. 10 BGB entscheidend.[118] Weiterhin muss die Leistung auch für die werdende Masse in Anspruch genommen worden sein. Unter Inanspruchnahme ist ein Verhalten des vorläufigen Insolvenzverwalters zu verstehen, mit dem er

115 Braun – *Böhm*, InsO, § 22 Rn. 9.

116 Zur Begrifflichkeit starker vorläufiger Insolvenzverwalter: Nerlich/Römermann – *Mönning*, InsO, § 22 Rn. 22.

117 Siehe hierzu unter 1.2.1 und 1.2.2.

118 Siehe hierzu unter 3.8.2.2.1 und 3.8.2.2.2.

die geschuldete Gegenleistung für die werdende Masse nutzt, obwohl er dies hätte verhindern können,[119] so insbesondere durch eine (echte) Freigabeerklärung bzgl. des die Masse belastenden Gegenstandes bzw. Rechtes.[120]

Dem Wortlaut folgend wären z. B. Mietzinsansprüche nur dann Masseverbindlichkeiten gemäß § 55 Abs. 2 Satz 2 InsO, wenn während des Eröffnungsverfahrens der Mietgegenstand auch durch die vorläufige Masse genutzt wurde, nicht hingegen, wenn z. B. dieser bereits zurückgegeben wurde oder nicht genutzt wird. Bei einem Arbeitsverhältnis ist danach zu differenzieren, ob eine Freistellung vorliegt oder ob die Arbeitskraft für die werdende Masse in Anspruch genommen wird. Als klares Abgrenzungskriterium ist hier eine Freistellung des Arbeitnehmers möglich.[121]

Eine Inanspruchnahme für die Masse ist insbesondere auch dann nicht gegeben, wenn eine – zu dieser Zeit sowieso nicht zulässige – Erklärung gemäß § 103 InsO zur Erfüllungswahl abgegeben wird, die Leistung aber nicht für die Masse in Anspruch genommen wird. Eine solche Erklärung ist dem Insolvenzverwalter vorbehalten. Auch der vorläufig starke Insolvenzverwalter, d. h. derjenige, auf den die Verwaltungs- und Verfügungsbefugnis übergegangen ist, kann zwar eine solche Erklärung abgeben, diese hat jedoch keine Rechtswirkung zugunsten oder zulasten der Insolvenzmasse.[122]

1.2.7 Masseverbindlichkeiten durch den vorläufigen Insolvenzverwalter bei Anordnung des Zustimmungsvorbehalts, jedoch ohne Übergang der Verwaltungs- und Verfügungsbefugnis

Gemäß § 55 Abs. 2 Nr. 2 InsO bedarf es des Übergangs der Verwaltungs- und Verfügungsbefugnis auf den vorläufigen Insolvenzverwalter zur Begründung von Masseverbindlichkeiten. Im Falle des sogenannten vorläufigen schwachen Insolvenzverwalters (Anordnung eines Zustimmungsvorbehaltes) ist es diesem somit grundsätzlich nicht möglich, Masseverbindlichkeiten zu begründen.[123] Etwas anderes gilt nur dann, wenn er durch das Insolvenzgericht zur Eingehung von Masseverbindlichkeiten ermächtigt wurde, wobei eine solche Ermächtigung nur möglich ist, wenn sie für die Verwaltung erforderlich ist.[124] Diese Unterscheidung ist insbesondere für die Anwendbarkeit des § 204 Abs. 1 Nr. 10 BGB von Bedeutung, da es sich bei Nichtvorlage einer Ermächtigung um eine Insolvenzforderung handelt, sodass der Anwendungsbereich eröffnet ist. Ist hingegen eine

119 BGH, Urt. v. 29.04.2004 – IX ZR 141/03 = ZInsO 2004, 674.

120 MüKoInsO – *Peters*, InsO, § 35 Rn. 100, 103.

121 Keller, Insolvenzrecht, Rn. 1396.

122 Andres/Leithaus – *Andres*, InsO, § 103 Rn. 19.

123 Nerlich/Römermann – *Andres*, InsO, § 55 Rn. 129.

124 Laroche, NZI 2010, 965, 966.

Masseverbindlichkeit gegeben, ist erneut die Frage nach deren Verjährungshemmung zu stellen.[125]

Die Ermächtigung stellt einen Eingriff in die Grundrechte des Schuldners dar, sodass sie verhältnismäßig sein muss.[126] *Mithin ist sie damit das mildere Mittel im Vergleich zum Übergang der Verwaltungs- und Verfügungsbefugnis und als Minusmaßnahme möglich.*[127] *Aufgrund des Grundrechtseingriffs müssen Art und Umfang klar bestimmt sein.*[128] *Im Rahmen dieser Ermächtigung – d. h. nur gegenüber dem in der Einzelermächtigung benannten Gläubiger und nur in dem im Rahmen des in der Einzelermächtigung benannten Umfangs – ist es dem vorläufigen Insolvenzverwalter mit Zustimmungsvorbehalt möglich, Masseverbindlichkeiten zu begründen.*[129] *Dem folgend, kann er außerhalb dieser Ermächtigung, d. h. entweder gegenüber anderen Gläubigern oder auch über eine möglicherweise in der Ermächtigung benannte Höchstgrenze hinaus keine Masseverbindlichkeiten begründen. Damit dem vorläufigen Insolvenzverwalter mit Zustimmungsvorbehalt eine entsprechende Einzelermächtigung erteilt wird, hat dieser gegenüber dem Insolvenzgericht im Rahmen seines Antrages darzulegen, dass die zu begründenden Verbindlichkeiten nach seiner derzeitigen Prognose zahlbar sind. Dies heißt im Konkreten, dass eine Art ‚Liquiditätsplanung' vorzuliegen hat, also eine Aufstellung, aus der ersichtlich ist, dass die Masseverbindlichkeiten beglichen werden können.*[130] *Ist diese mangelhaft, können sich hieraus Folgeansprüche auf der Sekundärebene ergeben. Dies verwundert ein wenig, da der vorläufig starke Insolvenzverwalter nicht verpflichtet ist, eine solche Liquiditätsplanung vorzulegen.*[131] *Hier wird erst auf der Sekundärebene geprüft, ob eine belastbare Planung vorliegt, nämlich dann, wenn die Frage zu beantworten ist, ob Haftungsansprüche bestehen.*[132]

In der Praxis erklärt der sogenannte vorläufig schwache Insolvenzverwalter mit Zustimmungsvorbehalt, jedoch ohne Einzugsermächtigung häufig sein ‚Einverständnis' oder seine ‚Zustimmung' mit Bestellungen des Schuldners oder kostenauslösenden Vorgängen. Selbst wenn der vorläufig schwache Insolvenzverwalter mit Zustimmungsvorbehalt eine solche Erklärung abgibt, werden hierdurch keine Masseverbindlichkeiten begründet. Dies gilt auch bei Abgabe eines Garantieversprechens, von dem lediglich dessen persönliche Haftung abzuleiten ist.[133]

---

125 Siehe hierzu unter 3.8.2.2.1 und 3.8.2.2.2.

126 Kirchhof, ZInsO 2004, 57, 58.

127 MüKoInsO – *Haarmeyer*, InsO, § 21 Rn. 25.

128 BGH, Beschl. v. 11.01.2007 – IX ZB 271/04 = ZInsO 2007, 267 zum Umfang eines Betretungsverbotes.

129 MüKoInsO – *Hefermehl*, InsO, § 55 Rn. 226.

130 Haarmeyer/Wutzke/Förster, Handbuch der vorläufigen Insolvenzverwaltung, § 6 Rn. 37.

131 Horstkotte/Martini, ZInsO 2010, 750.

132 Horstkotte/Martini, ZInsO 2010, 750.

133 OLG Celle, Urt. v. 21.10.2003 – 16 U 95/03 = NZI 2004, 89.

Sollte es zu einer Verfahrenseröffnung kommen und die Verbindlichkeit noch bestehen, stellt diese – mangels Ermächtigung – eine Insolvenzforderung gemäß § 38 InsO dar.[134] *Dem Gläubiger bleibt sodann nur, die Forderung zur Insolvenztabelle anzumelden und sich wegen seines Ausfalls ggf. Haftungsansprüchen auf der Sekundärebene gemäß den §§ 60 und 61 InsO zu bedienen, soweit diese überhaupt bestehen.*[135]

1.2.8 Begründung von Masseverbindlichkeiten durch den eigenverwaltenden Schuldner (im Antragsverfahren)

Im Rahmen der Eigenverwaltung ist der Schuldner gemäß § 270 Abs. 1 Satz 1 InsO berechtigt, unter Aufsicht eines Sachwalters die Insolvenzmasse zu verwalten und über sie zu verfügen. Gemäß Satz 2, 1. und 2. Halbsatz dieser Vorschrift gelten die allgemeinen Vorschriften. Zu diesen zählt auch § 55 Abs. 1 Nr. 1 InsO. Dem eigenverwaltenden Schuldner ist es somit möglich, nach § 50 Abs. 1 Nr. 1 InsO Masseverbindlichkeiten zu begründen. Die Begründung der Masseverbindlichkeiten erfolgt in diesem Falle somit nicht durch das vom Gericht eingesetzte Aufsichtsorgan, den Sachwalter, sondern durch den eigenverwaltenden Schuldner selbst.[136] Auf den Schuldner sind die vorgenannten Regelungen zur Vertretung bei Begründung von Masseverbindlichkeiten entsprechend anzuwenden. Grund ist, dass er anstelle des Insolvenzverwalters die Verwaltungs- und Verfügungsbefugnis innehat.[137] Handelt der Generalbevollmächtigte oder ein Anwalt des Schuldners, wird es diesem nach den allgemeinen Regeln der Vertretung – wie oben für den Insolvenzverwalter ausgeführt[138] – zugerechnet, wodurch eine Verpflichtung der Masse möglich ist. Dies hat zur Folge, dass sich bzgl. der Verjährung der vom eigenverwaltenden Schuldner begründeten Verbindlichkeiten die gleichen Fragen stellen wie hinsichtlich der vom Insolvenzverwalter begründeten Verbindlichkeiten; hier ist insbesondere wegen der Anwendbarkeit des § 204 Abs. 1 Nr. 10 BGB die entsprechende Abgrenzung vorzunehmen.[139]

Rein theoretisch ist es somit auch denkbar, dass der Sachwalter Masseverbindlichkeiten begründet, dies jedoch nicht im Rahmen seiner Eigenschaft als Sachwalter,[140] *sondern nur dann, wenn der Schuldner ihn mit der Verwaltung der Masse beauftragt und insoweit*

---

134 Uhlenbruck – *Vallender*, InsO, § 22 Rn. 237.
135 *Heye*, in: Nerlich/Kreplin, Münchener Anwaltshandbuch, § 43 Rn. 53.
136 MüKoInsO – *Tetzlaff*, InsO, § 270 Rn. 160 f.
137 Nerlich/Römermann – *Riggert*, InsO, § 270 Rn. 2.
138 Siehe hierzu unter 1.2.1.
139 Siehe hierzu unter 3.8.2.2.1 und 3.8.2.2.2.
140 Nerlich/Römermann – *Riggert*, InsO, § 270 Rn. 2.

Vertretungsmacht erteilt. Dass eine solche Beauftragung möglicherweise sowohl gegen Standesrecht[141] *als auch gegen die Grundsätze des Verbandes Insolvenzverwalter Deutschlands e. V. (VID)*[142] *verstößt, ist vor dem Hintergrund des vorliegenden Untersuchungsgegenstandes zu vernachlässigen.*

Auch im Eröffnungsverfahren ist die Anordnung der Eigenverwaltung möglich. In den sogenannten Schutzschirmverfahren gemäß § 270b InsO hat das Insolvenzgericht gemäß § 270b Abs. 3 InsO auf Antrag des Schuldners diesen zu ermächtigen, Masseverbindlichkeiten zu begründen, wobei § 55 Abs. 2 InsO entsprechend gilt. Als Minusmaßnahme ist auch hier der Erlass einer Einzelermächtigung möglich.[143] Insoweit kann in Bezug auf die Reichweite der möglichen Begründung von Masseverbindlichkeiten (Art und Umfang) auf den vorherigen Absatz verwiesen werden.

Im Rahmen des § 270a InsO ist in Rechtsprechung und Literatur umstritten, ob überhaupt Masseverbindlichkeiten begründet werden können, und, wenn ja, wie und in welchem Ausmaß.

Nach Ansicht des AG Fulda ist weder § 270b Abs. 3 InsO entsprechend anzuwenden, noch besteht die Möglichkeit der Erteilung von Einzelermächtigungen,[144] *mithin ist die Begründung von Masseverbindlichkeiten ausgeschlossen. Nach gegenteiliger Auffassung begründet der Eigenverwalter in Fällen des § 270a InsO immer Masseverbindlichkeiten; einer Ermächtigung bedürfe es nicht, diese sei nur deklaratorisch.*[145] *Nach dritter und wohl überwiegender Ansicht ist zwar § 270b Abs. 3 InsO nicht anwendbar und es werden nicht per se Masseverbindlichkeiten begründet, das Gericht kann aber zur Begründung von Masseverbindlichkeiten per Einzelermächtigung den Schuldner ermächtigen*[146] *bzw. den Sachwalter im Antragsverfahren*[147]*. In den beiden letzten Fällen ist sodann auch für potenzielle Massegläubiger eindeutig, wer und in welchem Ausmaß solche Verbindlichkeiten begründen kann.*

Nach erster und letztgenannter Ansicht, dass keine Masseverbindlichkeiten bzw. immer solche begründet werden, ist mangels eines ausweisenden Beschlusses die Rechtslage unklar. Selbst ein der Rechtsprechung des zuständigen Insolvenzgerichts kundiger Gläubiger kann sich auf die Rechtsfolgen eines ‚Nichtbeschlusses' nicht verlassen, da das Gericht jederzeit seine Rechtsprechung abändern kann. Dieses Problem ist nur zum Teil theoretischer Natur. In der

---

141 Vgl. § 45 Abs. 1 Nr. 3 BRAO.

142 Vgl. § 4 Abs. 2 c) VID-Berufsgrundsätze.

143 AG Köln, Beschl. v. 26.03.2012 – 73 IN 125/12 = NZI 2012, 375.

144 AG Fulda, Beschl. v. 28.03.2012 – 91 IN 9/12 = ZIP 2012, 1471.

145 Frind, ZInsO 2012, 1099; dem folgend: AG Montabaur, Beschl. v. 27.12.2012 – 14 IN 282/12 = ZInsO 2013, 397.

146 AG Köln, Beschl. v. 26.03.2012 – 73 IN 125/12 = ZIP 2012, 788; LG Duisburg, Beschl. v. 29.11.2012 – 7 T 185/12 = ZIP 2012, 2453.

147 AG Hamburg, Beschl. v. 04.04.2012 – 67 g IN 74/12 = ZIP 2012, 787.

Praxis wird zwar häufig nach Bekanntwerden des Insolvenzantrages entweder vom Gläubiger Vorkasse verlangt, aber auch – insbesondere bei Lieferung ohne Vorkasse – die Vorlage eines entsprechenden Beschlusses, aus dem die Ermächtigung zur Begründung von Masseverbindlichkeiten hervorgeht. Erfolgt diese nicht, stellt der Gläubiger häufig die Geschäftsbeziehung ein. Dies kann, z. B. bei einem Schlüssellieferanten, die Betriebsfortführung gefährden.

Die Ansicht, die vertritt, dass der eigenverwaltende Schuldner im Falle des § 270a InsO immer Masseverbindlichkeiten begründet, tut dies unter Verweis darauf, dass gemäß §§ 274 und 275 InsO auch dem Sachwalter die Aufgaben und Kompetenzen des endgültigen Sachwalters zukommen. Dies sei dann auch für den eigenverwaltenden Schuldner anzunehmen. Die Schlussfolgerung kann jedoch nicht korrekt sein, da der vorläufige Eigenverwalter die gleichen Kompetenzen hat wie der eigenverwaltende Schuldner. Dies hätte zur Folge, dass dieser z. B. auch das Wahlrecht gemäß § 103 InsO ausüben könnte. Dieses Recht steht (unstreitig) nicht einmal dem starken vorläufigen Insolvenzverwalter zu, sodass diese Ansicht abzulehnen ist. Auch ist die Auffassung abzulehnen, dass der vorläufige Sachwalter nie Masseverbindlichkeiten begründen könne, und dies mit dem Argument, dass es keine gesetzliche Grundlage gäbe.[148] *Richtig ist zwar, dass eine Anwendung des § 270b Abs. 3 InsO systemwidrig wäre und damit auszuschließen ist, jedoch bestehen gegen die Möglichkeit der Anordnung einer Einzelermächtigung keine Bedenken.*[149] *Sinn und Zweck der Einführung des § 270a InsO war, eine Sanierung in Eigenverwaltung zu erleichtern.*[150] *Gesetzlich sind im Rahmen des § 270a InsO zwar keine Regelungen für die Begründung von Masseverbindlichkeiten, insbesondere durch Einzelermächtigung, getroffen, doch existiert eine solche für den vorläufigen schwachen Insolvenzverwalter ebenfalls nicht. Vielmehr wurde durch die Rechtsprechung die Möglichkeit der Einzelermächtigung herausgebildet.*[151] *In Kenntnis dieser Rechtslage hat der Gesetzgeber kein Verbot zur Begründung von Masseverbindlichkeiten in § 270a InsO formuliert. Die Einzelermächtigung ist somit in vorgenannten Fällen ein durch den Gesetzgeber erwünschtes Sicherungsmittel.*

Soweit Masseverbindlichkeiten begründet werden, kann wegen der Art und des Umfangs auf obige Ausführungen verwiesen werden.[152]

1.2.9 Masseverbindlichkeiten durch (fehlende) Freigabe gemäß § 35 Abs. 2 InsO

Auch im Falle der (fehlenden oder fehlerhaften) Freigabe gemäß § 35 Abs. 2 InsO einer selbstständigen Tätigkeit kann es zu Masseverbindlichkeiten kommen. Es wäre dann ein Fall (fehlerhafte Freigabe bzw. schuldhaft fehlende Freigabe) von

148 AG Fulda, Beschl. v. 28.03.2012 – 91 IN 9/12 = ZIP 2012, 1471.

149 Laroche, NZI 2010, 965; Horstkotte/Martini, ZInsO 2010, 750.

150 AG München, Beschl. v. 27.06.2012 – 1506 IN 1851/12 = ZIP 2012, 1470; HmbKo – *Fiebig*, InsO, § 270a Rn. 34.

151 MüKoInsO – *Hefermehl*, InsO, § 55 Rn. 227 m.w.N.

152 Siehe hierzu unter 1.2.7.

‚durch Handlungen des Verwalters entstandenen Masseverbindlichkeiten' und der Fall der schuldlos fehlenden Freigabe (z.B. mangels Kenntnis der selbstständigen Tätigkeit) unter dem Punkt ‚oktroyierte Masseverbindlichkeiten' zu erörtern. Aufgrund der Materie bietet sich jedoch eine zusammenhängende Darstellung an. Liegt hingegen eine wirksame Freigabe vor und werden im Anschluss Verbindlichkeiten begründet, so handelt es sich gerade nicht um Insolvenzforderungen oder Masseverbindlichkeiten, für deren Verjährung die Frage nach der Anwendbarkeit des § 204 Abs. 1 Nr. 10 BGB zu prüfen ist, sondern um Neuverbindlichkeiten ohne jeden Bezug zum Insolvenzverfahren.[153] Die Freigabe einer selbstständigen Tätigkeit gemäß § 35 Abs. 2 InsO liegt vor, wenn der Insolvenzverwalter gegenüber dem Schuldner erklärt, dass das Vermögen aus der selbstständigen Tätigkeit und die Erträge nicht zur Insolvenzmasse gehören. Insoweit ist die Reichweite dieser Erklärung, insbesondere im Hinblick darauf, welche Vertrags- und Vermögensgegenstände diese umfasst, umstritten.[154] Da für die Einordnung als Masseverbindlichkeit grundsätzliche Erwägungen zum Tragen gekommen, bedarf es keiner Einzelfallabgrenzung. Unproblematisch ist der Fall, in dem der Insolvenzverwalter keine Erklärung nach § 35 Abs. 2 InsO abgibt, sondern erklärt, dass er den Geschäftsbetrieb in der Insolvenzmasse führt.[155] Erklärt er sich aus irgendwelchen Gründen nicht, ist umstritten, ob Masseverbindlichkeiten entstehen oder nicht. Nach Ansicht des Gesetzgebers werden Masseverbindlichkeiten begründet, wobei nicht zu unterscheiden sei, ob sich schuldhaft oder schuldlos (z.B. bei Unkenntnis einer selbstständigen Tätigkeit) nicht erklärt wurde.[156] Nach differenzierender Ansicht werden jedenfalls dann Masseverbindlichkeiten begründet, wenn nach den Grundsätzen der Duldungsvollmacht die Ausübung der selbstständigen Tätigkeit dem Insolvenzverwalter zuzurechnen ist, wobei dies immer dann der Fall sei, wenn er hätte erkennen können, dass jemand für ihn, hier also für die Insolvenzmasse, handelt.[157] Umgekehrt sollen bei schuldloser Unkenntnis keine Masseverbindlichkeiten begründet werden.[158]

Nach der erfolgten Gegenüberstellung der verschiedenen Arten von Masseverbindlichkeiten bedarf es zur Vervollständigung der Eingrenzung des Begriffes

153 Siehe hierzu unter 1.6 sowie unter 3.8.2.2.1 und 3.8.2.2.2.

154 Braun – *Bäuerle*, InsO, § 35 Rn. 102 m.w.N.

155 Nerlich/Römermann – *Andres*, InsO, § 35 Rn. 97.

156 Siehe BT-Drs. 16/4194, 14.

157 Nerlich/Römermann – *Andres*, InsO, § 35 Rn. 103.

158 Nerlich/Römermann – *Andres*, InsO, § 35 Rn. 104.

Masseverbindlichkeit der Abgrenzung desselben zu Insolvenzforderungen, Massekosten, Neuverbindlichkeiten sowie Alt- und Neumasseverbindlichkeiten.

1.3 Abgrenzung von Masseverbindlichkeiten und Insolvenzforderungen

Die Abgrenzung von Masseverbindlichkeiten und Insolvenzforderungen ist elementar für den Fortgang der weiteren Untersuchung, und dies insbesondere vor dem Hintergrund, dass Normen der Verjährungshemmung wie die Anwendbarkeit des § 204 Abs. 1 Nr. 10 BGB zumindest der Rechtsprechung und herrschenden Meinung nach nur auf Insolvenzforderungen Anwendung finden können.[159] Die Verjährung knüpft an die in dieser Arbeit eingangs benannten Szenarien an. Dieses Verständnis gilt es, im Rahmen der weiteren Arbeit zu hinterfragen und eine Anwendbarkeit auf Masseverbindlichkeiten zu prüfen. Somit ist auch festzustellen, dass sich Insolvenzforderungen nicht oder – falls doch – wie sich diese durch Einbringung in ein Insolvenzverfahren zu einer Masseverbindlichkeit wandeln – z. B. durch Anmeldung einer Masseverbindlichkeit zur Insolvenztabelle in Verkennung der Reichweite der Möglichkeit der Anmeldung oder der Qualität des Rechtes selbst.

Insolvenzforderungen sind gemäß § 38 InsO in Abgrenzung zu Masseverbindlichkeiten gemäß § 53 InsO diejenigen Forderungen von persönlichen Gläubigern, die zum Zeitpunkt der Eröffnung des Insolvenzverfahrens begründet waren und sich gegen den Schuldner richten.[160] Es handelt sich somit um einen Anspruch, der ein subjektives Recht auf Teilhabe an der Insolvenzmasse gewährt.[161] Hiervon ausgenommen sind freilich solche Ansprüche, die mit Zustimmung des vorläufig starken Insolvenzverwalters, des ermächtigten eigenverwaltenden Schuldners im Antragsverfahren oder des einzelermächtigten und vorläufig schwachen Insolvenzverwalters sowie des ermächtigten eigenverwaltenden Schuldners begründet sind.[162] Weitere Ausnahmen, wie z. B. höchstpersönliche Forderungen oder Unterlassungsansprüche,[163] bleiben aufgrund des Untersuchungsgegenstandes der Arbeit außer Betracht.

---

159 Hierzu ausführlich unter 3.8.2.2.1 und 3.8.2.2.3.

160 Blersch/Goetsch/Haas – *Breutigam*, BK-InsO, § 38 Rn. 15.

161 *Henckel*, in: Henckel/Gerhardt, Jaeger InsO, § 38 Rn. 13.

162 Siehe hierzu unter 1.2.6, 1.2.7 und 1.2.8.

163 MüKoInsO – *Ehricke*, InsO, § 38 Rn. 37, 38.

§ 38 InsO dient dazu, die Forderungen der Gläubiger, die auf die quotale Befriedigung verwiesen sind,[164] von denen abzugrenzen, die ihre Forderungen außerhalb des Insolvenzverfahrens (Masseverbindlichkeiten) geltend machen können.[165]

Hier zu betrachten sind insbesondere Aus- und Absonderungsrechte: Eine abgesonderte Befriedigung erhält derjenige, dessen Insolvenzforderung durch eine Besicherung geschützt ist, sodass seine gesicherte Forderung aus dem Erlös, den der Insolvenzverwalter bei einer Veräußerung des Sicherungsgutes erzielt, vorrangig bedient wird.[166] Der Aussonderungsberechtigte[167] hingegen steht hinsichtlich der Geltendmachung seines Rechts außerhalb des Verfahrens. Es ist ein Recht des Begünstigten, die Herausgabe eines nicht zur Masse zugehörigen Gegenstandes zu verlangen,[168] wobei sich dieser Anspruch an Surrogaten fortsetzt, soweit diese noch vorhanden und von der Masse zu unterscheiden sind.[169] Eigentümlicherweise kann sich der außerhalb des Insolvenzverfahrens geltend zu machende Anspruch zu einem im Insolvenzverfahren geltend zu machenden Anspruch wandeln – er ist dann zur Insolvenztabelle als Insolvenzforderung anzumelden –, wenn das Surrogat nicht mehr unterscheidbar von der Masse ist und somit ein Schadensersatzanspruch besteht.[170] Die Geltendmachung durch Anmeldung zur Insolvenztabelle führt dann zur Hemmung der Verjährung der Forderung nach § 204 Abs. 1 Nr. 10 BGB.[171] Insoweit ist später zu betrachten, ob ein Wertungswiderspruch besteht,[172] da sowohl der Aus- als auch Absonderungsanspruch der Regelverjährung unterliegen[173] sowie auf den ersten Blick auch die Masseverbindlichkeiten.

Die gleichmäßige Insolvenzgläubigerbefriedigung war bereits Ziel der Kostenordnung, so verwundert es nicht, dass in dieser ein wort- und inhaltsgleicher Paragraph, nämlich § 3 KO normiert war. § 38 InsO definiert somit diejenigen Verbindlichkeiten, die durch Verwertung der Insolvenzmasse gleichmäßig befriedigt werden sollen. Insolvenzgläubiger gemäß § 38 InsO ist somit, wer als

164 Siehe hierzu unter 2.1.1.

165 Siehe hierzu unter 2.1.3.

166 Nerlich/Römermann - *Andres*, InsO, § 49 Rn. 1.

167 Zur Stellung des Absonderungsberechtigten weiter unten im Verlaufe dieser Ordnungsnummer.

168 Braun - *Bäuerle*, InsO, § 47 Rn. 1.

169 Frege/Keller/Riedel, Insolvenzrecht, Rn. 1497.

170 MüKoInsO - *Ganter*, InsO, § 48 Rn. 8b.

171 Hierzu ausführlich unter 3.8.2.2.1.

172 Zur Anwendbarkeit von § 204 Abs. 1 Nr. 10 BGB auf Nichtinsolvenzforderungen siehe 3.8.2.2 ff.

173 *Huber*, in: Gottwald, Insolvenzrechts-Handbuch, § 38 Rn. 27.

persönlicher Gläubiger einen zur Zeit der Eröffnung des Insolvenzverfahrens begründeten Vermögensanspruch gegen den Schuldner hat.[174]

Zur Feststellung, ob eine Insolvenzforderung vorliegt oder ein Insolvenzgläubiger seine Forderung geltend macht, sind demnach immer drei Merkmale zu prüfen:

Erstens muss es sich um einen persönlichen Gläubiger handeln. Persönlicher Gläubiger ist nur derjenige, dem mit seiner Forderung ein allgemeines Befriedigungsrecht an der Gesamtheit der Vermögensgegenstände des Schuldners zusteht[175] und der insbesondere keiner Beschränkung auf einzelne Vermögensgegenstände unterfällt[176]. Hiervon abzugrenzen sind diejenigen Gläubiger, denen Aus- und Absonderungsrechte zustehen. Im Falle eines Aussonderungsrechtes liegt keine Insolvenzforderung vor, da diese Forderungen Ansprüche auf Aussonderung[177] eines bestimmten Gegenstandes darstellen. Das Befriedigungsrecht beschränkt sich insoweit auf den Gegenstand.[178] In Anlehnung an § 3 KO wird somit zwischen dem schuldrechtlichen und dinglichen Anspruch differenziert, wenn auch im Einzelfall die Differenzierung umstritten ist.[179] In jedem Fall betrifft dieses dingliche Haftungsrecht nicht die Insolvenzmasse, da ein Vermögensgegenstand betroffen ist, der gemäß § 35 InsO nicht der Insolvenzmasse zugeordnet ist.[180]

Absonderungsberechtigte gemäß § 52 InsO haben eine Doppelstellung im Verfahren. Sie sind zum einen Insolvenzgläubiger,[181] soweit der Schuldner auch persönlich für die gesicherte Forderung haftet, und zum anderen dinglicher Gläubiger, soweit sie ein Sicherungsrecht an einem bestimmten Gegenstand haben.[182] Insoweit der Insolvenzgläubiger einen Ausfall geltend macht, also keine vorrangige Befriedigung erhält, besteht sein Recht auf Teilhabe als persönlicher Gläubiger am Verfahren.

Der Begriff des Vermögensanspruchs als zweites Merkmal erscheint zunächst nicht eindeutig, da das Ziel des Insolvenzverfahrens, d.h. die gleichmäßige

174 FK – *Bornemann*, InsO, § 38 Rn. 12.
175 MüKoInsO – *Ericke*, InsO, § 38 Rn. 10.
176 FK – *Bornemann*, InsO, § 38 Rn. 12.
177 Zum Begriff Aussonderung: Uhlenbruck – *Brinkmann*, InsO, § 47 Rn. 2.
178 Uhlenbruck – *Sinz*, InsO, § 38 Rn. 5.
179 Leonhardt/Smid/Zeuner – *Smid/Leonhardt*, InsO, § 38 Rn. 13.
180 Uhlenbruck – *Sinz*, InsO, § 38 Rn. 5.
181 *Ries*, in: HK-InsO, § 38 Rn. 11.
182 HmbKo – *Lüdtke*, InsO, § 38 Rn. 7 ff.

Gläubigerbefriedigung durch Geldzahlung erfolgt.[183] Der Begriff des Vermögens ist jedoch deutlich umfassender. Unter Vermögen wird die Summe der einer Person zustehenden geldwerten Güter, Rechte und Forderungen ohne Abzug der Schulden verstanden.[184] Bei näherer Betrachtung stellt man also fest, dass hier ein Widerspruch bestehen könnte. Dieser wird dadurch gelöst, dass ein Anspruch, falls er nicht auf Zahlung gerichtet ist, gemäß § 45 Abs. 1 Satz 1 und § 46 Satz 1 InsO in einen Geldanspruch zur Anmeldung umgewandelt werden kann.[185] Keinen Vermögensanspruch gegen den Schuldner stellen somit insbesondere diejenigen Forderungen dar, die eine nicht vertretbare Handlung fordern.

Schließlich muss als drittes Merkmal die Begründung zum Zeitpunkt vor Eröffnung des Insolvenzverfahrens gegeben sein. Es kann konstatiert werden, dass das Teilnahmerecht einen Vermögensanspruch voraussetzt. Es bleibt nunmehr zu bestimmen, zu welchem Zeitpunkt dieser entstanden sein muss. Es ist auf den Zeitpunkt der Eröffnung des Insolvenzverfahrens abzustellen: Ansprüche müssen bereits begründet gewesen sein.[186] Erwähnt sei nochmals, dass das Begründen einer Forderung ungleich deren Entstehung ist. Das Begründen einer Forderung kann einen vorangegangen großen Zeitraum betreffen. Dies gilt insbesondere im Falle des Steuerrechtes.[187]

Von der allgemeinen Unterscheidung zwischen Masseverbindlichkeiten und Insolvenzforderungen ist der Gegenstand der Anmeldung im Insolvenzverfahren abzugrenzen, da es denkbar erscheint, dass die Anmeldung zur Insolvenztabelle und die entsprechende Feststellung konstitutiv den Charakter der Forderung ändern könnten. Dieser Denkansatz ist jedoch im Ergebnis abzulehnen, da Gegenstand der Forderungsfeststellung im Insolvenzverfahren die Anmeldung nach Grund, Betrag und Rang ist.[188] Dies bedeutet, dass sich die Feststellung auch auf den angemeldeten Forderungsgrund bezieht und ein Austausch eine Neuanmeldung zur Folge hat.[189] Eine solche wäre dann eine Zulässigkeitsvoraussetzung für eine etwaige Feststellungsklage.[190] Hieraus ist ersichtlich, dass eine Anmeldung und Feststellung keinen Einfluss auf den Forderungscharakter hat.

---

183 *Henckel*, in: Henckel/Gerhardt, Jaeger InsO, § 38 Rn. 63.

184 Gablers Wirtschaftslexikon, Stichwort: „Vermögen im zivilrechtlichen Sinn".

185 *Henckel*, in: Henckel/Gerhardt, Jaeger InsO, § 38 Rn. 63.

186 A.A.: HmbKo – *Lüdtke*, InsO, § 38 Rn. 28; *Ries*, in: HK-InsO, § 38 Rn. 3.

187 Uhlenbruck – *Knof/Sinz*, InsO, § 38 Rn. 67.

188 BGH, Urt. v. 05.07.2007 – IX ZR 221/05 = NZI 2007, 647.

189 Braun – *Specovius*, InsO, § 181 Rn. 32 m.w.N.

190 BGH, Urt. v. 05.07.2007 – IX ZR 221/05 = NZI 2007, 647.

1.4 Abgrenzung von Masseverbindlichkeiten und Massekosten

Von den Masseverbindlichkeiten sind die Massekosten abzugrenzen. Diese Abgrenzung ist insbesondere deswegen notwendig, da Massekosten vor Masseverbindlichkeiten zu befriedigen sind,[191] und abweichend verjähren. Massekosten entstehen per Gesetz. Sie sind geregelt in der InsVV sowie im Gerichtskostengesetz. Für die Durchführung des Insolvenzverfahrens entstehen Gerichtskosten, des Weiteren Gebühren für die vorläufige Verwaltung der Masse gemäß § 10 InsVV und für die Verwaltung und Verwertung der Masse im eröffneten Verfahren gemäß § 13 InsVV. Diese sind gemäß § 53 InsO i.V.m. den §§ 209 und 207 InsO den Insolvenzforderungen und den nachrangigen Forderungen vorgehend. Zum Entstehen der Kosten bedarf es keiner Willenserklärung. Sie sind, ähnlich wie Steuertatbestände, gesetzliche Folge von anderen – hier durch die Insolvenzantragstellung bzw. Eröffnung ausgelösten – Handlungen. Zu den Massekosten zählt insbesondere auch die Vergütung des vorläufigen Insolvenzverwalters.[192] Insbesondere in Verfahren, in denen die Massemehrung oder -entstehung bedingt ist durch die (streitige) Durchsetzung von insolvenzspezifischen Ansprüchen (Anfechtung), vergehen von Eröffnung bis zu diesem Zeitpunkt viele Jahre, sodass auch in Bezug auf diese, den Masseverbindlichkeiten vorgehende Zahlungspflicht die Frage nach der Verjährung zu stellen ist. Nach der Rechtsprechung des BGH[193] verjährt auch diese Forderung in der Regelverjährung des BGB, jedoch mit der Besonderheit, dass die Verjährung aufgrund des besonderen Umstandes der Massekostenqualifizierung zwar mit dem Jahresende, in dem das Insolvenzverfahren eröffnet wurde, beginnt, aber bis zum Abschluss des eröffneten Verfahrens gehemmt wird.

Der Rechtsprechung des BGH lag die zu klärende Rechtsfrage zugrunde, ob ein Vergütungsantrag, der später als drei Jahre nach Eröffnung des Insolvenzverfahrens gestellt wird, vorausgesetzt, der richtige Berechtigte erhebt die Einrede, wegen Verjährung nicht festzusetzen ist. Der BGH wendet zwar die Regelverjährung an, nimmt aber aufgrund der besonderen Umstände des Insolvenzverfahrens eine Hemmung der Verjährung bis zum Abschluss des eröffneten Verfahrens (demnach bis zum Schlusstermin) an. Dies geschieht in Anlehnung an den Rechtsgedanken des § 8 Abs. 2 Satz 1 RVG. Auch ergäbe sich die Notwendigkeit aus § 11 Abs. 2 Satz 2 InsVV, da im Rahmen der Schlussrechnung eine Abrechnung auch der Vergütung des vorläufigen Insolvenzverwalters zu erfolgen hat und Abweichungen über einen gewissen Prozentsatz zu korrigieren sind.

---

191 § 209 Abs. 1 Nr. 1 und 2 InsO.

192 § 54 Nr. 2 InsO.

193 BGH, Beschl. v. 22.09.2010 – IX ZB 195/09 = ZIP 2010, 2160; BGH, Beschl. v. 14.04.2011 – IX ZB 18/10 = ZInsO 2011, 1566.

Von den Massekosten, also insbesondere von der Vergütung des vorläufigen Insolvenzverwalters, sind die Kosten des vormaligen vorläufigen Insolvenzverwalters abzugrenzen.[194] Wird ein Insolvenzantragsverfahren durchgeführt und eine Sicherungsmaßnahme angeordnet, dieses Verfahren jedoch erledigt oder der Insolvenzantrag zurückgenommen, besteht ein Vergütungsanspruch des vormaligen vorläufigen Insolvenzverwalters. Eine Festsetzung durch das Insolvenzgericht konnte im Falle der Aufhebung nicht früher erfolgen,[195] nunmehr schon. Allerdings ist der Vergütungsanspruch auf dem Zivilrechtswege geltend zu machen.[196] Mit Entscheidung des Bundesgerichtshofs vom 15.12.2011[197] wurde durch Bejahung der Insolvenzanfechtung der Vergütung des vormaligen vorläufigen Insolvenzverwalters inzident festgestellt, dass diese Forderung lediglich eine Insolvenzforderung darstellt.

Martini hingegen kommt im Rahmen einer verfassungskonformen Auslegung zu dem überzeugenden Ergebnis, dass es sich bei dem Vergütungsanspruch des vormaligen vorläufigen Insolvenzverwalters um eine sonstige Masseverbindlichkeit i.S.d. § 55 Abs. 1 Z. 1 InsO handelt, und zwar im Wesentlichen aufgrund dessen, dass die materielle Insolvenz des Erstverfahrens bis zur Eröffnung aufgrund des Zweitantrages fortwirkt.[198]

1.5 Abgrenzung von Neu- und Altmasseverbindlichkeiten

Der Unterscheidung kommt nach Anzeige der Masseunzulänglichkeit im Rahmen der gesetzlichen Verteilungsreihenfolge des § 209 InsO eine besondere Bedeutung zu. Reicht die Insolvenzmasse aus, um Massekosten sowie Verbindlichkeiten, die nach Anzeige der Masseunzulänglichkeit erfolgt sind, zu zahlen, nicht aber, um Masseverbindlichkeiten nachzukommen, die vor Anzeige der Masseunzulänglichkeit entstanden sind, spricht man von Alt- bzw. Neuma sseverbindlichkeiten(gläubigern).[199] Der Insolvenzverwalter darf die Erfüllung von Altmasseverbindlichkeiten aktiv verweigern – und muss dies im Hinblick auf den Schutz seiner Vergütung vor Kürzungen wegen Verstoßes gegen die

194 Ausführlich hierzu: Martini, Anfechtbarkeit der Zahlung.

195 BGH, Beschl. v. 03.12.2009 – IX ZB 280/08 = NZI 2010, 98.

196 BGH, Urt. v. 26.06.2001 – IX ZR 209/98 = NJW 2001, 3187.

197 BGH, Urt. v. 15.12.2011 – IX ZR 118/11 = NZI 2012, 135.

198 Martini, Anfechtbarkeit der Zahlung, 150.

199 Uhlenbruck – *Ries*, InsO, § 209 Rn. 31.

Rangfolge –, um die vorhandenen Gelder zur Befriedigung vorrangiger Rangklassen einzusetzen.[200]

Diese Verpflichtung gründet auf einer Entscheidung des Bundesverfassungsgerichtes, nach der der Insolvenzverwalter zum Schutz seiner eigenen Vergütung bzw. zum Schutz vor Abzügen die Masseunzulänglichkeit erklären muss und Altmasseverbindlichkeiten nicht bezahlen darf, selbst unter Geltung der Konkursordnung, deren Wortlaut durch das Bundesverfassungsgericht hier zunächst erst entsprechend ausgelegt werden musste.[201]

Im Ergebnis führt dies zu einer Situation der ‚Insolvenz in der Insolvenz' mit der Folge, dass es dem Insolvenzverwalter ohne Verstoß gegen die gesetzliche Befriedigungsreihenfolge nicht mehr möglich ist, Masseverbindlichkeiten, sei es durch sein Handeln[202], das Handeln eines vorläufigen Insolvenzverwalters[203] oder des eigenverwaltenden Schuldners[204] begründet oder in sonstiger Weise[205] entstandenen Masseverbindlichkeiten zu zahlen.

Insoweit genießt er nach § 210 InsO zumindest für Verbindlichkeiten des § 209 Abs. 1 Nr. 3 InsO Vollstreckungsschutz, wobei auch eine Erstreckung auf § 209 Abs. 1 Nr. 2 InsO vertreten wird.[206] Schutz gegen Vollstreckung vor Neumasseverbindlichkeiten, insbesondere im Falle sich wiederholender Masseunzulänglichkeit, kann der Insolvenzverwalter nur durch die Rechtsbehelfe der ZPO erlangen.[207] Insbesondere bei Altmasseverbindlichkeiten stellen sich somit das Verjährungsproblem und die Frage nach einer Verjährungshemmung.[208]

1.6 Abgrenzung von Masseverbindlichkeiten und Neuverbindlichkeiten

Die Masseverbindlichkeiten sind ebenfalls von Neuverbindlichkeiten abzugrenzen. Neuverbindlichkeiten sind solche, die der Schuldner nach Eröffnung des Insolvenzverfahrens begründet, ohne dass diese die Insolvenzmasse betreffen. Insbesondere in den Fällen der Freigabe des Geschäftsbetriebes gemäß § 35 Abs. 2

200 MüKoInsO – *Hefermehl*, InsO, § 209 Rn. 3.

201 BVerfG, Beschl. v. 30.03.1993 – 1 BvR 1045/89 = NJW 1993, 2861, siehe zum Beschluss auch unter 3.4.7 in Petit.

202 Siehe hierzu unter 1.2.1.

203 Siehe hierzu unter 1.2.5 und 1.2.7.

204 Siehe hierzu unter 1.2.8.

205 Siehe hierzu unter 1.2.3.

206 Grundlegend: BGH, Urt. v. 13.04.2006 – IX ZR 22/05 = NZI 2006, 392; Nerlich/Römermann – *Westphal*, InsO, § 210 Rn. 9.

207 MüKoInsO – *Hefermehl*, InsO, § 210 Rn. 20 ff.

208 Siehe hierzu unter 3.6.3.4.5.

InsO[209] sind solche Verbindlichkeiten an der Tagesordnung. Die im Rahmen des freigegebenen Geschäftsbetriebes begründeten Verbindlichkeiten betreffen ausdrücklich nicht die Masse, sondern den Schuldner selbst.[210] Ebenfalls nicht zu den Masseverbindlichkeiten zählen die Neuverbindlichkeiten, die eine natürliche Person nach Eröffnung des Insolvenzverfahrens begründet. Der Grund hierfür ist eindeutig und liegt auf der Hand: Wie bereits dargestellt wurde, können Masseverbindlichkeiten nur durch den Insolvenzverwalter oder den Eigenverwalter begründet werden, niemals jedoch durch den Insolvenzschuldner selbst. Bei diesen Verbindlichkeiten handelt es sich um solche, die nicht vom Insolvenzbeschlag umfasst und gegen die natürliche Person geltend zu machen sind.

Nach der nunmehr erfolgten Herausarbeitung der verschiedenen Arten von Masseverbindlichkeiten soll in einem nächsten Zwischenschritt festgestellt werden, wie diese realisiert werden, bevor in einem weiteren Arbeitsschritt ermittelt werden kann, wie Masseverbindlichkeiten verjähren. Der folgende Abschnitt widmet sich deshalb der Frage, ob die Art und Weise der Realisation der Verbindlichkeiten Einfluss darauf haben könnte, welche Verjährungsregelungen Anwendung finden, und, falls ja, in welchem Maße dies geschieht.

209 Siehe hierzu unter 1.2.9.

210 Leonhardt/Smid/Zeuner – *Smid/Leonhardt*, InsO, § 35 Rn. 36.

2. Teil: Verfolgung und Durchsetzung von Masseverbindlichkeiten

2.1 Ausgangslage

Um die Verfolgung und Durchsetzung von Masseverbindlichkeiten betrachten zu können, ist zunächst nochmals aufzuzeigen, in welchem Verhältnis der Massegläubiger zur Insolvenzmasse steht. Gemäß § 53 InsO sind aus der Insolvenzmasse die Kosten des Insolvenzverfahrens und die sonstigen Masseverbindlichkeiten vorweg zu befriedigen. Massegläubiger stehen somit außerhalb des Insolvenzverfahrens. Sie besitzen grundsätzlich alle Rechte eines Gläubigers, die diesem gegen einen sich nicht im Insolvenzverfahren befindlichen Schuldner zustehen.[211]

In der Insolvenzordnung findet sich keine Norm, wie eine Masseverbindlichkeit durchzusetzen ist. Lediglich die §§ 207 und 209 InsO beschäftigen sich mit der Frage, welche Folge sich aus dem Umstand ergibt, wenn Masseverbindlichkeiten bestehen, aber nicht bedient werden können. Diese Normen setzen demnach voraus, dass Masseforderungen durch den Verwalter erfasst sein müssen. Damit stellt sich des Weiteren die Frage, ob die für Insolvenzforderungen bestehenden Sonderregelungen gemäß den §§ 174 ff. InsO Anwendung finden – ein Vorgehen, das in Rechtsprechung[212] und Literatur[213] Ablehnung findet – oder wie diese geltend gemacht werden. Auch für die Geltendmachung von Massekosten bestehen Sonderregelungen.[214] Bei oberflächlicher Betrachtung liegt nunmehr die Annahme nahe, dass dies möglicherweise eine Ungleichbehandlung ist.

Diese Arbeit soll in der Folge weiter zeigen, dass die vermeintlich ungerecht erscheinende unterschiedliche Behandlung jedoch gerechtfertigt ist und sich in das allgemeine System des deutschen Rechts einfügt und diesem logisch folgt. Um dies darstellen zu können, ist es zunächst notwendig, die Wege zur Geltendmachung von Massekosten, Insolvenzforderungen und schlussendlich Masseverbindlichkeiten einander gegenüberzustellen.

2.1.1 Die Geltendmachung von Insolvenzforderungen

Für die Geltendmachung von Insolvenzforderungen hat der Gesetzgeber mit den §§ 174 ff. InsO Regelungen geschaffen. Gleiches gilt für die Verjährungshemmung, soweit eine Insolvenzforderung entsprechend geltend gemacht wurde, in

---

211 MüKoInsO – *Hefermehl*, InsO, § 53 Rn. 46.

212 BGH, Urt. v. 21.02.1991 – IX ZR 133/90 = NJW 1991, 1615; Brehm, EWiR 1991, 493.

213 Uhlenbruck – *Sinz*, InsO, § 174 Rn. 7 m.w.N.; Brehm, EWiR 1991, 493, 494.

214 Siehe hierzu unter 2.1.2.

§ 204 Abs. 1 Nr. 10 BGB.[215] Die korrekte Geltendmachung ist daher Voraussetzung für die Verjährungsprüfung und somit zu erörtern. § 174 InsO definiert die Art und Weise der Geltendmachung der Insolvenzforderungen. So hat der Insolvenzgläubiger gemäß § 174 Abs. 1 Satz 1 InsO die Forderung schriftlich beim Insolvenzverwalter anzumelden. Ohne eine Anmeldung wird die Forderung im Rahmen der Verteilung nicht berücksichtigt.[216] Die Anmeldung der Forderung ist denklogisch erst nach Eröffnung des Insolvenzverfahrens möglich, da ein Insolvenzverwalter erst mit Eröffnung bestellt wird. Sollte die Anmeldung gegenüber einer anderen Person geschehen, auch gegenüber dem Insolvenzgericht, ist diese nicht wirksam erfolgt.[217] Das Gericht hat diese an den Insolvenzverwalter weiterzuleiten,[218] die Wirkung wird aber erst mit Eingang beim Insolvenzverwalter erzeugt.[219] Problematisch sind diejenigen Fälle, in denen gegenüber dem vorläufigen Insolvenzverwalter bereits die Forderungsanmeldung erklärt wurde. In Fällen der Personenidentität zwischen vorläufigem und endgültigem Insolvenzverwalter spricht sich die Literatur mehrheitlich für eine Berücksichtigung dieser Anmeldung im Verfahren aus,[220] wobei das Risiko, dass ein Insolvenzverwalter sich formal auf den Standpunkt stellt, keine Forderungsanmeldung erhalten zu haben und diese nicht berücksichtigt, beim Anmeldenden liegt.[221] Das Verfahren nach den §§ 168 ff. InsO ist die einzige Option, persönliche Vermögensansprüche gegen den Schuldner geltend zu machen, denn nach Eröffnung des Insolvenzverfahrens ist es dem Gläubiger nicht mehr möglich, seine Forderung mithilfe der ordentlichen Gerichtsbarkeit durchzusetzen.[222] Gemäß § 87 InsO kann der Insolvenzgläubiger seine Forderungen nur noch nach den Vorschriften der Insolvenzordnung verfolgen. Rechtsfolge der Anmeldung ist die Teilnahme des Insolvenzgläubigers am Verfahren. Er erhält Stimmrechte für den Prüfungstermin und kann strittige Forderungen anderer Gläubiger bestreiten.[223] Die Verjährung wird gemäß § 204 Abs. 1 Nr. 10 BGB gehemmt.[224]

---

215 Siehe hierzu unter 3.8.2.2.1.
216 MüKoInsO – *Riedel*, InsO, § 174 Rn. 1.
217 Uhlenbruck – *Sinz*, InsO, § 174 Rn. 15.
218 Braun – *Specovius*, InsO, § 174 Rn. 14.
219 Braun – *Specovius*, InsO, § 174 Rn. 14.
220 Beispielhaft: Hess, InsO, § 28 Rn. 7.
221 Hess, InsO, § 28 Rn. 7.
222 HmbKo – *Preß/Henningsmeier*, InsO, § 174 Rn. 1.
223 HmbKo –*Preß/Henningsmeier*, InsO, § 174 Rn. 29.
224 Siehe hierzu unter 3.8.2.2.1.

Die Anmeldung hat schriftlich und grundsätzlich in deutscher Sprache[225] zu erfolgen. Sie kann jedoch auch bei Auslandsbezug des Insolvenzverfahrens (ins EU-Ausland) nach Art. 42 der VO (EG) Nr. 1346/2000 des Rates vom 29.05.2000 in der Amtssprache des jeweiligen Mitgliedstaates erfolgen, in dem der Gläubiger seinen Sitz hat, sofern sie überschrieben ist mit ‚Forderungsanmeldung'. Allerdings hat der Insolvenzverwalter einen Anspruch darauf, zur Prüfung ein übersetztes Exemplar zu erhalten. Schriftlich bedeutet der Vorschrift des § 126 Abs. 1 BGB entsprechend. Sie ist grundsätzlich zu unterschreiben, außer aus der Anmeldung ist eindeutig ersichtlich, wer erklärt.[226] Eine Übermittlung per Telefax, E-Mail[227] (Scan mit Unterschrift) oder in früheren Zeiten per Telegramm oder Fernschreiben ist ausreichend. Soweit gemäß § 174 Abs. 4 InsO das Einverständnis des Insolvenzverwalters vorliegt, ist auch eine Übermittlung mittels Datenträger oder über ein digitales Informationssystem des Verwalters, wenn er dies offeriert, jederzeit möglich. Der Forderungsanmeldung sollen Urkunden (aber nicht zwingend Originale) beigelegt werden, aus denen sich die Forderung ergibt. Dies ist jedoch keine Wirksamkeitsvoraussetzung, sondern soll dem Insolvenzverwalter die Prüfung und Feststellung ermöglichen.[228] Gemäß § 175 InsO hat der Insolvenzverwalter die angemeldete Forderung in eine Tabelle einzutragen.

Neben diesen formalen Anforderungen sind des Weiteren auch die durch den BGH festgelegten und bereits erörterten Anforderungen zur inhaltlichen Bestimmtheit einzuhalten.[229] Im Wesentlichen bedarf es insbesondere der Angabe des Rechtsgrundes der Forderung,[230] wobei ein Verweis auf Anlagen, soweit der Forderungsgrund ersichtlich ist, eingeschränkt möglich ist.[231]

Nach § 176 InsO werden die angemeldeten Forderungen mit Betrag und Rang im Prüfungstermin anhand der Insolvenztabelle geprüft. Sie gilt gemäß § 178 Abs. 1 InsO als festgestellt, soweit gegen sie im Prüftermin oder im schriftlichen Verfahren (§ 177 InsO) kein Widerspruch eingelegt wurde. Gemäß § 178 Abs. 3 InsO wirkt die Eintragung in die Tabelle wie ein rechtskräftiges Urteil gegenüber dem Insolvenzverwalter und allen Insolvenzgläubigern. Der Tabellenauszug stellt somit einen Titel dar. Die dem Titel dann zugrunde liegende Forderung verjährt binnen 30 Jahren.[232]

---

225 *Braun – Specovius/Braun*, InsO, § 174 Rn. 17.

226 Uhlenbruck – *Sinz*, InsO, § 174 Rn. 18.

227 Nerlich/Römermann – *Becker*, InsO, § 174 Rn. 13 m.w.N.

228 BGH, Urt. v. 01.12.2005 – IX ZR 95/04 = ZInsO 2006, 102, 105; Köster/Ahrendt, EWiR 2006, 177.

229 Siehe hierzu unter 1.3.

230 BGH, Urt. v. 05.07.2007 – IX ZR 221/05 = NZI 2007, 647 ff.

231 AG München, Urt. v. 23.06.2009 – 173 C 5006/09 = BeckRS 2009, 44572; Wehdeking, jurisPR-InsR 4/2010 Anm. 4.

232 Siehe hierzu unter 3.4.3.

Neben diesen Regelungen zur Geltendmachung von Insolvenzforderungen, die den Gläubiger verpflichten, bestehen jedoch auch Regelungen im Zusammenhang mit Insolvenzforderungen, die den Insolvenzverwalter bzw. den Eigenverwalter zu Handlungen verpflichten. Insbesondere hat der Insolvenzverwalter bzw. der Eigenverwalter ein Verzeichnis über alle Gläubiger, hierzu zählen Insolvenzgläubiger, gemäß § 152 InsO zu erstellen.[233] In die Verzeichnisse nach § 152 InsO hat der Insolvenzverwalter bzw. eigenverwaltende Schuldner alle ihm bekannt gewordenen Gläubiger aufzunehmen, d.h. auch diejenigen, die er aus den Geschäftsunterlagen ermitteln konnte.[234] Mit Eröffnung des Insolvenzverfahrens erhält der Insolvenzverwalter bzw. Eigenverwalter durch Beschluss des Insolvenzgerichts in der Regel die Aufgabe zugewiesen,[235] den Insolvenzgläubigern den Eröffnungsbeschluss zuzustellen und diese somit aufzufordern – dies ergibt sich aus dem Insolvenzeröffnungsbeschluss –, ihre Forderungen beim Insolvenzverwalter bzw. Sachwalter anzumelden. Faktisch bedeutet dies, dass der Insolvenzverwalter bzw. der Sachwalter zwei ‚Gläubigertabellen' führt und eine vom Schuldner übernimmt bzw. von diesem in der Eigenverwaltung geführt wird. In der übernommenen Tabelle sind die buchhalterisch erfassten Forderungen von Gläubigern niedergeschrieben. Diese ist gemäß § 13 InsO im Falle des Eigenantrages schon dem Insolvenzantrag beizufügen. Buchhalterisch ist diese Aufstellung, solange der Geschäftsbetrieb nicht eingestellt ist, fortzuführen und bei eingestelltem Geschäftsbetrieb, soweit handels- oder steuerrechtliche Pflichten dies erfordern, ist sie ebenfalls nach Eröffnung des Insolvenzverfahrens durch den Insolvenzverwalter zu komplettieren.[236] Nebenher sind Verzeichnisse gemäß den §§ 151 ff. InsO zu führen. Auf sich hieraus möglicherweise ergebende Auskunftpflichten oder Rechte zur Einsichtnahme wird noch einzugehen sein, dies insbesondere im Hinblick auf ein etwaiges Verschulden einer Nichtgeltendmachung.[237] Zusätzlich ist der Insolvenzverwalter bzw. der Sachwalter verpflichtet, das Verzeichnis nach § 174 InsO zu führen.[238] Auch das Prüfungsergebnis wird in dieser Tabelle vermerkt.

---

233 Braun – *Haffa/Leichtle*, InsO, § 152 Rn. 1, 4.

234 Braun – *Haffa/Leichtle*, InsO, § 152 Rn. 4.

235 Uhlenbruck – *Zipperer*, InsO, § 30 Rn. 6.

236 Haarmeyer/Wutzke/Förster, Handbuch der vorläufigen Insolvenzverwaltung, § 3 Rn. 20.

237 Siehe hierzu unter 2.1.4.5.

238 Braun – *Specovius/Braun*, InsO, § 174 Rn. 1.

Zu hinterfragen ist nun, ob Massekosten und Insolvenzforderungen in der gleichen Art und Weise geltend gemacht werden können oder ob hierbei Unterschiede existieren und, wenn ja, worin diese bestehen.

2.1.2 Die Verfolgung und Durchsetzung von Massekosten

Zu den Massekosten zählen gemäß § 54 InsO die Gerichtskosten des Insolvenzverfahrens, die Vergütungen und Auslagen des vorläufigen und endgültigen Insolvenzverwalters sowie der Mitglieder des (vorläufigen) Gläubigerausschusses. Entsprechendes gilt für die Sachwaltervergütung (§ 274 Abs. 1 InsO i.V.m § 54 Nr. 2 InsO) und für den Insolvenzverwalter (vormals Treuhänder) im vereinfachten Insolvenzverfahren (§ 313 Abs. 1 Satz 3 InsO a.F. i.V.m § 63 InsO i.V.m. § 54 InsO). Diese Kosten stehen im Rang vor den sonstigen Masseverbindlichkeiten gemäß § 53 InsO und den Insolvenzforderungen gemäß § 38 InsO. Bzgl. der Geltendmachung der Massekosten ist demnach zu differenzieren zwischen den Gerichtskosten und den Vergütungen.

Für die Gerichtskosten ist der Kostenschuldner im Falle des Eigenantrages der Schuldner und somit bei Eröffnung die Insolvenzmasse.[239] Im Falle des Fremdantrages eines Gläubigers haftet dieser gesamtschuldnerisch neben der Insolvenzmasse für die Gebühren.[240] Grund hierfür ist, dass es sich bei dem Insolvenzverfahren um ein kontradiktorisches Verfahren[241] handelt,[242] und dies eines Antrages bedarf gemäß § 13 Abs. 1 Satz 1 InsO. Die in § 5 Abs. 1 InsO normierte Amtsermittlung betrifft somit nur die Durchführung des Verfahrens, nicht aber das Ingangsetzen desselben. Die Gerichtskosten werden anhand der GKG-Tabelle ermittelt. Die hierfür ausschlaggebende Höhe der Insolvenzmasse wird im Falle der Eröffnung seitens des Gerichts beim Insolvenzverwalter angefragt und sodann durch das Gericht festgesetzt. Die Gerichtskosten sind durch den Insolvenzverwalter aus der Insolvenzmasse zu zahlen.[243] Wird das Verfahren nicht eröffnet, werden die Kosten des Verfahrens durch Beschluss gegen den Antragsteller festgesetzt.[244] Im Falle der Verfahrenskostenstundung werden die Kosten festgesetzt, jedoch zunächst gestundet.[245]

---

239 *Henckel*, in: Henckel/Gerhardt, Jaeger InsO, § 54 Rn. 9.
240 HmbKo – *Jarchow*, InsO, § 54 Rn. 13.
241 Zum Begriff des kontradiktorischen Verfahrens: MüKoZPO – *Wolfsteiner*, ZPO, § 794 Rn. 21.
242 BGH, Beschl. v. 27.07.2006 – IX ZB 204/04 = ZInsO 2006, 1051, 1054.
243 Frege/Keller/Riedel, Insolvenzrecht, Rn. 2562.
244 Frege/Keller/Riedel, Insolvenzrecht, Rn. 2562.
245 MüKoInsO – *Ganter/Lohmann*, InsO, § 4a Rn. 25.

Die Kosten des vorläufigen und endgültigen Insolvenzverwalters wie auch die Kosten des (vorläufigen) Sachwalters in Eigenverwaltungsverfahren werden als Massekosten aus der Insolvenzmasse getragen.[246] Im Falle der Nichteröffnung entstehen keine Vergütungsansprüche für ein eröffnetes Verfahren, jedoch Vergütungsansprüche für das vorläufige Verfahren.[247] Im Falle der Eröffnung des Insolvenzverfahrens kann die Vergütung des Insolvenzverwalters gemäß § 64 Abs. 1 InsO, aber auch die des vorläufigen Insolvenzverwalters/Sachwalters/vorläufigen Sachwalters[248] durch Beschluss auf Antrag des jeweiligen festgesetzt werden. Nach Vorliegen des Beschlusses ist es dem (vorläufigen) Verwalter/Sachwalter gestattet, diese auch bereits vor Rechtskraft des Beschlusses aus der Insolvenzmasse zu entnehmen.[249] Der Festsetzungsbeschluss ist Vollstreckungstitel i.S.d. § 974 Abs. 1 Nr. 3 ZPO. Auch ist es möglich, Vorschüsse zu beantragen und diese nach Festsetzung zu entnehmen. Der Anspruch kann bei einem eröffneten Insolvenzverfahren außerhalb des Insolvenzverfahrens nicht verbindlich geklärt werden.[250] Auch in Fällen des § 4a InsO, der Verfahrenskostenstundung ist entsprechend zu verfahren. Es ist jedoch zu beachten, dass die Festsetzung der Vergütung des vorläufigen Insolvenzverwalters selbst bei zwischenzeitlicher Entnahme im Zusammenhang mit der Schlussrechnung anzupassen ist. Dies gilt für den Fall, dass eine Abweichung der prognostizierten Vergütung von mehr als 20 Prozent in Bezug auf die beantragte und entnommene Vergütung vorliegt.[251]

Auch bei Nichteröffnung des Insolvenzverfahrens, z. B. wegen Rücknahme des Antrages, Erledigungserklärung vor Eröffnung oder Abweisung mangels Masse, besteht ein Vergütungsanspruch des vorläufigen Insolvenzverwalters.[252] Mangels Eröffnung des Insolvenzverfahrens gibt es jedoch keine Insolvenzmasse, aus der entnommen werden könnte. Der Anspruch ist nach § 26a InsO zu verfolgen, wobei die Festsetzung einen vorläufig vollstreckbaren Titel im Sinne des § 794

---

246 BGH, Urt. v. 24.09.2009 – IX ZR 234/07 = ZInsO 2009, 2198, 2201.

247 Siehe hierzu unter 2.1.4.

248 Andres/Leithaus – *Andres*, InsO, § 64 Rn. 1; Uhlenbruck – *Mock*, InsO, § 64 Rn. 4.

249 BGH, Urt. v. 17.11.2005 – IX ZR 179/04 = ZInsO 2006, 27, 28.

250 BGH, Urt. v. 17.11.2005 – IX ZR 179/04 = ZInsO 2006, 27, 29.

251 Graeber, InsVV XV. Rn. 181.

252 Nerlich/Römermann – *Delhaes*, InsO, § 63 Rn. 34 ff.

Abs. 1 Nr. 3 ZPO gegen die dort bezeichnete Partei darstellt.[253] Eine Ausfallhaftung des Staates besteht nicht,[254] jedoch ggf. ein gesamtschuldnerischer Anspruch gegen den antragstellenden Gläubiger.

Es kann somit festgehalten werden, dass Massekosten anders als Insolvenzforderungen geltend gemacht werden. Es bleibt festzustellen, wie Masseverbindlichkeiten, die sich in der Rangklasse dazwischen bewegen, zu verfolgen sind.

2.1.3 Die Verfolgung und Durchsetzung von Masseverbindlichkeiten

Aus dem Gesetz ergibt sich nicht, dass die strengen Voraussetzungen des § 174 InsO auf die Verfolgung von Masseverbindlichkeiten anzuwenden sind. Die Fallgestaltungen unterscheiden sich, wie bereits herausgearbeitet, auch dadurch, dass Masseverbindlichkeiten nicht im Rahmen eines Prüfungstermins geprüft werden, indem z. B. andere Gläubiger eine Feststellung der Forderung widersprechen können, um sich so eine höhere Quote zu sichern. Widersprechen kann bei Masseverbindlichkeiten nur der Insolvenzverwalter, tut er dies nicht, werden andere Masseverbindlichkeitengläubiger wegen eines etwaigen Schadens auf Sekundäransprüche verwiesen.

Wie bereits oben dargestellt, können Masseverbindlichkeiten auf verschiedene Arten entstehen. Sie können – verkürzt dargestellt – kraft Gesetz, durch Verwalterhandeln oder in sonstiger Weise entstehen. Wenn diese schon unterschiedlich entstehen, stellt sich auch die Frage, ob diese auch unterschiedlich zu realisieren sind. Es bedarf daher einer differenzierten Betrachtung der Realisation von Masseverbindlichkeiten, strukturiert nach deren Entstehen. Insbesondere ist eine nähere Untersuchung der durch Verwalterhandeln oder in sonstiger Weise begründeten Masseverbindlichkeiten sowie der oktroyierten Masseverbindlichkeiten vonnöten. Grund hierfür ist, dass bei Ersteren der Verwalter bereits Kenntnis von den Verbindlichkeiten hat (oder haben muss) und es bei Zweitgenannten möglich ist, dass er z. B. mangels vollständiger Geschäftsunterlagen keine Kenntnis vom Auflaufen dieser Verbindlichkeiten hat.

---

253 *Kirchhof,* in: HK-InsO, § 26a Rn. 8.

254 BGH, Beschl. v. 22.01.2004 – IX ZB 123/03 = ZInsO 2004, 336, 337.

2.1.3.1 *Die Verfolgung und Durchsetzung von durch den Verwalter begründeten Masseverbindlichkeiten*

Zunächst stellen sich zwei Fragen, nämlich erstens, ob vom Verwalter begründete Masseverbindlichkeiten überhaupt gegen diesen geltend gemacht werden müssen oder ob aufgrund seiner Kenntnis nicht bereits eine Pflicht zur Zahlung besteht, und zweitens ist für den Fall, dass diese geltend gemacht werden (müssen), zu fragen, in welcher Art und Weise diese geltend zu machen sind.

2.1.3.1.1 Pflicht / Obliegenheit zur außergerichtlichen Verfolgung und Durchsetzung

Wie bereits oben dargestellt, sind in der Insolvenzordnung keine Regelungen zur Geltendmachung von Masseverbindlichkeiten enthalten. Daher muss zunächst eruiert werden, ob diese überhaupt geltend zu machen sind, insbesondere wenn diese durch Verwalterhandlung begründet wurden. Mangels spezialgesetzlicher Regelungen ist das allgemeine Zivilrecht, insbesondere die Zivilprozessordnung (ZPO), auf Vorschriften zu prüfen, die den Massegläubiger und somit auch entsprechend einen Gläubiger im Zivilprozess außerhalb des Insolvenzverfahrens verpflichten würden, seine Forderung geltend zu machen, damit diese überhaupt Berücksichtigung finden kann. Da die Massegläubiger außerhalb des Insolvenzverfahrens stehen, gelten grundsätzlich alle Rechte eines Gläubigers außerhalb der Insolvenzordnung.[255] Grundsätzlich ist ein Insolvenzverwalter somit verpflichtet, die nach dem Inhalt des Rechtsgeschäftes geschuldete Leistung zu erbringen, die z.B. eine Eigentumsübertragung, die Einräumung eines Nutzungsrechts oder auch eine Zahlungspflicht sein kann.[256] Er ist angehalten, bekannt gewordene Masseverbindlichkeiten bei Fälligkeit vorweg aus der Insolvenzmasse zu bezahlen.[257] Seine Verpflichtung, von ihm begründete Masseverbindlichkeiten zu kennen und demnach auch zu bedienen, folgt schon daraus, dass er andernfalls gemäß § 61 InsO schadensersatzpflichtig werden kann.[258] Insbesondere hat er vor Eingehung einer Masseverbindlichkeit zu prüfen, ob es ihm voraussichtlich möglich sein wird, diese aus der Masse zu zahlen (Erstellen einer Liquiditätsbilanz), tut er dies nicht und zahlt er bei Fälligkeit nicht, sind

255 MükoInsO – *Hefermehl*, InsO, § 53 Rn. 46.
256 MükoInsO – *Hefermehl*, InsO, § 53 Rn. 47.
257 Braun – *Bäuerle*, InsO, § 53 Rn. 5.
258 BGH, Urt. v. 06.05.2004 – IX ZR 48/03 = NJW 2004, 3334.

Verzugszinsen zu leisten, und zwar im gleichen Rang wie die Masseverbindlichkeiten selbst. Diese Pflicht bestand bereits in der Konkursordnung.[259]

Dies korrespondiert mit den allgemeinen Rechten und Pflichten eines Gläubigers oder Geschäftspartners im Rahmen des allgemeinen Zivilrechts und wird insbesondere in folgenden Beispielen deutlich: Nach Abschluss eines Kaufvertrages besteht die wechselseitige Leistungspflicht gemäß § 433 BGB zur Übergabe der Sache und Kaufpreiszahlung. Es bedarf jedoch keiner besonderen Geltendmachung dieser Pflicht, sie besteht mit Abschluss.[260] Nach Abschluss eines Arbeitsvertrages besteht die wechselseitige Pflicht zur Arbeit bzw. Lohnzahlung.[261] Nach Abschluss eines Mietvertrages und Überlassung der Mietsache besteht die Pflicht zur monatlichen Mietzinszahlung.[262] Einer besonderen Geltendmachung bedarf es auch hier nicht. Vor dem Eingehen einer Verbindlichkeit hat auch außerhalb des Insolvenzverfahrens der Eingehende zu prüfen, ob er wirtschaftlich in der Lage ist, diese zu erfüllen. Ist er dies nicht und sich dessen bewusst, muss er damit rechnen, strafrechtlich wegen Eingehungsbetruges verfolgt zu werden.[263] Von diesen Fällen sind diejenigen abzugrenzen, in denen der Verwalter nicht kontrahiert, sondern das Vertragsverhältnis vorinsolvenzlich begründet wurde, der Verwalter dies jedoch selbst aktiv nutzt oder in Unkenntnis des Vertragsverhältnisses des Schuldners nutzt. Unstrittig bestehen im letzten Fall oktroyierte Masseverbindlichkeiten. Bei der ersten Fallgruppe handelt es sich dann um vom Verwalter begründete Verbindlichkeiten, wenn er über den bloßen Insolvenzbesitz hinaus die Sache aktiv nutzt, sodass obige Ausführungen gelten.

An dieser Stelle sei kurz auf die Fälle der freigegebenen selbstständigen Tätigkeit (Negativerklärung gemäß § 35 Abs. 2 InsO) eingegangen.[264] Nach herrschender Ansicht werden bei Fehlen einer Freigabeerklärung immer Masseverbindlichkeiten begründet. Anknüpfungspunkt kann hier das Unterlassen der Freigabe und damit die Duldung des Schuldnerhandels sein.[265]

Insbesondere ist auch keine Rechnungslegung erforderlich. Selbst wenn zwei Kaufleute handeln und somit das Ausstellen einer Rechnung notwendig ist,[266] stellt dies keine besondere Form des Geltendmachens dar, sondern das Befolgen

---

259 Kuhn/Uhlenbruck –*Uhlenbruck*, KO, § 57 Rn. 1a.

260 Vgl. § 433 BGB.

261 Vgl. § 611 BGB.

262 Vgl. § 535 BGB.

263 Lackner/Kühl – *Kühl*, StGB, § 263 Rn. 53.

264 Siehe hierzu unter 1.2.9.

265 Siehe hierzu unter 1.2.9.

266 Vgl. § 14 Abs. 2 UStG.

einer steuerrechtlichen Pflicht, die zu einem zivilrechtlichen Zurückbehaltungsrecht bei fehlender Rechnungslegung wegen Nebenpflichtverletzung aus Vertrag führt, soweit der Leistungsempfänger, z. B. aufgrund steuerrechtlicher Vorschriften, ein besonderes Interesse an der Rechnung hat.[267] In diesen Fällen ist der Unternehmer gemäß § 14 Abs. 2 Satz 1 Nr. 1 UStG verpflichtet, innerhalb von sechs Monaten eine Rechnung auszustellen. Die Verletzung dieser Pflicht kann mit Ordnungsgeld geahndet werden. Da diese Pflicht jedoch grundsätzlich nicht gegenüber einer Privatperson besteht, kann diese auch kein Zurückbehaltungsrecht wegen Nebenpflichtverletzung gelten machen.[268]

Es bleibt daher festzuhalten, dass es bei den durch Verwalterhandeln begründeten Masseverbindlichkeiten keine besondere Pflicht zur Geltendmachung gibt. Es gelten die allgemeinen Grundsätze des Zivilrechts.

Von der Pflicht zur außergerichtlichen Geltendmachung zu unterscheiden ist das für eine Berücksichtigung bei der Aufstellung des Liquiditätsstatus im Rahmen der Zahlungsunfähigkeit ‚ernsthafte Einfordern'. Dieses muss gegeben sein, um die Forderung nach Eintritt ihrer Fälligkeit im Liquiditätsstatus auf der Passivseite als Forderung gegen den Insolvenzschuldner zu berücksichtigen.[269] Auch ohne dieses ernsthafte Einfordern existiert die Forderung und es besteht dem Grundsatz nach eine Zahlungspflicht, die auch im Liquiditätsstatus zu berücksichtigen ist. Das nicht ernsthafte Einfordern hat somit keine Auswirkungen auf die grundsätzliche Pflicht zur Zahlung.

Obliegenheiten[270] bestehen insbesondere im Rahmen von Schuldverhältnissen und im Bereich des Versicherungsrechtes, aber auch allgemein im Zivilrecht zwischen zwei Parteien. Im Gegensatz zu Pflichten (Haupt- oder Nebenleistungspflichten) können diese von der anderen Partei nicht eingeklagt werden. Des Weiteren löst ihre Verletzung in der Regel keinen Anspruch auf Schadensersatz aus. Verletzt der Handlungspflichtige (also derjenige, den die Obliegenheit verpflichtet) diese, hat dies für ihn negative Folgen in Form des Verlustes oder der Einschränkung eigener Rechte. Obliegenheiten müssen durch eine Interessenabwägung im Einzelfall zwischen den jeweiligen Parteien ermittelt werden; die Obliegenheit kann also inter partes bestehen, nicht aber zu einem Dritten.[271]

---

267 LG Potsdam, Beschl. v. 22.03.2009 – 13 T 9/09 = BeckRS 2009, 28633.

268 LG Potsdam, Beschl. v. 22.03.2009 – 13 T 9/09 = BeckRS 2009, 28633.

269 BGH, Urt. v. 25.09.1997 - IX ZR 231/96 = NJW 1998, 607; Paulus, EWiR 1998, 121; BGH, Beschl. v. 19.07.2007 - IX ZB 36/07 = NZI 2007, 579, 580.

270 Ausführlich hierzu: Hähnchen, Obliegenheiten, 2 ff.

271 MüKoBGB - *Oetker*, BGB, § 254 Rn. 78.

Außerhalb des Versicherungsrechts sind insbesondere Obliegenheiten im Rahmen des § 254 BGB zur Verhinderung von Schäden, aber auch im Rahmen des Insolvenzverfahrens, so insbesondere zum Schuldnerverhalten[272], anerkannt. Allen ist die gleiche Ausgangslage gemein, dass durch die Handlung des Obliegenheitsgegners dem Verpflichteten ein Nachteil entsteht und sich der Obliegenheitsgegner durch den Verstoß gegen die Obliegenheit exkulpieren kann. Unter Einhaltung der Obliegenheit müsste dem Grundsatz nach ein Anspruch gegen den Obliegenheitsgegner bestehen. Übertragen auf die dargelegte Situation bedeutet dies, dass für den Fall, dass eine Masseverbindlichkeit geltend gemacht wird, der Insolvenzverwalter zu deren Berücksichtigung verpflichtet wäre und sich in der Folge – dies ist Gegenstand der vorliegenden Untersuchung – sich auch nicht auf Verjährung berufen dürfte. Darüber hinaus gilt es zu klären, ob eine vorherige Geltendmachung der Forderung dem entgegenstünde. Ebenso ist noch festzustellen, unter welchen Voraussetzungen sich der Insolvenzverwalter auf Verjährung berufen kann.[273] Diesbzgl. ist zunächst festzustellen, ob die Voraussetzung hierfür gegeben ist, nämlich ob ein Recht des Gläubigers besteht, seine Forderung geltend zu machen.

2.1.3.1.2 Recht zur (außergerichtlichen) Verfolgung und Geltendmachung sowie Art und Weise

Wenn es nun keine spezifische Pflicht gibt, vom Verwalter begründete Masseverbindlichkeiten bei diesem geltend zu machen, stellt sich die Frage, ob Gläubiger jedoch das Recht dazu haben, und, wenn ja, wie die Forderung dann geltend zu machen ist.

Der Massegläubiger kann seinen Anspruch unmittelbar gegenüber dem Insolvenzverwalter außerhalb des Insolvenzverfahrens geltend machen.[274] Aus diesem Grund ist es den Massegläubigern wie jedem anderen Gläubiger möglich, den Insolvenzverwalter wegen bestehender Masseverbindlichkeiten zu mahnen. Zahlt der Insolvenzverwalter nicht, ist der Massegläubiger berechtigt, seine Ansprüche gerichtlich durch Leistungs- oder Feststellungsklage geltend zu machen.[275] Anspruchsgegner wird der Insolvenzverwalter in dieser Eigenschaft. Er ist als Partei kraft Amtes passiv legitimiert.[276]

272 Hähnchen, Obliegenheiten, 111 ff.
273 Siehe hierzu unter 3.6 ff.
274 MüKoInsO – *Hefermehl*, InsO, § 53 Rn. 46.
275 Braun – *Bäuerle*, InsO, § 53 Rn. 7.
276 BGH, Urt. v. 16.01.1997 – IX ZR 220/96 = ZIP 1997, 473; Kick, EWiR 1997, 313.

Die Rechtsstellung des Insolvenzverwalters (früher des Konkursverwalters) war und ist jedoch seit jeher umstritten. Ob es sich hierbei nur um einen rein akademischen und somit theoretischen Streit handelt oder dieser den Kern des Konkursrechtes – heute fortgesetzt durch das Insolvenzrecht – berührt,[277] *ist ebenso nach wie vor unklar, wobei durch die Strukturänderungen der Insolvenzordnung die Theorie des Vertreters kraft Amtes – wie sie vom BGH nunmehr vertreten wird – erst entwickelt wurde.*[278] *Während der Geltungsphase der Konkursordnung wurden folgende Theorien vertreten:*

- *die Organtheorie*[279]*, die den Konkursverwalter als Organ der Masse begriff,*
- *die Theorie des neutralen Handelns*[280]*, nach der der Konkursverwalter objektbezogen und somit weder in eigenem noch fremdem Namen handelte, und*
- *die Vertretertheorie*[281]*, nach der der Verwalter als gesetzlicher Vertreter des Schuldners angesehen wurde, dessen Vertretungsmacht über die Insolvenzmasse gegenständlich begrenzt war.*

Als besondere Form der Geltendmachung mit möglicher Titulierung sei der Anwaltsvergleich gemäß den §§ 796a bis 796c BGB genannt, dessen Vorliegen im Falle der Geltendmachung einer Masseverbindlichkeit durch einen Verfahrensbevollmächtigten stets der genaueren Prüfung bedarf, da in der Regel der gegnerische Insolvenzverwalter auch gleichsam Rechtsanwalt ist. An das Vorhandensein eines Vergleiches sind hier aber die gleichen Voraussetzungen zu stellen wie außerhalb der Insolvenz, sodass man insbesondere nicht konkludent den Verzicht auf eine Einrede oder ein Anerkenntnis unterstellen kann. Sind sich die Parteien jedoch einig, kann ein Notar oder Gericht die Vollstreckbarkeit erklären und so eine Titulierung herbeiführen.[282]

Hat ein Massegläubiger bereits vor Eröffnung des Insolvenzverfahrens seinen Anspruch rechtshängig gemacht und wird zwischenzeitlich das Insolvenzverfahren eröffnet oder geht die Verwaltungs- und Verfügungsbefugnis auf einen starken vorläufigen Insolvenzverwalter über, so ist der Rechtsstreit gemäß § 240 ZPO unterbrochen.[283]

Unter Geltung der Insolvenzordnung sind diese Fälle nur noch sehr eingeschränkt denkbar. Wie bereits herausgearbeitet, bedarf es zur Begründung einer Masseverbindlichkeit vor Eröffnung des Insolvenzverfahrens entweder einer Handlung eines ermächtigten oder

277 *Henckel*, in: Jaeger KO, § 6 Rn. 4.
278 Nerlich/Römermann – *Wittkowski/Kruth*, InsO, § 80 Rn. 40.
279 MüKoInsO – *Graeber*, InsO, § 56 Rn. 145.
280 Ausführlich hierzu: Dölle, FS Fritz Schulz, 268, 272 ff.
281 Ausführlich hierzu: Dölle, FS Fritz Schulz, 268, 272 ff.
282 *Fischer*, in: BeckOK BGB, § 779 Rn. 110.
283 OLG Koblenz, Urt. v. 12.05.2005 – 5 U 132/05 = ZInsO 2005, 777.

starken vorläufigen Insolvenzverwalters[284] *bzw. eines eigenverwaltenden Schuldners*[285] *oder einer Inanspruchnahme einer sonstigen Leistung durch selbige Personen. Antragsverfahren dauern in der Regel nicht länger als drei Monate, da dies die maximale Zeitspanne für eine Insolvenzgeldvorfinanzierung*[286] *sowie die Frist zur Vorlage eines Insolvenzplanes in Verfahren nach § 270b InsO*[287] *darstellt, sodass innerhalb dieses Zeitraumes neben dem Begründen, eine Geltendmachung, Nichtzahlung und dann eine Rechtshängigmachung (ggf. durch Mahnbescheid) erfolgen muss, bevor es zum Übergang der Verwaltungs- und Verfügungsbefugnis kommt. Fehlt es an der Qualifizierung als Masseverbindlichkeit, liegt lediglich eine Insolvenzforderung vor. Betrachtet man eine Insolvenzforderung, so würde für eine klageweise Durchsetzung das Rechtsschutzbedürfnis fehlen. Dies liegt daran, dass die Gläubiger ihre Forderungen zur Insolvenztabelle anmelden und so einen Titel erhalten können.*[288]

Die Unterbrechung dauert bis zur Beendigung des Insolvenzverfahrens an, sofern das Verfahren zwischenzeitlich nicht durch den Insolvenzverwalter aufgenommen wird. Wird das Verfahren aufgenommen, ist es dem Insolvenzverwalter möglich, die Masseforderungen sofort anzuerkennen, und zwar mit der Kostenfolge gemäß § 93 ZPO. Liegt ein Titel gegen die Insolvenzmasse vor, können Massegläubiger aus dem titulierten Anspruch die Zwangsvollstreckung in die Insolvenzmasse,[289] nicht jedoch in das Vermögen des Insolvenzverwalters betreiben. Für die Vollstreckung gelten die Vorschriften der §§ 704 ff. ZPO. Auch ist es möglich, im Rahmen der Zwangsvollstreckung an Massegegenständen ein Pfändungspfandrecht zu erlangen.[290]

Augenscheinlich können gegen die Insolvenzmasse Masseverbindlichkeiten gerichtlich und außergerichtlich nach den allgemeinen Regeln des Zivilrechtes (außerhalb des Insolvenzverfahrens und der InsO) geltend gemacht werden. Ob diese Annahme korrekt ist oder aufgrund etwaig vergleichbarer Sachlagen und Ähnlichkeiten doch insolvenzrechtliche Regelungen Anwendung finden, muss diese Untersuchung im Fortgang zeigen.

---

284 Siehe hierzu unter 1.2.5 bis 1.2.7.
285 Siehe hierzu unter 1.2.8.
286 Hunold, NZI 2015, 785.
287 § 270b Abs. 1 S. 2 InsO.
288 BGH, Urt. v. 01.12.2005 – IX ZR 95/04 = ZIP 2006, 192; Smid, jurisPR-InsR 7/2006 Anm. 3.
289 MükoInsO – *Hefermehl*, InsO, § 53 Rn. 58.
290 MükoInsO – *Hefermehl*, InsO, § 53 Rn. 58.

2.1.3.1.3 Die Geltendmachung einer Masseverbindlichkeit als Insolvenzforderung

Denkbar ist, dass ein Massegläubiger in Verkennung der Rechtsnatur seiner Forderung oder der Reichweite der Anmeldemöglichkeit eine Masseforderung als Insolvenzforderung angemeldet hat und diese zur Insolvenztabelle festgestellt wurde, dies sogar möglicherweise nach einem Feststellungsprozess mit Urteil.[291] Der so erlangte Tabellenauszug ist ein Vollstreckungstitel. Bzgl. der Masseforderung liegt somit (vermeintlich) ein Titel vor, sodass bei nicht näherer Betrachtung die These aufgestellt werden könnte, dass insoweit alles Notwendige getan worden sei und eine Verjährung des Anspruches gemäß § 197 Abs. 1 Nr. 3 und 5 BGB erst nach 30 Jahren drohe, wobei dann fraglich wäre, ob der Anspruch als Insolvenzforderung oder als Masseverbindlichkeit tituliert ist. Um diese Frage beantworten zu können, ist festzustellen, worauf sich die Rechtskraft der Feststellung zur Insolvenztabelle bezieht. Nach herrschender Meinung und Rechtsprechung ist nicht der Anspruch selbst tituliert, sondern das Recht zur Teilnahme an der Verteilung der Insolvenzmasse[292] und zur Vollstreckung gegen den Schuldner nach Aufhebung des Verfahrens, soweit keine Restschuldbefreiung erteilt,[293] also eben gerade nicht eine Entscheidung über die Qualifikation der Forderung als Insolvenz- oder Masseforderung getroffen wurde.[294] Wenn aber die Entscheidung, ob es sich um eine Masseverbindlichkeit oder eine Insolvenzforderung handelt, nicht mittituliert wird, kann erst recht der materielle Anspruch an sich nicht mittituliert sein. Hier stellt sich die Frage, ob dieses Ergebnis unter dem Aspekt des Schuldnerschutzes[295] standhalten kann, denn die Verjährung soll schließlich jenen davor schützen, nach Zeitablauf in Anspruch genommen zu werden. Aus Schuldnerschutzgesichtspunkten wäre eine materielle Titulierung überraschend und damit von Nachteil. Er müsste sich dann gemäß § 178 Abs. 3 InsO gegen die Titulierung zur Wehr setzen. Unterlässt er dies, wäre ihm eine Beseitigung der Titulierung nur im Rahmen des § 826 BGB möglich und damit erschwert. Auch bestünde für ihn Rechtsunsicherheit, dies vor dem Hintergrund, dass der Widerspruch im Rahmen des § 178 Abs. 3 InsO sich nur gegen das richten kann, was dort tituliert wird, nämlich gegen das Recht zur

---

291 BAG, Urt. v. 13.06.1989 – 1 AZR 819/87 = ZIP 1989, 1205.

292 BGH, Urt. v. 13.06.2006 – IX ZR 15/04 = NJW 2006, 3068 m.w.N.; Uhlenbruck – *Sinz*, InsO, § 178 Rn. 28 m.w.N.

293 MüKoInsO – *Stephan*, InsO, § 302 Rn. 30.

294 Uhlenbruck – *Sinz*, InsO, § 178 Rn. 28 m.w.N.

295 Siehe hierzu unter 3.2.2.2.

Teilnahme an der Verteilung der Insolvenzmasse und zur Vollstreckung gegen den Schuldner nach Aufhebung des Verfahrens, soweit keine Restschuldbefreiung erteilt wird. Eine Titulierung darüber hinaus wäre überraschend für den Schuldner.

Trotz nur beschränkter Feststellung zur Insolvenztabelle und Erteilung des Titels verliert der Massegläubiger nicht seine Rechtsposition, da über diese noch nicht wirksam entschieden wurde.[296] Ihm ist es weiterhin möglich, die gleiche Forderung nunmehr als Masseverbindlichkeit gelten zu machen.[297] Der Verwalter kann jedoch die Erfüllung so lange verweigern, bis sukzessive die Austragung/Löschung der Eintragung in die Insolvenztabelle bewilligt wurde.[298] Der Geltendmachung der Masseforderung steht auch die vorherige Titulierung nicht entgegen, da die Geltendmachung einer Insolvenzforderung einen anderen Streitgegenstand hat.[299]

Möglichweise existiert jedoch zusätzlich eine besondere Form der Geltendmachung, die sich insbesondere in der Rechtspraxis herauszubilden scheint, nämlich die Anmeldung zur ‚Massetabelle'. Ob es sich hierbei um eine taugliche Art der Geltendmachung handelt, bleibt zu untersuchen.

2.1.3.1.4 Die Anmeldung zur Massetabelle als besondere Form der Geltendmachung

Die Begriffe ‚Massetabelle' oder ‚Massetabellengläubiger' haben sich im allgemeinen Sprachgebrauch eingebürgert, finden jedoch in der Insolvenzordnung keine Rechtsgrundlage.[300] Hierunter wird eine beim Insolvenzverwalter geführte Liste verstanden, in der die Masseverbindlichkeiten notiert werden.[301] Im Tagesgeschäft eines Insolvenzverwalters kommt es häufig vor, dass Massegläubiger ihre Forderungen zur ‚Massetabelle' anmelden oder Insolvenzverwalter im Falle der Geltendmachung einer Masseverbindlichkeit mitteilen, diese (in der Massetabelle) notiert zu haben. Es drängt sich somit zunächst der Eindruck auf, dass die Massetabelle mit einer Liste offener Posten im allgemeinen Geschäftsverkehr zu vergleichen wäre, denn auch der Unternehmer notiert dort Forderungen von Dritten, die sich gegen ihn richten, ohne dass das Notieren in dieser Liste eine

296 Uhlenbruck – *Sinz*, InsO, § 178 Rn. 28 m.w.N.
297 BGH, Urt. v. 13.06.2006 – IX ZR 15/04 = NJW 2006, 3068.
298 BGH, Urt. v. 13.06.2006 – IX ZR 15/04 = NJW 2006, 3068.
299 BGH, Urt. v. 13.06.2006 – IX ZR 15/04 = NJW 2006, 3068.
300 *Ringstmeier*, in: Beck/Depré, Praxis der Insolvenz, § 12 Rn. 74.
301 *Ringstmeier*, in: Beck/Depré, Praxis der Insolvenz, § 12 Rn. 75.

Titulierung zur Folge hätte mangels einer der § 174 InsO entsprechenden Regelung. Allerdings stellt ein solches Verzeichnis eine Urkunde dar, denn als solche gilt die schriftliche Verkörperung einer Gedankenerklärung durch übliche Wortzeichen.[302] Somit könnte das Verzeichnis im Rahmen eines Zivilprozesses als Urkundsbeweis vorgelegt werden. Dies führt aber nicht zu einer Titulierung oder Anerkennung der Forderung; nur wenn diese zuvor erfolgt und eingetragen worden ist, könnte diese damit bewiesen werden. Selbst wenn eine solche Tabelle pflichtgemäß geführt wurde und Prüfvermerke eingetragen wären, ist umstritten, inwieweit der Insolvenzverwalter verpflichtet werden kann, diese in einem Prozess zugunsten der für das Bestehen der Masseverbindlichkeit beweisbelasteten Gegenseite vorzulegen.[303] Mithilfe dieses Verzeichnisses könnte also denklogisch höchstens der Zeitpunkt eines Anerkenntnisses der Forderung i.S.d. § 212 BGB[304] oder jedenfalls das Ende einer Verhandlung i.S.d. § 203 BGB durch Eintragung eines Bestreitenvermerks dargelegt und ggf. bewiesen werden.[305]

Die Massetabelle dient lediglich der ordnungsgemäßen Buchführung. Dem folgend, ist auch das Notieren einer Masseverbindlichkeit in der Massetabelle nichts anderes als eine interne Handlung im Rahmen der Buchführung des Insolvenzverwalters, ohne dass sich hieraus ein Anspruch ableiten ließe. Dieser ließe sich höchstens durch die der Eintragung vorausgehenden Handlungen ableiten, die ggf. durch die Eintragung beweisbar wären. Es bleibt aber festzuhalten und zu betonen, dass Forderungen nicht durch Eintragung tituliert werden, denn es fehlt dafür an gesetzlichen Regelungen, wie sie für Insolvenzforderungen bestehen. Denn dort bestimmt das Gesetz ausdrücklich, wie bereits oben gezeigt wurde, dass die Rechtsfolge der Aufnahme und Feststellung zur Insolvenztabelle die Erteilung eines Tabellenauszugs ist, aus dem vollstreckt werden kann.[306]

Von dieser so bezeichneten Tabelle sind die Verzeichnisse nach den §§ 151 ff. InsO abzugrenzen, in denen auch Massegläubiger aufzunehmen sind.[307] Auch lässt sich, daran sei nochmals erinnert, hieraus keine Titulierungsfunktion ableiten. Insolvenzverwalter mit spezieller Insolvenzverwaltersoftware können

302 Stein/Jonas – *Leipold*, ZPO, § 142 Rn. 12.

303 Wieczorek/Schütze – *Smid*, ZPO, § 142 Rn. 15 m.w.N.

304 Siehe hierzu unter 3.7.

305 Siehe hierzu unter 3.8.1.

306 Uhlenbruck – *Wegener*, InsO, § 201 Rn. 28; zur Reichweite der Titulierung siehe unter 2.1.3.1.3.

307 Siehe hierzu auch unter 2.1.4.5.

automatisch die Masseverbindlichkeiten aus vorgenannten Verzeichnissen extrahieren, sodass keine separate Tabelle der Masseverbindlichkeiten geführt werden muss.

Wenngleich sich aus der Erfassung von Masseverbindlichkeiten in Tabellen keine Schlüsse hinsichtlich der Ausgangsfrage ziehen lassen, ist dennoch zu überlegen, wie sich die Kenntnis des Verwalters von den Masseverbindlichkeiten auf die Gesamtsituation auswirkt und ob Informationspflichten daraus folgen.[308] Schon an dieser Stelle mutet es paradox an, dass sich der Insolvenzverwalter zum Schutz seiner eigenen Vergütungsansprüche selbst bei Zahlungsfähigkeit der Masse auf Verjährung zu berufen hat und diese Ansprüche nicht von Amts wegen zu befriedigen hat und damit Masseverbindlichkeitengläubigern ein Ausfall droht. Dieses Ergebnis könnte, wenn es sich so bestätigt, ein Wertungswiderspruch sein.[309] Diese Problematik spitzt sich in Fällen der Masseunzulänglichkeit noch zu, wie nunmehr auszuführen ist.

2.1.3.1.5 Die Geltendmachung bei Masseunzulänglichkeit

Masseunzulänglichkeit bedeutet, dass es dem Insolvenzverwalter nicht möglich ist, alle Masseverbindlichkeiten vollständig zu bezahlen. In diesem Fall hat er die Masseunzulänglichkeit gegenüber dem Insolvenzgericht gemäß § 208 InsO anzuzeigen. Die Anzeige der Masseunzulänglichkeit ist durch das Gericht gemäß § 208 Abs. 2 InsO öffentlich bekannt zu machen, wobei keine inhaltliche Prüfung durch das Gericht erfolgt.[310] In diesem Fall ist sodann gemäß § 209 InsO zwischen Altmasseverbindlichkeiten und Neumasseverbindlichkeiten zu differenzieren.[311] Altmasseverbindlichkeiten sind sämtliche Verbindlichkeiten, die bis zur Anzeige der Masseunzulänglichkeit begründet wurden, gleich aus welchem Rechtsgrund.[312] Die Unterscheidung, ob es sich hierbei um aufgrund von Verwalterhandeln oder in sonstiger Weise begründete, also auch oktroyierte Masseverbindlichkeiten handelt, ist somit für die Einordnung als Altmasseverbindlichkeit irrelevant.[313] Neumasseverbindlichkeiten sind Verbindlichkeiten, die nach der Masseunzulänglichkeit begründet wurden.[314] Für Altmasseverbindlichkeiten besteht die Besonderheit, dass es an einem Rechtsschutzinteresse

---

308 Siehe hierzu unter 2.1.4.6.

309 Siehe hierzu unter 3.6 ff.

310 Nerlich/Römermann – *Westphal*, InsO, § 208 Rn. 16.

311 Siehe hierzu auch unter 1.5.

312 BGH, Urt. v. 13.04.2006 – IX ZR 22/05 = ZInsO 2006, 541, 542.

313 HmbKo – *Weitzmann,* InsO, § 208 Rn. 2.

314 Braun – *Kießner*, InsO, § 209 Rn. 20.

für eine Leistungsklage wegen des Vollstreckungsverbotes gemäß § 210 InsO fehlt.[315] Eine Klageänderung auf Feststellung ist jedoch zulässig; der Inhalt dieser Klageänderung ist das Bestehen einer Altmasseverbindlichkeit und eines Teilhaberechtes an der quotenmäßigen Befriedigung.[316] Als einfaches Mittel der Titulierung ist der Anwaltsvergleich denkbar,[317] um kostenträchtige Rechtsstreite zu vermeiden. Die Anzeige der Masseunzulänglichkeit hat somit keinen Einfluss auf die Art und Weise der vorprozessualen Geltendmachung. Auch hier ist fraglich, ob nicht ein Widerspruch darin zu sehen ist, dass der Gläubiger trotz Wissen um das (temporäre) Ausbleiben einer Zahlung ggf. Titulierungsmaßnahmen zur Vermeidung der Verjährung einleiten muss.[318]

Nach der Geltendmachung in ihrer schärfsten Form, der Titulierung, folgt die Vollstreckung für den Fall, dass keine freiwilligen Zahlungen erfolgen. Ob hierbei Besonderheiten bestehen, insbesondere aufgrund der Unterscheidung in Alt- und Neumasseverbindlichkeiten im Falle der Masseunzulänglichkeit, wird nun zu erörtern sein.

2.1.3.1.6 Die Vollstreckung von Masseverbindlichkeiten

Bei der Vollstreckung von Masseverbindlichkeiten ist zwischen Altmasseverbindlichkeiten und Neumasseverbindlichkeiten, zumindest im Falle der Masseunzulänglichkeit, zu unterscheiden. Masseverbindlichkeiten sind nach dem allgemeinen Zivilrecht außerhalb des Insolvenzverfahrens geltend zu machen.[319] Dem folgend, finden auch für die Zwangsvollstreckung die allgemeinen Regelungen der Zivilprozessordnung Anwendung. Eine Zwangsvollstreckung ist dann erforderlich, wenn der Verurteilte den sich aus dem Urteil ergebenden Pflichten nicht freiwillig nachkommt.

Bei Neumasseverbindlichkeiten bzw. Masseverbindlichkeiten ohne Masseunzulänglichkeit ist die Art und Weise der Zwangsvollstreckung abhängig von dem Urteilstenor. Im Folgenden eine kurze Zusammenfassung:

> *Wird jemand zur Zahlung von Geldforderungen (§§ 803–882 Buchst. a ZPO) verurteilt, so ist zu differenzieren, ob in das unbewegliche Vermögen (§§ 864–871 ZPO i.V.m. Zwangsvollstreckungsgesetz – ZVG) oder in das bewegliche Vermögen (§§ 803–863 ZPO) vollstreckt werden soll. Wird in das bewegliche Vermögen vollstreckt, so ist wiederum zu unterscheiden, ob in eine körperliche Sache (§§ 808–827 ZPO), in eine Forderung*

315 Braun – *Kießner*, InsO, § 210 Rn. 7.
316 MükoInsO – *Hefermehl*, InsO, § 53 Rn. 79.
317 *Fischer*, in: BeckOK BGB, § 779 Rn. 110.
318 Siehe hierzu unter 3.6.3.4.4.
319 Siehe hierzu unter 2.1.3 ff.

(§ 828–856 ZPO) oder in ein sonstiges Recht (§ 857–863) vollstreckt werden soll und wird in das unbewegliche Vermögen vollstreckt, finden die §§ 864–871 ZPO sowie das ZVG Anwendung.[320]

Wird hingegen wegen einer anderen Forderung (§§ 883–898 ZPO) vollstreckt, die keine Geldforderung ist, so ist danach zu differenzieren, ob erstens zur Erwirkung der Herausgabe von Sachen (§§ 883–886 ZPO) vollstreckt wird; hier wird sodann differenziert, ob es sich um die Herausgabe bestimmter beweglicher Sachen (§ 883 ZPO), um die Herausgabe von Grundstücken oder Schiffen (§ 885 ZPO) oder um die Leistung vertretbarer Sachen (884 ZPO) handelt; oder ob zweitens zur Erwirkung von Unterlassungen und Duldungen (§ 890 ZPO) vollstreckt wird oder drittens zur Erwirkung von Handlungen (§§ 887–888 ZPO), hier differenziert nach vertretbarer Handlung (§ 807 ZPO) und unvertretbarer Handlung (§ 888 ZPO).[321]

Die Vollstreckung erfolgt durch das jeweilig zuständige Vollstreckungsorgan:

Der Gerichtsvollzieher ist nach § 753 Abs. 1 ZPO für die Vollstreckung wegen Geldforderungen in körperlichen Sachen, d. h. ihre Pfändung sowie nach § 899 Abs. 1 für die Abnahme der Versicherung an Eides statt, aber auch für die Erwirkung der Herausgabe von Sachen (§§ 830–885 und 897 ZPO) zuständig. Das Vollstreckungsgericht ist u. a. für den Erlass von Pfändungs- und Überweisungsbeschlüssen[322] *zuständig und Kontrollinstanz für Maßnahmen anderer Vollstreckungsorgane.*[323] *Ebenfalls ist es bei der Zwangsvollstreckung in das unbewegliche Vermögen gemäß § 1 ZVG tätig. Letztlich kann auch das Grundbuchamt Vollstreckungsorgan sein, nämlich dann, wenn die Eintragung einer Sicherungshypothek (§§ 866–867 ZPO) erforderlich ist.*

Für eine Zwangsvollstreckung müssen gemäß § 750 ZPO die folgenden Voraussetzungen gegeben sein:[324]

- ein wirksamer Antrag des Gläubigers an das zuständige Vollstreckungsorgan,
- die Erfüllung der allgemeinen Prozessvoraussetzungen und
- die Erfüllung der besonderen Vollstreckungsvoraussetzungen, dazu gehören:
  - Vollstreckungstitel (i.d.R. Urteil nach § 704 Abs. 1 ZPO),
  - Vollstreckungsklausel amtliche Bescheinigung der Vollstreckbarkeit des Titels gemäß § 725 ZPO,
  - Zustellung des Vollstreckungstitels (§ 750 Abs. 1 Satz 1 und § 795 ZPO).

---

320 Zur Vollstreckung wegen Geldforderungen ausführlich: *Musielak*, in: Musielak, Grundkurs ZPO, Rn. 648a ff.

321 Zur Vollstreckung wegen sonstiger Ansprüche ausführlich: *Musielak*, in: Musielak, Grundkurs ZPO, Rn. 713 ff.

322 *Becker*, in: Musielak, ZPO, § 835 Rn. 3.

323 MüKoZPO – *Heßler*, ZPO, § 764 Rn. 14.

324 Zu den Voraussetzungen: *Kindl, in:* Saenger, ZPO, § 750 Rn. 3.

Es ist weiterhin zu beachten, dass gemäß § 90 InsO ein Vollstreckungsverbot für den Zeitraum von sechs Monaten für solche Masseverbindlichkeiten besteht, die nicht durch die Handlung des Insolvenzverwalters[325] begründet wurden. Wird vollstreckt, ist die Vollstreckungserinnerung nach § 766 ZPO der richtige Rechtsbehelf.[326] Insoweit ist jedoch strittig, ob der Vollstreckungsschutz gemäß § 90 InsO nur für Masseverbindlichkeiten i.S.d. § 55 Abs. 2 InsO Anwendung findet oder auch auf die gemäß § 55 Abs. 1 InsO, d.h. die durch den Verwalter begründeten Masseverbindlichkeiten. Gegen eine solche Erstreckung spricht der Wortlaut, für eine solche hingegen sprechen Sinn und Zweck der Regelung, der die Masse vor einem Zerfall schützen will, sodass ein Insolvenzverwalter eine ordnungsgemäße Abwicklung bzw. eine Betriebsfortführung durchführen kann.[327]

Der Insolvenzverwalter ist im Falle der Masseunzulänglichkeit bei Altmasseverbindlichkeiten (bei Bestehen der Masseunzulänglichkeit) berechtigt, bei Vollstreckung einer Altmasseverbindlichkeit im Falle der Masseunzulänglichkeit den Einwand der Unzulässigkeit der Zwangsvollstreckung mittels Vollstreckungserinnerung gemäß § 766 ZPO geltend zu machen.[328] Gegen eine vom Finanzamt eingeleitete Zwangsvollstreckung ist die Anfechtungsklage zulässig.[329] Es besteht Vollstreckungsschutz nach § 210 InsO.

2.1.3.2 Zwischenergebnis

Als Zwischenergebnis ist somit festzuhalten, dass der Insolvenzverwalter von ihm selbst begründete Masseverbindlichkeiten zu berücksichtigen hat. Es bedarf insbesondere keiner Mitteilung durch den Massegläubiger. Der Massegläubiger hat nicht die Pflicht, seine Forderungen besonders geltend zu machen. Ihm steht es jedoch frei, seine Forderungen gegenüber dem Insolvenzverwalter geltend zu machen. Allerdings könnten dem Gläubiger erhebliche Nachteile daraus erwachsen, wenn er seine Forderung nicht geltend macht, sodass ihn die Obliegenheit trifft, seine Forderung geltend zu machen, um sich vor etwaigen Nachteilen, die aus einer Nichtgeltendmachung entstehen, zu schützen. Wie umfassend diese Pflicht ist und ob dieser noch Informationspflichten des Insolvenzverwalters korrespondierend gegenüberstehen, wird noch zu betrachten sein.

---

325 Uhlenbruck - *Mock*, InsO, § 90 Rn. 3 ff.

326 Anders/Leithaus - *Leithaus*, InsO, § 90 Rn. 6.

327 *Kayser*, in: HK-InsO, § 90 Rn. 1.

328 BGH, Beschl. v. 21.09.2006 - IX ZB 11/04 = NZI 2006, 697, 698.

329 BFH, Urt. v. 23.07.1996 - VII R 88/94 = ZIP 1996, 1838.

Dem Massegläubiger stehen zur Geltendmachung des Weiteren die Möglichkeiten des Zivilprozesses offen. Lediglich im Rahmen der Zwangsvollstreckung ist § 90 InsO als prozessuale Besonderheit zu beachten.

Hieran schließt sich die Frage an, ob – insbesondere wenn bereits bei der Vollstreckung im Rahmen der Insolvenzordnung differenziert wird – bei der Realisierung oktroyierter Masseverbindlichkeiten eine abweichende Betrachtung und damit Geltendmachung gegeben ist.

2.1.4 Die Geltendmachung oktroyierter Masseverbindlichkeiten als Masseverbindlichkeiten gemäß § 55 Abs. 2 InsO

Oktroyierte Masseverbindlichkeiten[330] sind nicht durch Rechtshandlung des Verwalters begründet worden.[331] Dies sind u.a. Verbindlichkeiten gemäß § 55 Abs. 2 S. 2 InsO.[332] Es können aber auch Verbindlichkeiten nach § 55 Abs. 1 Nr. 1. 2 Alt. und Abs. 1 Nr. 2. InsO sein, soweit der Insolvenzverwalter auf deren Entstehung keinen Einfluss hat und diese kraft Gesetzes erfüllen muss.[333] Es besteht daher die Möglichkeit, dass der Insolvenzverwalter diese Verbindlichkeiten entweder zum Zeitpunkt seiner Zuständigkeitsbegründung oder auch später nicht kennt, denn oftmals mangelt es dem Insolvenzverwalter an Geschäftsunterlagen oder auskunftsbereiten Personen, die ihn auf Verbindlichkeiten hinweisen. Es stellt sich daher die Frage, was oktroyierte Massegläubiger bei der Geltendmachung vorbringen müssen. Müssen sie insbesondere den Verwalter zunächst über das Bestehen der Forderung in Kenntnis setzen, bevor es ihnen beispielsweise möglich ist, Verzugszinsen zu verlangen oder ihn zu verklagen? Weiterhin ist zu klären, ob den Insolvenzverwalter eine (erweiterte) Ermittlungspflicht für oktroyierte Masseverbindlichkeiten trifft und ob er seinerseits Gläubiger auf das Bestehen dieser Verbindlichkeiten hinweisen und diese ‚von Amts wegen' bedienen muss.

330 Siehe hierzu unter 1.2.2 und 1.2.3.

331 MükoInsO – *Hefermehl*, InsO, § 55 Rn. 66.

332 Smid, Praxishandbuch Insolvenzrecht, § 2 Rn. 85.

333 Uhlenbruck – *Mock*, InsO, § 90 Rn. 3.

2.1.4.1 *Besteht die Pflicht der außergerichtlichen Geltendmachung durch den Gläubiger?*

Vor dem Hintergrund, dass der Insolvenzverwalter eventuell keine Kenntnis der oktroyierten Masseverbindlichkeiten hat,[334] ist zu eruieren, ob den Massegläubiger eine Pflicht trifft, seine Forderung zunächst gegenüber dem Insolvenzverwalter anzuzeigen und geltend zu machen. Hinsichtlich der Qualifizierung als Masseverbindlichkeit ist zwischen oktroyierten und vom Verwalter begründeten Verbindlichkeiten keine Unterscheidung zu treffen, da die Einordnung sowohl anspruchsbezogen als auch verfahrensbezogen erfolgt.[335]

Zieht man auch an dieser Stelle wieder den Vergleich zum allgemeinen Zivilrecht, so wäre die oktroyierte Masseverbindlichkeit mit folgender Situation vergleichbar: Ein Gesamtrechtsnachfolger, z.B. ein Erbe[336] gemäß § 1922 BGB, kennt oftmals nicht alle Verbindlichkeiten des Erblassers. Die Gläubiger können im Falle der Annahme des Erbes trotzdem gegen ihn vorgehen.[337] Weder die Zivilprozessordnung noch das FamFG oder sonstige Zivilgesetze hindern die gerichtliche Geltendmachung dieser Forderung. Es existiert jedoch keine spezielle Anzeige oder Mitteilungspflicht gegenüber dem Gesamtrechtsnachfolger. Ob sich diese Pflicht für Masseverbindlichkeiten aus einem ggf. fehlenden Rechtsschutzbedürfnis im Rahmen der Klage ergibt, wird somit innerhalb der Prüfung, ob und wie die gerichtliche Geltendmachung der offerierten Masseverbindlichkeiten erfolgt, festzustellen sein.

2.1.4.2 *Die gerichtliche Geltendmachung der oktroyierten Masseverbindlichkeit und deren Vollstreckung*

Nachdem nun festgestellt worden ist, dass es keine Besonderheiten bei der außergerichtlichen Geltendmachung durch den Gläubiger gibt, ist die Frage zu beantworten, ob diese hinsichtlich der gerichtlichen Geltendmachung existieren. Grundsätzlich sind auch hier keine Unterschiede feststellbar, insoweit kann auf die obigen Ausführungen verwiesen werden.

Zu hinterfragen ist jedoch, ob die Klage aufgrund eines fehlenden Rechtsschutzbedürfnisses unzulässig wäre. Dies gilt, wenn dem Kläger ein einfacherer

---

334 Uhlenbruck – *Sinz*, InsO, § 61 Rn. 5 zur erstmöglichen Kündigungsmöglichkeit nach Kenntnis.

335 MükoInsO – *Hefermehl*, InsO, § 55 Rn. 10 ff.

336 *Müller-Christmann*, in: BeckOK BGB, § 1922 Rn. 15 zum Begriff Erbe als Gesamtrechtsnachfolger.

337 MüKoBGB – *Küpper*, BGB, § 1967 Rn. 5 zu den Erblasserschulden.

Weg zur Durchsetzung seines Rechtes offensteht,[338] und ist im Rahmen der Zulässigkeit einer möglichen Klage zu prüfen. Bei Leistungsklagen reicht bereits die Behauptung des Klägers, ihm stehe der durch seine Klage geltend gemachte Anspruch gegen den Beklagten zu.[339] Ein einfacherer Weg wäre insbesondere die außergerichtliche Geltendmachung und Eintragung in eine vermeintliche Massetabelle nicht. Grund hierfür ist, dass diese den Anspruch nicht tituliert. Da im Falle der Masseunzulänglichkeit eine Leistung aufgrund des Vollstreckungsverbotes nicht vollstreckbar ist, ist die Leistungsklage, mit der die Forderung geltend gemacht wird, auf eine Feststellungsklage umzustellen.[340] Bei der Vollstreckung bestehen jedoch Besonderheiten:

Die Vollstreckung erfolgt grundsätzlich mit den Mitteln der Zivilprozessordnung.[341]

Selbst wenn eine Leistungsklage erfolgreich war, ist es möglich, dass die Vollstreckung wegen des temporären Vollstreckungsverbots des § 90 InsO ebenso unzulässig ist. Insofern soll der Insolvenzverwalter insbesondere in der Anfangsphase eines Insolvenzverfahrens davor geschützt werden, dass durch Einzelzwangsvollstreckung eine Abwicklung der Masse durch Zersplitterung unmöglich wird.[342]

2.1.4.3 Ermittlungspflicht des Insolvenzverwalters

Zwar wurde nunmehr festgestellt, dass eine besondere Verpflichtung des Massegläubigers, dem Insolvenzverwalter die oktroyierte Verbindlichkeit anzuzeigen, nicht besteht, dies bedeutet jedoch im Umkehrschluss nicht zwingend, dass seitens des Insolvenzverwalters eine besondere Ermittlungspflicht besteht. Ob eine solche aufgrund der Besonderheiten der Situation, d.h. des Wegfalls der Person als Ansprechpartner, die dem Gläubiger bekannt ist, sowie der Verpflichtung des Insolvenzverwalters, im Gläubigerinteresse zu handeln, vorliegt, ist nun zu ermitteln. Grundsätzlich ist der Insolvenzverwalter für die Befriedigung oder Sicherstellung der ihm bekannten Ansprüche von Massegläubigern verantwortlich. Wenn Masseansprüche ihm gegenüber geltend gemacht werden, hat er diese zu

338 *Bacher*, in: BeckOK ZPO, § 253 Rn. 29.

339 BGH, Urt. v. 04.06.2014 – VIII ZR 4/13 = Grundeigentum 2014, 1002.

340 Nerlich/Römermann – *Andres*, InsO, § 53 Rn. 25.

341 Siehe hierzu unter 2.1.3.1.6.

342 Uhlenbruck – *Mock*, InsO, § 90 Rn. 1.

berücksichtigen.[343] Er hat gegenüber den Insolvenz- und Massegläubigern sowie den sonstigen am Insolvenzverfahren Beteiligten eine unabhängige Stellung.[344]

2.1.4.4 Ermittlungspflicht des Insolvenzverwalters aufgrund der §§ 60 und 61 InsO

Um zu bestimmen, ob eine Ermittlungspflicht vorliegt, kann zunächst § 61 Abs. 1 Satz 1 InsO als Maßstab herangezogen werden. Hiernach haftet der Insolvenzverwalter für die Nichterfüllung von Masseverbindlichkeiten, die durch seine Rechtshandlung begründet worden sind und nicht voll erfüllt werden können. Er hat im Falle der Betriebsfortführung insbesondere eine Liquiditätsplanung vorzulegen, bei der alle Masseverbindlichkeiten zu berücksichtigen sind.[345] Er haftet nur dann nicht, wenn der Verwalter bei der Begründung der Verbindlichkeit nicht erkennen konnte, dass die Masse voraussichtlich zur Erfüllung nicht ausreicht. Dem Wortlaut nach normiert § 61 InsO eben gerade keine Haftung des Insolvenzverwalters für nicht erfüllte oktroyierte Masseverbindlichkeiten.[346] Es ist vielmehr ein Begründen durch Tun, Dulden oder Unterlassen seitens des Verwalters erforderlich.[347] Eine bloße oktroyierte Masseverbindlichkeit ist hiervon, wie im Falle der Nichtweiternutzung eines Mietverhältnisses nach Inbesitznahme durch den Insolvenzverwalter,[348] nicht erfasst.

Dass Massegläubiger – und somit auch oktroyierte Massegläubiger – unter den Schutzbereich des § 60 InsO fallen, ist höchstrichterlich entschieden.[349] Voraussetzung für eine Haftung ist demnach eine schuldhafte Pflichtverletzung, die dem Insolvenzverwalter nach der Insolvenzordnung obliegt. Der Insolvenzverwalter hat gemäß § 60 Abs. 1 S. 2 InsO für die Sorgfalt eines ordentlichen und gewissenhaften Insolvenzverwalters einzustehen.

Werden dem Insolvenzverwalter oktroyierte Masseverbindlichkeiten bekannt, hat er diese in seiner Liquiditätsplanung, im Falle einer Betriebsfortführung nach Eröffnung, zu berücksichtigen,[350] wenn er die Leistungen in Anspruch nimmt. Da anders als im vorläufigen Verfahren[351] nach Eröffnung auch eine Pflicht zur

---

343 LG Hildesheim, Urt. v. 21.05.2003 – 2 O 144/03.

344 MükoInsO – *Hefermehl*, InsO, § 53 Rn. 91.

345 LG Hildesheim, Urt. v. 21.05.2003 – 2 O 144/03.

346 *von Bismarck*, in: Beck/Depré, Praxis der Insolvenz, § 48 Rn. 44.

347 Zum Unterlassen: Bärmann/Pick – *Becker*, WEG, § 16 Rn. 225.

348 Nerlich/Römermann – *Rein*, InsO, § 60 Rn. 40.

349 BGH, Urt. v. 06.05.2004 – IX ZR 48/03 = ZIP 2004, 1107.

350 Braun – *Baumert*, InsO, § 61 Rn. 12.

351 Uhlenbruck – *Sinz*, InsO, § 61 Rn. 32.

Zahlung auch von oktroyierten Masseverbindlichkeiten besteht, jedoch unter Beachtung der gesetzlichen Verteilungsreihenfolge,[352] kann der Insolvenzverwalter bei einem wissentlichen Verstoß gegen diese Zahlungspflicht zumindest in Bezug auf Arbeitnehmerverbindlichkeiten[353] möglicherweise nach § 60 InsO, was als ein Widerspruch zur sonstigen Rechtslage erscheint, haften. Diese Norm selbst ist somit nicht ausreichend, um die Ermittlungspflicht zu konkretisieren. Vielmehr dient sie bei Pflichtverstoß nur als Anspruchsgrundlage, eine Haftung zu begründen.

Zu dem im Widerspruch stehen auf den ersten Blick die vom Bundesverfassungsgericht geforderte Einhaltung der gesetzlichen Befriedigungsreihenfolge und die Feststellung, dass die Vergütung des Konkursverwalters nicht als Altmasseverbindlichkeit zu werten, sondern entgegen dem damaligen Wortlaut des § 60 KO vorweg zu befriedigen ist[354] und somit festgestellte Masseverbindlichkeiten nicht zu zahlen sind. Es wäre, so laut Bundesverfassungsgericht, widersinnig, den Insolvenzverwalter auf der Primärebene zu verpflichten, eine in seiner Masseverbindlichkeitentabelle notierte Verbindlichkeit wegen Verjährung nicht zu zahlen, ihn dann jedoch auf der Sekundärebene zur Erstattung eben dieses eingesparten Betrages an den Masseverbindlichkeitengläubiger im Haftungsprozess zu verpflichten. Dieser scheinbare Widerspruch löst sich jedoch bei näherer Betrachtung auf. Denn auch auf der Sekundärebene besteht eine solche Verpflichtung nur, wenn ein wissentlicher Verstoß gegen die Zahlungspflicht unter Verletzung der gesetzlichen Befriedigungsreihenfolge begangen worden wäre.[355] Bei eingetretener Verjährung besteht eben gerade keine Pflicht zur Zahlung, da die Möglichkeit der Erhebung der Einrede gegeben ist. Vielmehr würde sich der Insolvenzverwalter bei pflichtwidriger Zahlung Schadensersatzansprüchen der durch die Masseverkürzung beeinträchtigten Gläubiger bzw. der Insolvenzmasse ausgesetzt sehen.[356]

Im vorliegenden Fall hatte der BGH über den Schadensersatz wegen Nichterfüllung von vom Insolvenzverwalter begründeten Masseverbindlichkeiten im Rahmen der Ersatzpflicht nach den §§ 60 und 61 InsO zu befinden. Gleichsam stellte er fest, dass der Insolvenzverwalter einem Massegläubiger bei pflichtwidriger Verkürzung der Masse haftet und dies

---

352 Nerlich/Römermann – *Rein*, InsO, § 60 Rn. 39.

353 BAG, Urt. v. 01.06.2006 – 6 AZR 59/06 = NZI 2007, 124, 125.

354 BVerfG, Beschl. v. 30.03.1993 – 1 BvR 1045/89 = NJW 1993, 2861; siehe hierzu auch ausführlich unter 3.4.7.

355 Nerlich/Römermann – *Rein*, InsO, § 60 Rn. 16; BAG, Urt. v. 01.06.2006 – 6 AZR 59/06 = NZI 2007, 124.

356 BGH, Urt. v. 06.05.2004 – IX ZR 48/03 = Kaufmann, NZI 2004, 435.

ein Einzelschaden ist, der von betroffenen Gläubigern während der Dauer des Insolvenzverfahrens, aber außerhalb gegen den Insolvenzverwalter, geltend gemacht werden kann. Im vorliegenden Fall konnte die pflichtwidrige Verkürzung der Masse in einer Zahlung an einen Sicherheitenpool wegen Insolvenzforderungen gesehen werden, die entsprechend der gesetzlichen Befriedigungsreihenfolge erst nach anderen Verbindlichkeiten hätte befriedigt werden dürfen.

2.1.4.5 Ermittlungspflicht des Insolvenzverwalters aufgrund von § 152 InsO

Gemäß § 152 InsO hat der Insolvenzverwalter ein Verzeichnis aller Gläubiger des Schuldners aufzustellen, die ihm aus den Büchern und Geschäftspapieren des Schuldners, durch sonstige Angaben des Schuldners, durch die Anmeldung ihrer Forderungen oder auf andere Weise bekannt geworden sind (§ 152 Abs. 1). Das Gläubigerverzeichnis erfasst neben den nachrangigen Gläubigern (§§ 39, 154 Abs. 3 Satz 1) auch absonderungsberechtigte Gläubiger sowie Masseverbindlichkeiten.[357] Von der Pflicht zur Erstellung des Verzeichnisses kann das Insolvenzgericht den Schuldner nicht entbinden.[358] Selbst in der Eigenverwaltung ist der eigenverwaltende Schuldner zur Erstellung dieser Verzeichnisse verpflichtet.[359] Die dort zu bezeichnenden Massekosten setzen sich aus den Verfahrenskosten sowie den sonstigen Masseverbindlichkeiten (§ 55 InsO) zusammen. Das Verzeichnis wird zum Zeitpunkt der Verfahrenseröffnung erstellt. Naturgemäß können diese Forderungen nicht genau beziffert werden. Sie sind daher durch den Insolvenzverwalter unter der Annahme einer zügigen Verwertung des Schuldners zu schätzen, die Gläubigerversammlung hat jedoch im Berichtstermin, soweit es sich um eine Geschäftsveräußerung handelt, darüber zu entscheiden.[360]

Gemäß § 60 Abs. 1 Satz 1 InsO haftet der Insolvenzverwalter allen Beteiligten zum Schadensersatz, wenn er schuldhaft die Pflichten verletzt, die ihm nach diesem Gesetz obliegen. Der Insolvenzverwalter ist verpflichtet zur Erstellung der Verzeichnisse, von dieser Pflicht kann er nicht durch das Insolvenzgericht befreit werden.[361] Dementsprechend hat er das vorgenannte Verzeichnis mit der Sorgfalt eines ordentlichen und gewissenhaften Insolvenzverwalters zu erstellen (§ 60 Abs. 1 Satz 2 InsO). Dieser Maßstab wird sowohl im Handelsgesetzbuch gegenüber einem Kaufmann (§ 47 Abs. 1 Handelsgesetzbuch – HGB) als auch im Aktienrecht für das Handeln des Geschäftsleiters (§ 93 Abs. 1 Satz 1

---

357 HmbKo – *Jarchow,* InsO, § 152 Rn. 11.

358 HmbKo – *Jarchow,* InsO, § 152 Rn. 13.

359 *Ringstmeier*, in: Beck/Depré, Praxis der Insolvenz, § 44 Rn. 50.

360 Blersch/Goetsch/Haas – *Kießling*, BK-InsO, § 152 Rn. 20 f.

361 Siehe hierzu unter 2.1.3.1.4.

Aktiengesetz – AktG) sowie im GmbH-Gesetz (GmbHG) gegenüber dem Geschäftsführer als Geschäftsmann (§ 43 Abs. 1 GmbHG) angelegt. Die Haftung des Insolvenzverwalters setzt ein Verschulden i.S.d. § 176 BGB voraus. Der Verwalter kann in jedem Einzelfall den Nachweis führen, dass der Schaden auch bei Anwendung der Sorgfalt eines ordnungsgemäßen gewissenhaften Insolvenzverwalter entstanden wäre.[362] Dem folgend, ist der Insolvenzverwalter dem Grunde nach verpflichtet, sämtliche Geschäftsbücher auf mögliche oktroyierte Masseverbindlichkeiten durchzusehen und diese in das Verzeichnis gemäß § 152 InsO einzutragen.[363] Verstößt er gegen diese Pflicht, indem er sich z.B. nur auf die Angaben des Schuldners verlässt, ohne Geschäftsunterlagen zu sichern und zu sichten, besteht im Grundsatz die Möglichkeit, ihn bei einem Verstoß gegen seine Pflicht gemäß § 152 InsO auf Schadensersatz in Anspruch zu nehmen, sofern dem Geschädigten der Nachweis eines Schadens und der Pflichtverletzung gelingt. Dies wäre dann jedenfalls theoretisch denkbar, wenn oktroyierte Masseverbindlichkeiten offenkundig aus Geschäftsunterlagen ersichtlich gewesen wären, der Insolvenzverwalter die Sichtung unterlassen hat und dann unvorhergesehenerweise Masseunzulänglichkeit eingetreten ist. Bei ordnungsgemäßer Sichtung hätte der Insolvenzverwalter zuvor diese Verbindlichkeit erkennen und im Zeitraum vor Anzeige der Masseunzulänglichkeit bedienen können.[364] Ein Beispiel für den Eintritt einer plötzlichen Masseunzulänglichkeit wäre ein Brand im Geschäftsbetrieb, der eine Betriebseinstellung zur Folge hat.

Der Insolvenzverwalter kann sich auch nicht dadurch exkulpieren, dass den Gläubigern ein Einsichtnahmerecht in die Gerichtsakte gemäß § 4 InsO i.V.m. § 299 ZPO[365] zusteht, sodass es ihnen dem Grundsatz nach möglich gewesen wäre, sich in der Tabelle/dem Verzeichnis zu vergewissern, dass ihre Masseverbindlichkeiten aufgenommen wurden.

Zusammenfassend kann daher festgestellt werden, dass auch bei oktroyierten Masseverbindlichkeiten i.V.m. den Pflichten zur Erstellung der Verzeichnisse keine besondere Ermittlungspflicht des Insolvenzverwalters besteht. Allerdings bleibt zu prüfen, ob sich diese aus anderen Gründen ergibt.

---

362 Uhlenbruck – *Sinz*, InsO, § 60 Rn. 91.

363 MüKoInsO – *Füchsl/Weishäupl/Jaffé*, InsO, § 152 Rn. 19 zur Aufnahmepflicht.

364 Nerlich/Römermann – *Rein*, InsO, § 60 Rn. 40.

365 LG Düsseldorf, Beschl. v. 20.02.2007 – 25 T 85/07 = ZIP 2007, 1388.

2.1.4.6 *Mitteilungspflicht des Insolvenzverwalters für festgestellte oktroyierte Masseverbindlichkeiten*

Eine besondere Ermittlungspflicht des Insolvenzverwalters für oktroyierte Masseverbindlichkeiten besteht somit nicht. Allerdings stellt sich die Frage, ob der Insolvenzverwalter verpflichtet ist, über die Aufnahme ins Verzeichnis gemäß § 152 InsO hinaus[366] den oktroyierten Massegläubiger über das Bestehen seiner Forderung in Kenntnis zu setzen. Dies wird insbesondere in den hier später noch zu untersuchenden Fällen der drohenden Verjährung relevant. Wie bereits dargestellt, wird eine Masseverbindlichkeit im Rahmen eines normalen Zivilprozesses tituliert.[367] Die Mitteilung der Masseverbindlichkeit unter Anzeige der Eröffnung des Insolvenzverfahrens und Bestellung zum Insolvenzverwalter könnte daher wesentlich dafür sein, dass ein Massegläubiger sein Recht nicht verliert.

2.1.4.6.1 Mitteilungspflicht aufgrund § 30 InsO

Zunächst ist festzustellen, dass die Insolvenzordnung eine solche Informationspflicht ausdrücklich nicht normiert.[368] Insolvenzgläubiger hingegen werden durch den zwingenden Bestandteil im Eröffnungsbeschluss, nämlich durch die Aufforderung, ihre Forderungen innerhalb einer bestimmten Frist zur Insolvenztabelle anzumelden (§ 28 Abs. 1 Satz 1 InsO), an das Bestehen ihrer Forderung und die Geltendmachung erinnert.

Gemäß § 30 Abs. 2 InsO ist den Gläubigern des Insolvenzschuldners der Eröffnungsbeschluss zuzustellen. Die Zustellung erfolgt entweder durch das Insolvenzgericht oder gemäß § 8 Abs. 3 InsO durch den Insolvenzverwalter, soweit diesem übertragen. Fraglich ist insoweit, wie der Begriff ‚Gläubiger des Schuldners' i.S.v. § 30 InsO auszulegen ist, also ob hierunter sowohl Insolvenzgläubiger als auch Massegläubiger zu verstehen sind. In der Kommentarliteratur wird nicht weiter differenziert.[369] Lediglich die Ausführungen von Mönning[370], der zwar nicht differenziert, jedoch zumindest darauf verweist, dass die Zustellung aufgrund des vom Schuldner erstellten Verzeichnisses erfolgen soll, lassen einen Orientierungsansatz erkennen, bringen aber in Bezug auf die aufgeworfene Frage keine Erkenntnisse.

366 MüKoInsO – *Füchsl/Weishäupl/Jaffé*, InsO, § 152 Rn. 19.

367 Siehe hierzu unter 2.1.3.

368 Zur Informationserteilung im Insolvenzverfahren: Frege, ZInsO 2012, 2217.

369 Beispielhaft: Uhlenbruck – *Zipperer*, InsO, § 30 Rn. 6; Braun – *Herzig*, InsO, § 30 Rn. 6.

370 Nerlich/Römermann – *Schweizer/Mönning*, InsO, § 30 Rn. 23.

Die (ausdehnende) Auslegung stellt ein juristisches Arbeitsmittel dar, welches im Rahmen verschiedener Methodenlehren[371] unterschiedlich angewandt wird.[372] Den verschiedenen Methodenlehren gemein ist jedoch, dass es eines Untersuchungsanlasses bedarf. So gilt einerseits die Ansicht, dass es zunächst einer ‚Lücke' bedarf, die sodann durch Auslegung geschlossen werden soll, wobei wiederum die Ansatzpunkte, wie die ‚Lücke' zu definieren ist, abweichen. Andererseits herrscht die Meinung vor, dass der Ansatzpunkt keine ‚Lücke', sondern vielmehr zunächst die Feststellung sei, dass sich das Recht sonst als widersprüchlich erwiese und damit gegen den Grundsatz der Gleichbehandlung verstieße.[373] Denkbar ist dies mit Bezug auf das gesamte Rechtssystem oder im Sachzusammenhang mit übrigen Normen zu sehen.[374] Die Unterschiede werden jedoch erst dann relevant, wenn eine ‚Lücke' bzw. ein Widerspruch gegen den Grundsatz der Gleichbehandlung gefunden werden kann und die Anwendung der verschiedenen Methodenlehren zu unterschiedlichen Ergebnissen führen würde.

Als Lücke im Sinne der Methodenlehre von Bydlinski ist eine Gesetzeslücke mit Blick auf das gesamte Recht zu verstehen,[375] die dann mithilfe eines Kanons von Auslegungsmethoden zu schließen ist.[376] Hier könnte die mögliche Nichterfassung von Masseverbindlichkeitengläubigern im Rahmen des § 30 InsO als entsprechende Lücke verstanden werden. Gleicher Umstand könnte – anders formuliert – der Widerspruch im Recht, der möglicherweise gegen den Grundsatz der Gleichbehandlung verstieße[377] und damit Anlass zur Auslegung nach Pawlowski gäbe, sein.

Begonnen wird mit der Auslegung nach Bydlinski, nachdem festgestellt worden ist, dass die mögliche Nichterfassung der Masseverbindlichkeitengläubiger im Rahmen des § 30 InsO eine Gesetzeslücke sein könnte:

Grammatikalisch: Es ist auf den Wortlaut bzw. den Sprachgebrauch abzustellen.[378] Dem Wortlaut nach ist eindeutig nicht nach bestimmten Gläubigergruppen zu differenzieren, vielmehr sind alle Gläubiger des Schuldners anzuschreiben und der Beschluss ist zuzustellen. Rein theoretisch können diese natürlich nur

371 Z. B. Canaris, Bydlinski, Looschelders, Roth und Pawlowski, um einige Vertreter verschiedener Lehren zu nennen.

372 Pawlowski, Einführung in die Methodenlehre, Rn. 207.

373 Pawlowski, Methodenlehre, Rn. 330.

374 Pawlowski, Einführung in die Methodenlehre, Rn. 208.

375 Bydlinski, Juristische Methodenlehre, 472 ff. m.w.N.

376 Bydlinski, Juristische Methodenlehre, 436 ff.

377 Pawlowski, Methodenlehre, Rn. 463.

378 Bydlinski, Juristische Methodenlehre, 437.

Gläubiger sein, die dem Gericht bzw. dem Insolvenzverwalter aus dem Verzeichnis oder seiner weiteren Auskunft nach den §§ 20 und 97 InsO oder aus anderen Quellen, z.B. aus den Geschäftsunterlagen, bekannt sind.[379] Eine Ermittlungspflicht trifft den Insolvenzverwalter nicht.[380] Die Auskunftserteilung nach den §§ 20 und 97 InsO erfolgt in der Regel, nachdem der Insolvenzantrag eingereicht worden ist. Es können aber auch nach Auskunftserteilung weitere Gläubiger bekannt werden. Dementsprechend können diese auch Gläubiger sein, die erst nach Antragstellung, jedoch vor Eröffnung zu solchen werden. Der einzelermächtigte vorläufige Insolvenzverwalter[381], der vorläufig starke Insolvenzverwalter[382] bzw. der ermächtigte eigenverwaltende Schuldner[383] können bereits vor Eröffnung eines Insolvenzverfahrens Masseverbindlichkeiten begründen. Im Falle der Nichteröffnung des Insolvenzverfahrens sind dies auch Forderungen, die sich gegen den Schuldner richten; des Weiteren sind sie jedoch für den Fall, dass Sicherungsmaßnahmen bestehen, ggf. – zumindest bei einem starken vorläufigen Insolvenzverwalter – vor Aufhebung zu zahlen.[384] Im Falle der Eröffnung wären es Masseverbindlichkeiten. Dementsprechend besteht zumindest die Möglichkeit, dass bei Eröffnung des Insolvenzverfahrens auch ein Massegläubiger vorhanden ist.

Systematisch-logische Auslegung: Diese Auslegung erfolgt im Rahmen der Stellung der einzelnen Norm im Gesamtgefüge der Normen und bezüglich des logischen Zusammenhanges der Normen.[385] § 30 InsO steht im zweiten Teil der Insolvenzordnung und dort im ersten Abschnitt, der sich mit den Eröffnungsvoraussetzungen und dem Eröffnungsverfahren befasst. Die Norm ist im Zusammenhang mit § 27 InsO (der den Eröffnungsbeschluss beschreibt) sowie § 28 InsO (der die Aufforderung an die Gläubiger und dessen Schuldner beschreibt) zu sehen. § 28 Abs. 1 Satz 1 InsO normiert, dass im Eröffnungsbeschluss die Gläubiger aufzufordern sind, ihre Forderungen innerhalb einer bestimmten Frist unter Beachtung der §§ 174 ff. InsO beim Insolvenzverwalter anzumelden. Gemäß § 174 InsO sind jedoch nur Insolvenzforderungen in die Tabelle aufzunehmen. Gemäß § 28 Abs. 2 InsO sind diese Gläubiger ebenfalls aufzufordern, dem Verwalter etwaige Sicherungsrechte mitzuteilen. Aus der systematischen

379 Siehe hierzu: Leonhardt/Smid/Zeuner – *Smid/Leonhardt*, InsO, § 30 Rn. 5.
380 Siehe hierzu unter 2.1.4.3.
381 Siehe hierzu unter 1.2.7.
382 Siehe hierzu unter 1.2.5.
383 Siehe hierzu unter 1.2.8.
384 Braun – *Böhm*, InsO, § 25 Rn. 9.
385 Bydlinski, Juristische Methodenlehre, 442.

Stellung scheint daher abzuleiten zu sein, dass der Eröffnungsbeschluss nur Insolvenzgläubigern zuzustellen ist. Dafür spricht auch, dass bei Eröffnung die Insolvenzgläubiger zumindest objektiv feststehen und der Schuldner diese hätte im Insolvenzantrag benennen müssen. Massegläubiger können zum Zeitpunkt der Eröffnung nicht feststehen, da die Begründung von Masseverbindlichkeiten (mit den bereits behandelten Ausnahmen[386]) erst nach Eröffnung des Insolvenzverfahrens erfolgt.

Historisch: Diese Auslegung beleuchtet die Norm im Kontext ihrer Entwicklung und der Absicht des Gesetzgebers.[387] § 30 InsO entspricht § 111 KO.[388] Gemäß § 111 Abs. 3 KO war den dem Wohnort nach bekannten Gläubigern der Eröffnungsbeschluss gemäß Abs. 1 zuzustellen. § 111 KO war i.V.m. § 138 KO zu lesen, wonach durch den Eröffnungsbeschluss Gläubiger aufgefordert werden sollten, ihre Konkursforderungen anzumelden.[389] Historisch betrachtet sollte somit die Zustellung ebenfalls nur an Konkursgläubiger erfolgen.[390]

Die *objektiv-teleologische Auslegung* richtet ihren Fokus auf die ratio legis, welcher diejenigen Menschen im Allgemeinen folgen, die unter den vorliegenden Umständen die Norm erlassen.[391] Die Funktion der Norm liegt zum einen in der Verfahrensbeschleunigung, zum anderen aber auch in der Gewährleistung der Publizität des Inhaltes des Eröffnungsbeschlusses. Gleichsam wird eine gewisse Außenwirkung erzielt.[392] Der Rechtsverkehr soll somit über den Inhalt des Eröffnungsbeschlusses informiert werden, also insbesondere darüber, dass Insolvenzgläubiger nur ihre Forderungen zur Insolvenztabelle anzumelden haben. Der Funktion wird eine Zustellung allein an die Insolvenzgläubiger – entsprechend der systematischen und historischen Auslegung – gerecht. Eine Zustellung an die Massegläubiger bedarf es hingegen nicht. Grund hierfür ist, dass diese ihre Forderungen auch weiterhin im Zivilrechtsweg geltend zu machen haben. Im Falle der Gesamtrechtsnachfolge beim Erbe ist der Erbschein auch nicht jedem Nachlassgläubiger zuzustellen.

Die *verfassungskonforme Auslegung*, wie sie als eigenständige Auslegungsmethode teilweise vertreten wird, soll hier als Bestandteil der objektiv-teleologischen Auslegung zu verstehen sein, denn Einzelnormen sind immer im

---

386 Siehe hierzu unter 1.2.5 bis 1.2.8.

387 Bydlinski, Juristische Methodenlehre, 449.

388 MüKoInsO – *Schmahl/Busch*, InsO, § 30 Rn. 3.

389 Eckardt, ZIP 1993, 1765.

390 Eckardt, ZIP 1993, 1765.

391 Bydlinski, Juristische Methodenlehre, 454.

392 Nerlich/Römermann – *Schweitzer/Meiningen*, InsO, § 30 Rn. 7.

Lichte der übergeordneten Normen zu verstehen und müssen mit diesen konform gehen.[393] Kurz gesagt: Einfaches Recht ist immer vor dem Hintergrund der Grundrechte auszulegen.[394] Es ist also die Frage zu stellen, ob die Norm gegen Verfassungsrecht verstößt. Den Eröffnungsbeschluss nur an Insolvenzgläubiger zuzustellen, begegnet keinen verfassungsrechtlichen Bedenken. Insbesondere erscheint Art. 3 GG nicht verletzt. Eine Verletzung läge vor, wenn ein bestimmter Sachverhalt durch denselben Träger der öffentlichen Gewalt in zwei miteinander vergleichbaren Fällen ungleich behandelt worden ist.[395] Wenn dies vorliegt, ist danach zu fragen, wie diese Un-gleichbehandlung verfassungsrechtlich zu rechtfertigen ist.[396]

Es erfolgt eine Zustellung an die Insolvenzgläubiger, damit diese ihre Insolvenzforderungen zur Insolvenztabelle anmelden können, Massegläubigern bleibt diese Möglichkeit versagt. Es gibt auch keine vergleichbare Tabelle, wie oben gesehen, zu der die Forderung angemeldet werden könnte,[397] denn Masseverbindlichkeiten werden außerhalb des Insolvenzverfahrens geltend gemacht. Die Massegläubiger genießen daher nicht den besonderen Schutz durch Information, den Insolvenzgläubiger haben. Es fehlt somit bereits an der Vergleichbarkeit der Fälle.

Nach Pawlowski müsste ein Widerspruch im Recht, der möglicherweise gegen den Grundsatz der Gleichbehandlung verstieße, vorliegen.[398] Der Widerspruch läge in dem Verständnis, dass im Rahmen des § 30 InsO nur Insolvenzgläubiger eine Information erhalten, nicht aber Masseverbindlichkeitengläubiger. Dies müsste gegen den Grundsatz der Gleichbehandlung verstoßen. Ein Verstoß wäre gegeben, wenn bei einem bestimmten Sachverhalt durch denselben Träger der öffentlichen Gewalt zwei miteinander vergleichbare Fälle ungleich behandelt würden.[399] Wenn dies vorläge, wäre noch danach zu fragen, wie diese Ungleichbehandlung verfassungsrechtlich zu rechtfertigen wäre.[400] Es wurde bereits herausgearbeitet, dass § 30 InsO vorsieht, dass der Beschluss an die bekannten Gläubiger des Schuldners zuzustellen ist und damit nur die Insolvenzgläubiger gemeint sein können, da nur diese durch die Angaben des Schuldners im

393 Bydlinski, Juristische Methodenlehre, 455.
394 Looschelders/Roth, Juristische Methodik, 177.
395 *Kischel*, in: BeckOK GG, Art. 3 Rn. 15.
396 *Kischel*, in: BeckOK GG, Art. 3 Rn. 24 ff.
397 Siehe hierzu unter 2.1.3.1.4.
398 Pawlowski, Methodenlehre, Rn. 330.
399 *Kischel*, in: BeckOK GG, Art. 3 Rn. 15.
400 *Kischel*, in: BeckOK GG, Art. 3 Rn. 24.

Antragsverfahren auch bei Eröffnung bekannt sind. § 30 InsO flankiert darüber hinaus die Möglichkeit, dass Gläubiger ihre Forderungen im Verfahren nach §§ 174 ff. InsO geltend machen können, insbesondere um eine Verjährungshemmung nach § 204 Abs. 1 Nr. 10 BGB zu erhalten. Gerade diese Möglichkeit steht den Masseverbindlichkeitengläubigern aber nicht offen, da diese ihre Forderungen außerhalb des Insolvenzverfahrens geltend zu machen haben. Es werden dementsprechend verschiedene Sachverhalte/Fälle unterschiedlich behandelt. Ein Verstoß gegen Art. 3 GG ist nicht gegeben.

Die Ergebnisse der Auslegung nach beiden Methodenlehren sind identisch, sodass zu konstatieren ist, dass eine Mitteilungspflicht aus § 30 InsO nicht hergeleitet werden kann.

2.1.4.6.2 Mitteilungspflicht aus Treu und Glauben

Eine Informationspflicht des Insolvenzverwalters bzgl. der Aufnahme einer Verbindlichkeit in das Masseverzeichnis könnte sich aus Treu und Glauben gemäß § 242 BGB herleiten lassen. Grundsätzlich ist § 242 BGB im Insolvenzrecht anwendbar,[401] denn die Norm enthält einen allgemeinen umfassenden Rechtsgedanken, der in der gesamten Rechtsordnung Anwendung findet.[402] Einzelne Rechtsgebiete können daher nicht generell ausgeschlossen sein.[403] Allgemeine Voraussetzungen für die Anwendung des Treu und Glauben Grundsatzes ist das Bestehen einer rechtlichen Sonderbeziehung, wobei bereits ein qualifizierter sozialer Kontakt genügen soll.[404]

In seinem Werk „Zur rechtstheoretischen Präzisierung des § 242 BGB" führt Wieacker seine Gedanken zur Anwendbarkeit des § 242 BGB im Jahre 1956 zusammen. Nach Wieacker sind drei Anwendungsbereiche zu unterscheiden. Im Bereich des modernen Schuldrechtes habe § 242 BGB die Funktion übernommen, in den vertraglichen Beziehungen die modernen Einsichten Berücksichtigung finden zu lassen, da § 242 BGB der Grundsatz sei, von dem sich alle gesetzlichen Vorschriften ableiten lassen müssten und daher auch eine Auslegung in diesem Sinne zu erfolgen habe.[405] Im zweiten Kernbereich der Anwendung des § 242 BGB, der Unzulässigkeit eines gegen Treu und Glauben verstoßenden Verhaltens, sei dessen Anwendungsfeld nicht nur das Schuldrecht, sondern das gesamte Rechtsgebiet, sodass § 242 BGB und dessen Wertungen als Grundsatz den Gesetzesbüchern voranzustellen

---

401 BGH, Urt. v. 15.04.2010 – IX ZR 62/09 = NJW 2010, 1806.

402 BGH, Urt. v. 23.09.1982 – VII ZR 183/80 = NJW 1983, 109, 110.

403 BGH, Urt. v. 27.04.1977 – IV ZR 143/76 = NJW 1977, 1234 zur Aufhebung der Bruchteilsgemeinschaft an einem Grundstück.

404 MüKoBGB –*Schubert*, BGB § 242 Rn. 94.

405 Wieacker, Präzisierung, 22.

sei.[406] Letztlich legt Wieacker als dritten Anwendungsbereich die auf dem § 242 BGB basierenden möglichen rechtstheoretischen Neuschöpfungen fest, und dies mit dem Hinweis darauf, dass sich die Grundsätze von Treu und Glauben wandeln können.[407]

Zwischen einem Insolvenzverwalter und einem Massegläubiger besteht eine rechtliche Sonderbeziehung, zumindest in der Form, dass auf ihn die Verwaltungs- und Verfügungsbefugnis über das Vermögen des Schuldners und damit die Haftungsmasse des Massegläubigers übergeht. Somit besteht eine vertragliche Beziehung, die im Sinne des § 242 BGB nach Wieacker auszulegen ist.

Eine anerkannte Fallgruppe im Rahmen des § 242 BGB ist, dass eine Informationspflicht als Nebenpflicht besteht, bei Vertragsbegründung jeweils über solche Umstände aufzuklären, die für das Zustandekommen des Vertrages und dessen Durchführung bzw. das Erreichen des Vertragszwecks von entscheidender Bedeutung sind.[408] Der Insolvenzverwalter besitzt insbesondere kein überlegenes Wissen gegenüber dem Gläubiger, aus dem eine solche Verpflichtung hergeleitet werden könnte. Ein solches überlegenes Wissen kann insbesondere auch nicht aus dem Umstand abgeleitet werden, dass ein Insolvenzverfahren eröffnet und diese Person zum Insolvenzverwalter bestellt wurde. Denn wer eine Forderung gegen eine Person hat, kann diese nach den allgemeinen Regeln des Zivilrechts geltend machen. Des Weiteren kann sich jeder in den allgemein zugänglichen öffentlichen Internetportalen darüber informieren, ob ein Insolvenzverfahren über das Vermögen seines Schuldners eröffnet wurde. Auch die dortigen Löschungsfristen führen nicht zu einer Schlechterstellung. Denn wer seine Forderung noch gegen den Insolvenzschuldner hätte geltend machen müssen, hätte ein solches Verzeichnis nicht gehabt, da es über dessen persönliche Daten kein frei zugängliches Verzeichnis gibt. Dies zeigt vor allem die Praxis, denn selbst Anfragen bei Einwohnermeldeämtern zeigen regelmäßig kein Ergebnis. Insbesondere existiert eine solche Verpflichtung auch nicht für eine Partei im Zivilprozess wie z. B. im Falle der bereits erörterten Gesamtrechtsnachfolge gemäß § 1922 BGB.[409] Es ist auch nicht ersichtlich, dass durch einen Vertragsschluss eine entsprechende Nebeninformationspflicht begründet würde. Eine solche ergab sich auch nicht aus § 30 InsO.

Auch für den Fall, dass eine Masseforderung zur Insolvenztabelle angemeldet wurde, kann nichts anderes gelten. Seiner gesetzlichen Informationspflicht

406 Wieacker, Präzisierung, 52.

407 Siehe hierzu auch unter 3.5 in Petit.

408 BGH, Urt. v. 11.08.2010 – XII ZR 192/08 = NJW 2010, 3362.

409 Holzer, ZEV 2014, 583, 586.

kommt der Insolvenzverwalter dann nach, wenn er seine Feststellung oder sein Bestreiten in die Insolvenztabelle einträgt. Eine darüber hinausgehende Informationspflicht resultiert auch insbesondere nicht aus dem Treu und Glauben Grundsatz, denn der Insolvenzverwalter hat in der Regel kein Vertrauen gesetzt oder sonst wie agiert, aufgrund dessen es zu einer entsprechenden Anmeldung hätte führen können. Selbst wenn er zur Anmeldung auffordert hätte, gilt dies nur für Insolvenzforderungen, denn nur zu deren Anmeldung fordert der Insolvenzverwalter auf. Dieser Gedanke hält auch ausdrücklich der Verprobung stand, da gemäß allgemeinem Zivilrecht der Anspruchsgegner nicht verpflichtet ist, den Anspruchsteller über für diesen vorteilhafte Tatsachen zu informieren oder Rechtsberatung zu leisten. Etwas anderes ist vielleicht dann denkbar, wenn in einem bereits durch den Insolvenzverwalter vorausgefüllten Anmeldeformular die Forderung als Insolvenzforderung deklariert und dieses jedoch nur gegengezeichnet wurde. Hier müsste der Verwalter wohl wegen widersprüchlichen Verhaltens[410] Mitteilung machen. Aber auch hier sei daran erinnert, dass die Anmeldung als Insolvenzforderung den Gläubiger nicht an der Geltendmachung seiner Forderung als Masseverbindlichkeit im Wege der Leistungsklage hindert.[411]

2.2 Zwischenergebnis

Mithin kann festgehalten werden, dass den Insolvenzverwalter weder eine besondere Ermittlungspflicht für oktroyierte Masseverbindlichkeiten trifft, noch dass er diese nach Kenntnis dem Massegläubiger anzuzeigen hat.

Da herausgearbeitet und festgestellt werden konnte, wie Masseverbindlichkeiten geltend zu machen sind und welche Obliegenheiten Masseverbindlichkeitengläubiger und Pflichten den Insolvenzverwalter treffen, ist die Grundlage dafür geschaffen, um beurteilen zu können, wie Masseverbindlichkeiten verjähren. Hierzu wird zunächst die Funktion der Verjährung zu betrachten sein, um daran anschließend vergleichend die Verjährung von Insolvenzforderungen und Massekosten zu begutachten und die Fragen, wie Masseverbindlichkeiten nach geltender Rechtslage verjähren und ob dies interessensgerecht ist, zu beantworten.

---

410 *Sutschet*, in: BeckOK BGB, § 242 Rn. 106 zur Begrifflichkeit des widersprüchlichen Verhaltens.

411 *Ringstmeier*, in: Beck/Depré, Praxis der Insolvenz, § 11 Rn. 86.

3. Teil: Die Verjährung von Masseverbindlichkeiten

3.1 Vorbemerkungen

Nachdem nunmehr festgestellt worden ist, dass der Gläubiger für die Geltendmachung seiner (oktroyierten) Masseverbindlichkeit selbst verantwortlich ist und es im Vergleich zum allgemeinen Zivilrecht keine abweichenden Regelungen zur außergerichtlichen und gerichtlichen Geltendmachung gibt, stellt sich die Frage, nach welchen Regeln eine Masseverbindlichkeit verjährt. Wie bereits in Kapitel 2.2 dargestellt, sind oktroyierte Masseverbindlichkeiten und vom Verwalter begründete Masseverbindlichkeiten identisch geltend zu machen, sodass auch eine einheitliche Prüfung der Verjährungstatbestände erfolgen kann und ggf. nur an entsprechender Stelle zu differenzieren ist.

Dies ist immer vor dem Hintergrund der verschiedenen Szenarien zu betrachten, die typischerweise im Rahmen eines Insolvenzverfahrens bei Masseverbindlichkeiten vorkommen und schon aufgezeigt wurden,[412] hier jedoch nochmals verkürzt wiederholt seien:

Szenario 1,
dass eine Masseverbindlichkeit nicht geltend gemacht wird und sich der Insolvenzverwalter auf Verjährung beruft.

Szenario 2,
dass eine Masseverbindlichkeit durch den Gläubiger geltend gemacht wird, der Verwalter hierauf jedoch nicht reagiert und sich im Anschluss auf Verjährung beruft.

Szenario 3,
dass eine Masseverbindlichkeit in Verkennung der Forderung oder der Reichweite der Möglichkeit der Anmeldung nach den §§ 174 ff. InsO zur Insolvenztabelle als Insolvenzforderung geltend gemacht wird und der Verwalter hierauf nicht reagiert (außer im Rahmen der Tabelleneintragung) bzw. reagiert und den Fehler mitteilt und sich der Insolvenzverwalter im Anschluss auf Verjährung der Masseverbindlichkeit beruft.

412 Siehe hierzu unter A.

Szenario 4,
dass eine Masseverbindlichkeit geltend gemacht wird und der Insolvenzverwalter mitteilt, dass diese zur ‚Masseverbindlichkeitentabelle' notiert wurde und sich der Insolvenzverwalter im Anschluss auf Verjährung beruft.

Szenario 5,
dass eine Masseverbindlichkeit geltend gemacht wird und der Insolvenzverwalter mitteilt, dass diese notiert wurde und aufgrund eingetretener Masseunzulänglichkeit derzeit nicht bedient werden kann und sich im Anschluss auf Verjährung beruft.

3.2 Funktion der Verjährung

Gegenstand der Verjährung ist gemäß § 194 Abs. 1 BGB das Recht, von einem anderen ein Tun oder Unterlassen verlangen zu dürfen. Dies bezeichnet das Gesetz auch als Anspruch. Verjährung in Bezug auf diese subjektiven Rechte bedeutet, dass nach Ablauf einer gewissen Zeit (Frist) der Rechteinhaber seine Rechte nicht mehr geltend machen kann.[413] Dies bedeutet jedoch nicht, dass der Anspruch erlischt (Ausnahme: §§ 901 und 1028 BGB), sondern ‚nur', dass dieser nicht durchgesetzt werden kann. Die Verjährung ist nicht von Amts wegen zu berücksichtigen, sondern als Einrede[414] durch den Schuldner nach seinem freien Belieben zu erheben,[415] wobei das historisch gesehen nicht immer so war.

3.2.1 Verjährung als Einrede

In der Vergangenheit wurde bzgl. der Verjährung differenziert zwischen der erwerbenden Verjährung (Hauptfall: Ersitzung) und der erlöschenden Verjährung.

Unter erwerbender Verjährung wurde der heute im Rahmen des Sachenrechtes, und zwar für bewegliche Sachen in den §§ 937 und 1033 BGB und für unbewegliche Sachen in den §§ 900 und 927 BGB, geregelte Fall des Erwerbes eines Eigentumsrechtes durch Zeitablauf verstanden.[416]

Erlöschende Verjährung bedeutet, dass nach Zeitablauf ein gewisses Recht nicht mehr geltend gemacht werden kann, sofern die Einrede der Verjährung erhoben wird.[417] Die erlöschende Verjährung war und ist im Gegensatz zur

413 HK-BGB – *Dörner*, BGB, § 194 Rn. 2.
414 *Henrich*, in: BeckOK BGB, § 214 Rn. 3 zum Begriff der Einrede.
415 BGH, Urt. v. 27.01.2010 – VIII ZR 58/09 = NJW 2010, 2422.
416 Erman -*Schmidt-Räntsch*, BGB, Vorb. zu § 194, Rn. 1.
417 BGH, Urt. v. 27.01.2010 – VIII ZR 58/09 = NJW 2010, 2422, 2423.

erwerbenden Verjährung disponibel, d.h., die Parteien konnten längere Verjährungsfristen aushandeln bzw. auf die Einrede der Verjährung verzichten.[418]

Diese Disponibilität besteht für den Insolvenzverwalter jedoch grundsätzlich nicht, da er im Hinblick auf den Schutz seiner Vergütung vor Kürzungen zur Erhebung der Einrede verpflichtet ist.[419] Für die Anerkennung unberechtigter Forderungen haftet er zudem nach § 60 InsO[420] ebenso wie für die Nichtabwehr von oktroyierten Masseverbindlichkeiten.[421] Im Umkehrschluss kann gefolgert werden, dass er zur Beseitigung/Abwendung der Verjährung nur dann berechtigt ist, wenn im Falle des Unterlassens, denn auch dies kann Grundlage einer Haftung sein,[422] er der Masse einen Schaden zufügt (z.B. durch Inkaufnahme eines Prozesses mit dem Ziel der Titulierung gegen die Masse). Ansonsten haftet er wiederum nach § 60 InsO wegen Verkürzung der Masse.[423]

3.2.2 Nähere Bestimmung der Funktion

Die Verjährung dient zum einen der Wahrung des Rechtsfriedens und der Rechtssicherheit, welche im öffentlichen Interesse liegen,[424] und zum anderen dem Schuldnerschutz, der den Schuldner insbesondere nach Ablauf eines Zeitraumes vor einer drohenden Inanspruchnahme schützen soll.[425] In der Rechtsprechung ist zunehmend als weitere Aufgabe der Verjährung die Entlastung der Justiz mit der einhergehenden Beschleunigung der Rechtsprechung vorgesehen,[426] und zwar durch eine geringere Auslastung vorhandener personeller und technischer Ressourcen.

3.2.2.1 Rechtsfrieden und Rechtssicherheit

Rechtsfrieden und Rechtssicherheit hat der Staat aufgrund seines Hoheitsrechtes zu gewährleisten. Er hat Institutionen zur Verfügung zu stellen, die es dem Bürger ermöglichen, seine Ansprüche gegen einen anderen durchzusetzen

---

418 MüKoBGB – *Grothe*, BGB, § 214 Rn. 7.

419 BVerfG, Beschl. v. 30.03.1993 – 1 BvR 1045/89 = NJW 1993, 2861; siehe hierzu auch unter 3.4.7.

420 MüKoInsO – *Brandes/Schoppmeyer*, InsO, § 60 Rn. 18.

421 MüKoInsO – *Brandes/Schoppmeyer*, InsO, § 60 Rn. 19a.

422 LG Düsseldorf, Urt. v. 10.01.2011 – 7 O 193/09 = NZI 2011, 190.

423 BGH, Urt. v. 06.05.2004 – IX ZR 48/03 = Kaufmann, NZI 2004, 435; siehe zum Inhalt der Entscheidung ausführlich unter 2.1.4.4 in Petit.

424 MüKoBGB – *Grothe*, BGB, Vorb. zu § 194 Rn. 7.

425 MüKoBGB – *Grothe*, BGB, Vorb. zu § 194 Rn. 6.

426 *Peters/Jacoby*, in: Staudinger BGB, Vorb. zu § 194 Rn. 7.

(Gerichte). Selbstjustiz, insbesondere die Durchsetzung eigener Forderungen mit Gewalt, ist dem Bürger nicht gestattet, zumindest solange staatliche Hilfe zur Durchsetzung der eigenen Ansprüche besteht.[427] Zunächst haben Gerichte darüber zu entscheiden, ob eine Forderung besteht, sodann kann diese von staatlicher Stelle vollstreckt werden. Für eine Zwangsvollstreckung sind insbesondere ein Titel, eine Klausel und die Zustellung erforderlich. Erst daran anschließend kann hoheitlich in das Vermögen einer anderen Person eingegriffen werden. Die Verjährung erleichtert, im öffentlichen Interesse des Rechtsfriedens und der Rechtssicherheit zu entscheiden.[428]

Ohne Verjährung wäre es dem Forderungsinhaber möglich, zeitlich unbeschränkt seine Forderung geltend zu machen, ein Vorgehen, das zu unklaren Verhältnissen führen würde.[429] Da gemäß § 1922 BGB im Wege der Gesamtrechtsnachfolge auch Forderungen auf einen Erben übergehen, und dies mehrfach, wäre es denkbar, dass auch in mehreren Jahrhunderten ein Gesamtrechtsnachfolger noch Forderungen geltend macht. Einer solchen Rechtsfolge ist nur mittels Verjährung entgegenzutreten.[430] Gleiches wäre auch für den Fall denkbar, dass der Forderungsinhaber eine juristische Person ist. Beendet nicht gerade eine Insolvenz oder Liquidation die juristische Person, kann diese theoretisch zeitlich unbeschränkt bestehen. Dies bedeutet, dass ohne Verjährung eine juristische Person auch nach mehreren Jahrhunderten ihre berechtigte Forderung gegen andere juristische Personen oder die jeweiligen Gesamtrechtsnachfolger der natürlichen Person geltend machen könnten.

Für die Rechtsprechung entstünde hieraus das Problem, dass eventuell ein Gericht über eine Forderung zu befinden hätte, die hunderte Jahre zuvor begründet worden wäre. Dies würde den Rechtsfrieden und die Rechtssicherheit gefährden, da es insbesondere für das erkennende Gericht nach gewisser Zeit, z.B. mangels Beweismittel (Versterben von Zeugen), aufgrund von Beweisnöten nicht mehr möglich ist, den Sachverhalt aufzuklären.[431] Daher ist ein Grundgedanke des Verjährungsrechtes zu gewährleisten, dass Sachverhalte, die seit Langem unwidersprochen zwischen Parteien existieren, unberührt bleiben sollen.[432] Müsste ein Gericht heute über einen Sachverhalt befinden, bei dem das wesentliche Beweismittel mehrere Jahrhunderte oder auch nur Jahrzehnte alt ist, müsste

427 Maunz/Dürig – *Hillgruber*, GG, Art. 92 Rn. 11.
428 Siehe BT-Drs. 14/6040, 96, 100 ff.
429 MüKoBGB – *Grothe*, BGB, Vorb. zu § 194, Rn. 7.
430 BGH, Urt. v. 18.11.1982 – IX ZR 91/81 = NJW 1983, 388, 390.
431 MüKoBGB – *Grothe*, BGB, Vorb. zu §194 Rn. 6.
432 Kiesbye, Hemmung der Verjährung, 29 m.w.N.

zunächst ein Sachverständiger eingeschaltet werden, dessen Aufgabe es wäre, die Aufzeichnung in ein aktuelles Format oder eine gängige Sprache zu übertragen, damit es dem Gericht überhaupt möglich wäre, entsprechende Beweismittel zu sichten.

Im Rahmen der deutschen Zivilprozessordnung sowie der Strafprozessordnung gilt der Unmittelbarkeitsgrundsatz, der insbesondere bedeutet, dass Zeugenaussagen vor dem erkennenden Richter im Rahmen einer Beweisaufnahme zu tätigen sind.[433] Auf Protokolle, Videoaufnahmen oder Abschriften kann nur sehr eingeschränkt zurückgegriffen werden.[434] Dieser vom Gesetz gewollte Regelfall der unmittelbaren Beweissichtung durch den erkennenden Richter würde der Option, eine Forderung unbefristet durchsetzen zu können, widersprechen. Grund hierfür ist, dass Zeugen schon nach kurzer Zeit wichtige Details vergessen oder durcheinanderbringen, vom Versterben des Zeugen ganz zu schweigen.[435] Um ein möglichst wahrheitsnahes Zeugnis zu erhalten oder im Extremfall überhaupt eins, müsste auf Sekundäraufzeichnungen zurückgegriffen werden. Würde man die Verjährung abschaffen, müsste man auch diesen Grundsatz des Beweisrechtes zur Disposition stellen. Denn nimmt man nunmehr den Extremfall einer Ausgangsforderung, die Jahrhunderte zurückliegt, an, könnten auch solche Sekundäraufzeichnungen des Beweismittels, z.B. eine Zeugenaussage, beschädigt sein.

Solche Prozesse würden sehr lange Zeit in Anspruch nehmen und Personal sowie Ressourcen binden, sodass eine beschleunigte Abwicklung von Rechtsstreitigkeiten nicht möglich wäre.

Darüber hinaus unterliegen insbesondere Beweismittel auch einer gewissen Virulenz und sind manipulationsanfällig: Je neuer das Beweismittel ist, Stichwort ‚digitales Foto', desto größer ist die unentdeckte Beweismanipulationsmöglichkeit.

Somit könnte hieraus geschlossen werden, dass die Verjährung und deren geltende Fristen hier auch unter Berücksichtigung der Beweisrisiken einen Ausgleich schaffen.

---

433 *Eichele*, in: Saenger, ZPO, § 355 Rn. 1.

434 *Stadler*, in: Musielak, ZPO, § 355 Rn. 10.

435 Brause, NStZ 2007, 505.

3.2.2.2 Schuldnerschutz

Eine weitere Aufgabe der Verjährung ist der Schuldnerschutz. Ein Grund hierfür liegt darin, dass der Schuldner nicht weiß, wann gegen ihn ein Anspruch geltend gemacht wird.

Es wird jedoch noch zu hinterfragen sein, ob die Funktion des Schuldnerschutzes auch bei Masseverbindlichkeiten Bestand haben kann. Dies ist vor dem Hintergrund zu erörtern, dass sich nicht zwei Parteien außerhalb eines Insolvenzverfahrens gegenüberstehen, sondern eine Partei und ein Insolvenzverwalter, dieser wiederum nicht als Person, sondern als Amts- bzw. Vermögensverwalter.[436]

Wie bereits zuvor ausgeführt,[437] könnte ohne Verjährung die Geltendmachung eines Anspruches noch Generationen nach Entstehen des Anspruchs erfolgen. In dieser Zeit ist der Anspruch ggf. schon in Vergessenheit geraten oder es wird ein Anspruch geltend gemacht, von dem der gegenwärtige Schuldner bzw. sein Rechtsnachfolger niemals Kenntnis hatte. Z. B. wäre es bei einem Behandlungsfehler eines Arztes durchaus denkbar, dass der behandelnde Arzt diesen nicht bemerkt oder beim Patienten zunächst keine Symptome, sondern erst Spätfolgen auftreten.[438] Eine Inanspruchnahme nach langer Zeit wäre unbillig, hiervor soll zumindest die absolute Verjährung nach § 199 BGB schützen. Diese zieht einen Interessenausgleich zwischen dem schützenswerten Interesse des Gläubigers, seine Forderung geltend machen zu können, und dem Interesse des Schuldners, irgendwann rechtlich festgestellt zu haben, dass gegen ihn keine Ansprüche mehr geltend gemacht werden können, sodass dieser seine Vermögensdisposition ändern kann und z.B. keine Rückstellungen mehr bilden muss. Der Gläubiger hat Kenntnis, kann Beweismittel sichern und seine Forderung geltend machen. Der Schuldner hat jedoch keine Kenntnis, dass eine Forderung gegen ihn geltend gemacht werden soll, und kann aus diesem Grund keine Beweismittel, die zu seiner Verteidigung tauglich wären, sichern.

Dieser Grundgedanke des Schuldnerschutzes im Hinblick auf einen Rechtsfrieden ist im deutschen Recht auch an anderer Stelle verankert. Im Rahmen des Handelsrechts hat z.B. der Kaufmann Rückstellungen für Forderungen zu bilden, deren Realisierung gegen ihn droht und deren Durchsetzung wahrscheinlich ist.[439] Die Durchsetzung von verjährten Forderungen ist hingegen

---

436 Siehe hierzu unter 3.2.2.5.

437 Siehe hierzu unter 3.2.2.1.

438 OLG Hamm, Urt. v. 29.03.2006 – 3 U 263/05 = BeckRS 2006, 09402 inhaltlich zu Teilschmerzensgeld wegen möglicher Spätfolgen.

439 *Morck*, in: Koller/Kindler/Roth/Morck, HGB, § 249 Rn. 1.

unwahrscheinlich, sodass für verjährte Forderungen keine Rückstellungen zu bilden sind.[440] Entfiele die Verjährung, müsste man sich die Frage stellen, ob im Rahmen einer Bilanzierung generell Rückstellungen für ggf. in Vergessenheit geratene Forderungen oder bei gefahrgeneigten Berufen wie denen eines Chirurgen zu bilden und diese über Jahrhunderte aufrechtzuerhalten wären.

Ähnliche Grundgedanken stehen hinter den Grundsätzen zur Aufstellung einer Liquiditätsbilanz zur Zahlungsunfähigkeit i.S.d. § 17 InsO. Denn bei der Feststellung einer Liquiditätsbilanz zur Zahlungsunfähigkeit sind nur ernsthaft eingeforderte, bestehende und berechtigte Forderungen zu berücksichtigen.[441] Müsste man verjährte Forderungen auf Gläubigerseite berücksichtigen, könnte dies dazu führen, dass allein dadurch ein Unternehmen zahlungsunfähig würde.

3.2.2.3 Entlastung der Gerichte / Beschleunigung des Rechtsverkehrs

Darüber hinaus könnte eine Verjährung auch dazu führen, dass die Justiz eine Prozessentlastung erführe, denn würde ein verjährter Anspruch geltend gemacht und erhöbe der Anspruchsgegner die Einrede der Verjährung, wäre das Verfahren ohne weiteren Aufwand für das Gericht beendet, sodass Kapazitäten frei wären, um sich anderen Rechtsstreitigkeiten zu widmen.[442] Empirisch belegt ist dieser Nutzen jedoch nicht. Zu kurze Verjährungsfristen könnten im Gegenteil auch zur Folge haben, dass unnötig viele Verfahren anhängig gemacht würden,[443] die sonst ggf. noch außergerichtlich hätten geklärt werden können. Eine wirkliche Entlastungsfunktion könnte nur dann erhalten werden, wenn die Verjährung von Amts wegen zu berücksichtigen wäre.[444] Doch selbst dieser Gedanke greift insoweit zu kurz, als dass auch bei einer amtswegigen Berücksichtigung ggf. ein Streit über das Vorliegen der Verjährung geführt würde und dies zu einer Thematik führte, mit der sich das Gericht ggf. durch Vortrag und Beweisaufnahme auseinanderzusetzen hätte. Ebenfalls könnten zu kurze Verjährungspflichten im Hinblick auf den Vermögensschutz des Art. 14 GG einen möglicherweise nicht zu rechtfertigenden Eingriff darstellen.

---

440 Winnefeld, Bilanzhandbuch, Rn. 894, 897.

441 BGH, Beschl. v. 19.07.2007 – IX ZB 36/07 = NZI 2007, 579, 581; Tetzlaff, jurisPR-InsR 23/2007 Anm. 3.

442 *Peters/Jacoby*, in: Staudinger BGB, Vorb. zu § 194 Rn. 7.

443 Piekenbrock, Befristung, 318 f.

444 *Preis*, in: ErfK BGB, § 218 Rn. 1.

3.2.2.4 *Bedenken*

Selbst unter Berücksichtigung der zuvor dargestellten Aufgaben der Verjährung begegnet diese, sofern uneingeschränkt, Bedenken verfassungsrechtlicher Art. Denn die verjährenden Ansprüche sind in der Regel von der Eigentumsgarantie des Art. 14 GG erfasst.[445] Da ein Eingriff in ein Grundrecht einer Rechtfertigung bedarf sowie angemessen sein muss, ist, um möglichen Bedenken zu begegnen, festzustellen, inwieweit die Rechte desjenigen, der von der Verjährung betroffen ist, geschützt sind. Schutz erfolgt durch die Hemmungstatbestände. Sie dienen dazu, dass der Rechteinhaber nicht Gefahr läuft, z. B. allein aufgrund von Verzögerungen durch denjenigen, der sich auf Verjährung beruft,[446] seines Anspruches verlustig zu werden. Sie sind somit Inhalts- und Schrankenbestimmung i.S.d. Art. 14 Abs. 1 Satz 2 GG.[447]

Nachdem nunmehr die verschiedenen Funktionen abstrakt erörtert worden sind, ist festzustellen, ob diese auf Masseverbindlichkeiten angewandt werden können.

3.2.2.5 *Anwendbarkeit dieser Funktionen auf die Verjährung von Masseverbindlichkeiten*

Zu hinterfragen ist, ob die herausgearbeiteten Funktionen der Verjährung auch bei Masseverbindlichkeiten Geltung haben können. Zwar stehen sich zwei Parteien außerhalb eines Insolvenzverfahrens gegenüber, jedoch ist eine davon als Amtswalter, also als Vermögensverwalter für fremdes Vermögen tätig. Diese besondere Situation ist bei der Abwägung zu berücksichtigen.

Betrachtet man zunächst den Rechtsfrieden und die Rechtssicherheit als Funktionen der Verjährung, so könnte gegen eine Anwendbarkeit argumentiert werden, dass der Rechtsfrieden durch die Einrede der Verjährung bzw. deren Geltendmachung selbst gestört ist. Dies folgt dem Gedanken, dass ein formell und materiellrechtlich berechtigter Anspruch geltend gemacht wird, die Durchsetzung jedoch nur an der Einrede der Verjährung und einem möglichen Streit hierüber scheitert. Für den Rechtsfrieden könnte es auch in diesen Fällen notwendig sein, dass dieser Anspruch erfolgreich durchgesetzt wird, anstatt nur aufgrund von Verjährung zu scheitern. Insoweit hat jedoch der Gesetzgeber die bereits vorerwähnte Abwägung im Rahmen des Art. 14 GG zugunsten der

445 Kiesbye, Hemmung der Verjährung, 30; BVerfG, Beschl. v. 05.09.2015 – 1 BvL 9/15 = BeckRS 2016, 41339 m.w.N.

446 *Henrich*, in: BeckOK BGB, § 204 Rn. 1; Kiesbye, Hemmung der Verjährung, 30.

447 Kiesbye, Hemmung der Verjährung, 30 m.w.N.

Verjährungshemmung vorgenommen. Besondere Umstände bei Masseverbindlichkeiten kommen hier nicht zum Tragen, da insbesondere diese außerhalb des Insolvenzerfahrens geltend gemacht werden[448] und daher keine darüber hinausgehende Störung des Rechtsfriedens[449] durch das Insolvenzverfahren, ggf. mit Ausnahme eines Beklagtenwechsels, der jedoch auch außerhalb des Verfahrens z. B. aufgrund von § 1922 BGB denkbar ist, zu erwarten ist.

Die Funktion Schuldnerschutz[450], hier also der Schutz des Insolvenzverwalters bzw. der Insolvenzmasse, könnte in Bezug auf Masseverbindlichkeiten erhebliche Bedeutung erhalten. Grund hierfür könnte auf der einen Seite sein, dass gerade bei oktroyierten Masseverbindlichkeiten der Insolvenzverwalter noch weniger weiß, dass, ob und wann jemand eine Verbindlichkeit ihm gegenüber geltend macht, da er bei der Entstehung selbiger nicht mitgewirkt hat. Auf der anderen Seite ist der Insolvenzverwalter jedoch nur Amtswalter und verfügt lediglich über fremdes Vermögen. Die Belastungen durch Masseverbindlichkeiten treffen ihn also nicht direkt in Person, sondern das von ihm verwaltete Vermögen. Er ist indes nur mittelbar betroffen, nämlich dadurch, dass ihm im Falle des pflichtwidrigen Unterlassens der Berufung auf Verjährung, wie bereits erörtert, sein Vergütungsanspruch zu kürzen ist[451] und er sich wegen Masseverkürzung nach Zahlung verjährter Verbindlichkeiten schadensersatzpflichtig macht.[452] Genauer betrachtet ist dies jedoch kein Argument gegen die Anwendbarkeit, sondern für eine solche, da von der Verjährung das grundrechtlich geschützte verwaltete Vermögen und darüber hinaus der grundrechtlich[453] geschützte Vergütungsanspruch des Verwalters betroffen ist. Selbst wenn man Letzteres an dieser Stelle nicht als schützenswert anerkennt, so wiegt jedenfalls das Schutzinteresse der verwalteten Masse auf der Abwehr der gegen sie gerichteten verjährten Forderungen schwer.

Es konnte bereits konstatiert werden,[454] dass die Entlastung der Gerichte und die Beschleunigung des Rechtsverkehrs keine Funktion der Verjährung darstellen, sondern nur als Nebenfolgen zu werten sind. Im Ergebnis wurde auch

---

448 Siehe hierzu unter 2.1.3.2.

449 Siehe hierzu unter 3.2.2.1.

450 Siehe hierzu 3.2.2.2.

451 BVerfG, Beschl. v. 30.03.1993 – 1 BvR 1045/89 = NJW 1993, 2861; siehe hierzu auch unter 3.4.7.

452 BGH, Urt. v. 06.05.2004 – IX ZR 48/03 = Kaufmann, NZI 2004, 435; siehe zum Inhalt der Entscheidung ausführlich unter 2.1.4.4 in Petit.

453 BVerfG, Beschl. v. 30.03.1993 – 1 BvR 1045/89 = NJW 1993, 2861; siehe hierzu auch unter 3.4.7.

454 Siehe hierzu unter 3.2.2.3.

festgestellt, dass es fraglich ist, ob dieser Zweck, wenn man ihn denn als solchen formulieren möchte, erreicht wird.[455] Im Hinblick auf die Geltendmachung von Masseverbindlichkeiten ist dies umso fraglicher, da, wie diese Arbeit noch zeigen wird, insbesondere im Falle dessen, dass eine Masseverbindlichkeit verjährt, doch erhebliches Potenzial für einen Primärprozess auf Feststellung, dass ein Hemmungstatbestand greift, und, falls dieser erfolglos ist, für einen Sekundärprozess auf Schadensersatz gegen den Insolvenzverwalter wegen Pflichtverletzung besteht.

Im Ergebnis bestehen daher im Hinblick auf die Funktionen der Verjährung keine Bedenken, diese auf Masseverbindlichkeiten anzuwenden. In einem nächsten Schritt ist nun zu untersuchen, welche Verjährungsvorschriften konkret anzuwenden sind.

3.3 Insolvenzrechtliche Verjährungsvorschriften

Besondere Verjährungsvorschriften sind weder für Masseverbindlichkeiten noch für Massekosten oder Insolvenzforderungen in der Insolvenzordnung normiert. Auch der Vorgängerregelung, der Konkursordnung, waren solche Regelungen fremd.

Lediglich im BGB findet sich in Bezug auf die Insolvenzordnung eine Norm, nämlich diejenige, welche sich mit der Verjährung von Insolvenzforderungen befasst. Auf diese Vorschrift des § 204 Abs. 1 Nr. 10 BGB wird später noch einzugehen sein.[456] Eine Sondervorschrift, welche sich mit der Verjährung von Masseverbindlichkeiten befasst, findet sich auch im BGB nicht.

Es stellt sich somit die bereits eingangs aufgeworfene Frage,[457] welche Vorschriften des BGB zur Verjährung auf Masseverbindlichkeiten anzuwenden sind. Um diese Frage beantworten zu können, ist es zunächst notwendig, einen Überblick über die verschiedenen Verjährungsvorschriften des BGB zu geben und deren Funktionen im Kontext zu ihrer Entstehung zu beleuchten.

3.4 Allgemeine und besondere Verjährungsvorschriften des BGB

Im Zuge der Neuordnung des Verjährungsrechtes entschied sich der Gesetzgeber im Rahmen des Schuldrechtsmodernisierungsgesetzes für die Beibehaltung und Fortentwicklung einer Regelverjährung[458] und lehnte damit den Vorschlag sowie

455 Siehe hierzu unter 3.2.2.3.
456 Siehe hierzu unter 3.8.2.2.
457 Siehe hierzu bereits unter A.
458 Erman – *Schmidt-Räntsch*, BGB, § 195 Rn. 1.

das Konzept der Kommission, die zur Überarbeitung des Schuldrechts eingesetzt war und die vorschlug, nach dem Entstehungsgrund, den vertraglichen und gesetzlichen Anspruchsbegründungen (z.B. aus unerlaubter Handlung) zu differenzieren, ab.[459] Trotzdem bestehen im Rahmen des Verjährungsrechtes Sondervorschriften, die eine abweichende Verjährung regeln, dies jedoch wiederum anspruchsbezogen und unabhängig davon, gegen wen sich die Forderung richtet. Insbesondere durch das Schuldrechtsmodernisierungsgesetz wurden Sonderregelungen für die Verjährung von Gewährleistungsansprüchen geschaffen.[460]

Zwingend und im Zusammenhang mit den jeweiligen Verjährungsvorschriften, also hinsichtlich der allgemeinen und der besonderen Verjährungsvorschriften, z.B. in Bezug auf Gewährleistungsrechte, ist zu betrachten, wie die jeweilige Verjährung beginnt und endet, um den Zeitraum bis zur Verjährung korrekt bestimmen zu können.

3.4.1 § 195 BGB: Die regelmäßige Verjährung

Wie bereits oben erwähnt, wurde durch das Schuldrechtsmodernisierungsgesetz die regelmäßige Verjährung von 30 Jahren auf drei Jahre verkürzt, wobei die Ablauffrist mit Entstehen des Anspruches und Kenntnis oder grob fahrlässiger Unkenntnis der anspruchsbegründenden Umstände beginnt (vgl. § 199 Abs. 1 BGB). Für den Fall, dass eine solche Kenntnis nicht eintritt, sind absolute Verjährungsfristen von 10 bzw. 30 Jahren in § 199 BGB, hierzu später, verankert.[461] Sofern keine Sonderverjährungsvorschriften existieren,[462] hat die Regelverjährung Geltung für alle gesetzlichen und vertraglichen Ansprüche.[463] Der Begriff Anspruch bezieht sich in der Regel nicht auf einen materiell rechtlichen Anspruch, sondern auf den Lebenssachverhalt und somit alle Anspruchsgrundlagen.[464] Es ist auf den tatsächlichen Sachverhalt bei Entstehung abzustellen.[465] Nachträgliche Änderungen, insbesondere der Person des Schuldners oder des Gläubigers, sind unbeachtlich.[466] Sofern aufgrund des Sachverhalts mehrere Vertragstypen in einem Vertrag zusammengefasst sind, bestimmt sich die Verjährung nach

459 BT-Drs. 14/6040, 102 f.
460 Leenen, DStR 2002, 34, 37.
461 *Henrich*, in: BeckOK BGB, § 195 Rn. 1.
462 Siehe hierzu unter 3.4.2 ff.
463 *Henrich*, in: BeckOK BGB, § 195 Rn. 5.
464 Begr. RegE, BT-Drs. 14/6040, 112.
465 *Henrich*, in: BeckOK BGB, § 195 Rn. 6.
466 *Henrich*, in: BeckOK BGB, § 195 Rn. 6.

dem wirtschaftlichen Schwerpunkt.[467] Ist somit ein Anspruch i.S.d. § 195 BGB Schwerpunkt, richtet sich auch bei für die weiteren Vertragstypen abweichenden Verjährungsregelungen die Verjährung nach § 195 BGB. Sind mit einem Sachverhalt hingegen mehrere Ansprüche verwirklicht, so z. B. ein vertraglicher und ein deliktischer, verjähren diese gesetzlich unabhängig und selbstständig voneinander.[468]

3.4.2 Verjährungsfrist bei Rechten an Grundstücken

Abweichend von § 195 BGB regelt § 196 BGB, dass bei Verträgen über Grundstücke oder Rechten an Grundstücken die Verjährungsfrist länger ist als die des § 195 BGB, nämlich 10 Jahre, wobei sich diese auf sämtliche Ansprüche, die sich auf eine Übertragung von Immobiliarrechten sowie etwaigen Gegenansprüchen beziehen, erstreckt.[469] Dies gilt unabhängig davon, ob die Ansprüche vertraglicher oder gesetzlicher Natur sind.[470] Zu den Rechten an Grundstücken zählen auch beschränkt dingliche Rechte wie Grunddienstbarkeiten, Nießbrauch usw.[471] Es wird sogar die analoge Anwendung auf den schuldrechtlichen Anspruch auf Übergabe des Grundstückes nach Auflassung und Eintragung erwogen, um sachgerechte Ergebnisse zu bewirken.[472] Für den Gegenanspruch ist es notwendig, dass ein Gegenseitigkeitsverhältnis besteht, d.h. entweder der vertragliche Gegenanspruch oder die gesetzliche Folge aus dem Anspruch.[473]

3.4.3 Die dreißigjährige Verjährungsfrist des § 197 BGB

Diese Vorschrift erfasst verschiedene Fallgruppen. Zunächst verjähren Schadensersatzansprüche, die auf der vorsätzlichen Verletzung des Lebens, des Körpers, der Gesundheit, der Freiheit und der sexuellen Selbstbestimmung beruhen, gemäß § 197 Abs. 1 Nr. 1 BGB innerhalb von 30 Jahren.

Entgegen den allgemeinen Bestrebungen des Gesetzgebers, Verjährungsfristen zu verkürzen, erfolgte für vorsätzliche Verletzungen des Lebens, des Körpers, der Gesundheit oder der Freiheit der sexuellen Selbstbestimmung nunmehr auch im Zusammenhang mit dem

---

467 *Henrich*, in: BeckOK BGB, § 195 Rn. 7.

468 Palandt – *Ellenberger*, BGB, § 195 Rn. 17; Erman – *Schmidt-Räntsch*, BGB, § 194 Rn. 9.

469 BGH, Urt. v. 22.04.2010 – Xa ZR 73/07 = MDR 2010, 913.

470 BGH, Urt. v. 25.01.2008 – V ZR 118/07 = NJW-RR 2008, 824, 826.

471 *Henrich*, in: BeckOK BGB, § 196 Rn. 8.

472 *Henrich*, in: BeckOK BGB, § 196 Rn. 9 m.w.N; a.A. Palandt – *Ellenberger*, BGB, § 196 Rn. 6.

473 *Henrich*, in: BeckOK BGB, § 196 Rn. 11.

Gesetz zur Stärkung der Rechte von Opfern sexuellen Missbrauchs eine Ausdehnung der Verjährung auf 30 Jahre.[474]

Herausgabeansprüche aus Eigentum und anderen dinglichen Rechten gemäß den §§ 2018, 2130 und 2362 BGB sowie die Ansprüche, die der Geltendmachung der Herausgabeansprüche dienen, verjähren ebenfalls binnen 30 Jahren.

Durch Änderung der Regelverjährung auf drei Jahre war es aufgrund der Schuldrechtsreform notwendig, eine Sonderregel zu schaffen, um insoweit die dreißigjährige Verjährungsfrist beizubehalten. Hintergrund ist, dass diese Herausgabeansprüche sich aus dinglichen Rechten herleiten und somit eine Gleichrangigkeit der Verjährung von dinglichen Rechten hergestellt werden sollte. Richtigerweise unterfallen somit schuldrechtliche Ansprüche auf Herausgabe, auch wenn diese gegen Dritte wirken, nicht der dreißigjährigen Verjährung, sondern der Regelverjährung.[475]

Die Regelungen des § 197 Abs. 1 Nr. 3–5 BGB betreffen insgesamt titulierte Ansprüche. Auch diese waren vor der Schuldrechtsreform bereits der dreißigjährigen Verjährung unterworfen,[476] nämlich der Regelverjährung, sodass auch hierfür eine Sonderregelung geschaffen wurde und diese nicht binnen drei Jahren verjähren.

Diese Ansprüche haben gemein, dass es sich um rechtskräftig festgestellte Forderungen, gleich welcher Art die Feststellung erfolgte, handeln muss. Insbesondere erfasst sind Forderungen aus Urteilen, Versäumnisurteilen, nicht hingegen Notarkostenrechnungen oder öffentlich-rechtliche Forderungen, die die Behörde selbst beitreiben kann. Anders als in § 218 a. F. BGB regelt das BGB nicht mehr die Verjährung von unanfechtbar gewordenen Verwaltungsakten, diese Regelung ist nunmehr dem § 53 Abs. 2 VwVfG vorbehalten. Titel aufgrund von Urteilen jedweder Art sind ebenso erfasst wie Ansprüche aus vollstreckbaren Vergleichen oder Urkunden (Gerichtsvergleich, notarielles Schuldanerkenntnis oder Ähnliches).[477]

Einer besonderen Aufmerksamkeit bedarf in diesem Zusammenhang die Regelung des § 197 Abs. 1 Nr. 5 BGB, die besagt, dass Ansprüche, die durch im Insolvenzverfahren erfolgte Feststellung vollstreckbar geworden sind, innerhalb von 30 Jahren verjähren.[478] Richtigerweise und in dem Sachzusammenhang gemäß § 197 Abs. 1 Nr. 3–5 BGB gesehen können hierunter nur solche Ansprüche fallen, deren Feststellung wie ein rechtskräftiges Urteil gilt, mithin diejenigen

474 MüKoBGB – *Grothe*, BGB, § 197 Rn. 1.
475 MüKoBGB – *Grothe*, BGB, § 197 Rn. 11.
476 Leenen, DStR 2002, 34, 35.
477 MüKoBGB – *Grothe*, BGB, § 197 Rn. 15.
478 Jauernig – -*Mansel*, BGB, § 197 Rn. 8.

Eintragungen, die nach § 178 Abs. 3 InsO gegenüber allen Insolvenzgläubigern wie ein rechtskräftiges Urteil gelten.[479] Die Aufnahme einer Masseverbindlichkeit in eine vom Insolvenzverwalter geführte ‚Massetabelle' führt nicht dazu, dass die Forderung transformiert und als Insolvenzforderung tituliert wird, vielmehr bedarf es der Titulierung im Wege der Leistungsklage.[480] Bei der Insolvenzforderung führt erst die Feststellung zur Tabelle im Prüftermin und die Eintragung gemäß § 178 Abs. 3 InsO zum Vorliegen einer Titelforderung bzgl. des Rechtes zur Teilnahme an der Verteilung der Insolvenzmasse[481] und zur Vollstreckung gegen den Schuldner nach Aufhebung des Verfahrens,[482] nicht aber der materielle Anspruch selbst.[483]

Nachdem nunmehr festgestellt worden ist, dass die Verjährungsvorschriften des BGB anwendbar sind, sind die jeweiligen Verjährungszeiträume, an deren Anfang der Verjährungsbeginn steht, näher zu bestimmen und dahin gehend zu untersuchen, ob im Hinblick auf Masseverbindlichkeiten Besonderheiten zu beachten sind.

3.4.4 Der Verjährungsbeginn

Die regelmäßige Verjährungsfrist beginnt gemäß § 199 Abs. 1 BGB, soweit nicht ein anderer Verjährungsbeginn bestimmt ist, mit dem Schluss des Jahres, in dem der Anspruch entstanden ist und der Gläubiger von den anspruchsbegründenden Umständen und der Person des Schuldners Kenntnis erlangt oder ohne grobe Fahrlässigkeit erlangen müsste,[484] sofern nicht Sonderregelungen[485], z. B. aus dem Kaufrecht, einschlägig sind.[486]

Eine solche Sonderregelung entwickelte der BGH selbst im Hinblick auf die als Massekosten zu qualifizierende Vergütung des vorläufigen Insolvenzverwalters nicht.[487] Die der Entscheidung zugrunde liegende Rechtsfrage war, ob ein Vergütungsantrag, der später als drei Jahre nach Eröffnung des Insolvenzverfahrens gestellt wird (unterstellt, eine berechtigte

479 MüKoBGB – *Grothe*, BGB, § 197 Rn. 25.

480 BVerfG, Beschl. v. 30.03.1993 – 1 BvR 1045/89 = NJW 1993, 2861; siehe hierzu auch ausführlich unter 3.4.7.

481 BGH, Urt. v. 13.06.2006 – IX ZR 15/04 = NJW 2006, 3068 m.w.N.

482 MüKoInsO – *Hintzen*, InsO, § 201 Rn. 26.

483 Siehe hierzu unter 2.1.3.1.3.

484 *Henrich/Spindler*, in: BeckOK BGB, § 199 Rn. 2.

485 Siehe hierzu auch unter 3.4.4.3.

486 MüKoBGB – *Grothe*, BGB, § 199 Rn. 59.

487 BGH, Beschl. v. 22.09.2010 – IX ZB 195/09 = ZIP 2010, 2160, 2163; BGH, Beschl. v. 14.04.2011 – IX ZB 18/10 = ZInsO 2011, 1566.

Person erhebt die Einrede), wegen Verjährung nicht festzusetzen ist. Der BGH wendet hier die Regelverjährung an, und stellt fest, dass die Verjährung mit Fälligkeit[488]*, d. h. regelmäßig mit Eröffnung des Verfahrens*[489]*, so auch in diesem Falle, zu laufen beginnt. Auch nimmt er aufgrund der besonderen Umstände des Insolvenzverfahrens eine Hemmung der Verjährung bis zum Abschluss des eröffneten Verfahrens (demnach bis zum Schlusstermin) an.*[490]

Für Schadensersatzansprüche, die auf Verletzung des Lebens, des Körpers, der Gesundheit oder Freiheit beruhen, hat der Gesetzgeber in § 199 Abs. 2 BGB und für Verletzung sonstiger Güter in § 199 Abs. 3 BGB angeordnet, dass dies ohne Rücksicht auf ihr Entstehen und die Kenntnis oder grob fahrlässige Unkenntnis in 30 Jahren von Begehung der Handlung, der Pflichtverletzung oder in sonstigen, den Schaden auslösenden Ereignissen an beginnt.

Im Wesentlichen werden damit für den Verjährungsbeginn zwei Anknüpfungspunkte durch das Gesetz bestimmt. Ihr wesentlicher Unterschied liegt darin, dass die Regelung gemäß § 199 Abs. 1 BGB keinen starren Fristbeginn hat, sondern die Frist flexibel erst dann zu laufen beginnt, wenn die dort genannten Voraussetzungen erfüllt sind, wohingegen Abs. 2 und 3 an ein abstraktes, zeitlich feststehendes Ereignis anknüpfen, an die Handlung oder Pflichtverletzung bzw. das schadenauslösende Ereignis.

3.4.4.1 Zum Verjährungsbeginn nach § 199 Abs. 1 Nr. 1 BGB für Ansprüche nach § 195 BGB

Ab dem Moment gerechnet, in dem die subjektiven und objektiven Voraussetzungen nach Abs. 1 Nr. 1 kumulativ vorliegen, beginnt die Verjährung entsprechend § 187 Abs. 1 BGB zu Beginn des Folgejahres.

Um die Verjährung in Gang setzen zu können, bedarf es eines Anspruches. Ein Anspruch i.S.d. Norm ist dann gegeben, wenn der Anspruch, also das Tun, Dulden oder Unterlassen, welches gefordert werden kann, fällig wird.[491] Die Fälligkeit des Anspruchs richtet sich nach den allgemeinen Regeln. Weder für das BGB noch für Nebengesetze oder Spezialgesetze besteht eine einheitliche Regelung dahin gehend, wann ein Anspruch fällig ist. Die Fälligkeit kann entweder anhand § 271 BGB oder anhand einer spezialgesetzlichen Regelung wie § 16 Abs. 3 VOB, § 42a Abs. 2 Satz 1 GmbHG, § 63 InsO sowie § 474 Abs. 3 BGB bestimmt werden. Ob die Voraussetzungen für die Fälligkeit eines Anspruchs vorliegen,

---

488 BGH, Beschl. v. 22.09.2010 - IX ZB 195/09 = ZIP 2010, 2160, 2163.
489 BGH, Beschl. v. 29.03.2007 - IX ZB 153/06 = NZI 2007, 397.
490 Siehe hierzu auch unter 1.4.
491 Jauernig - *Mansel*, BGB, § 199 Rn. 1.

wird in der Praxis oftmals durch Auslegung zu ermitteln sein. Entgegen landläufiger Meinung führt die Nichterteilung einer Rechnung nicht in jedem Falle dazu, dass der Zahlungsanspruch nicht fällig ist. Nur unter Geschäftsleuten ist dies Voraussetzung.[492]

Als weitere Voraussetzung muss der Gläubiger Kenntnis von den anspruchsbegründenden Umständen haben, dies bedeutet, dass ihm die tatbestandlichen Voraussetzungen seines Rechtes im Wesentlichen bekannt sein müssen sowie die Person des Schuldners. Die Person des Schuldners ist ihm dann bekannt, wenn Name und Anschrift bekannt wurden bzw. er grob fahrlässig in Unkenntnis war.[493]

3.4.4.2 Zum Verjährungsbeginn nach §§ 200 und § 201 BGB

Der Verjährungsbeginn von Ansprüchen nach § 197 Abs. 1 Nr. 1 und Nr. 2 BGB richtet sich nach § 200 Satz 1 BGB, der von Ansprüchen nach Abs. 1 Nr. 3 bis 6 nach § 201 BGB. Ansprüche nach Abs. 2 beginnen nach § 199 BGB zu verjähren, da für sie die Regelverjährung des § 195 BGB maßgebend ist.[494]

3.4.4.3 Abweichender Verjährungsbeginn

Für solche Ansprüche, die nicht der Regelverjährung unterliegen, und solche Ansprüche, die nicht der Ultimoverjährung unterliegen, wie z. B. Gewährleistungsansprüche im Kauf und im Werkvertragsrecht, bestehen teilweise auch Sonderregelungen hinsichtlich des Beginns der Verjährung.[495] Auf diese Regelungen wird, soweit für den Untersuchungsgegenstand der vorliegenden Arbeit erforderlich, im Zusammenhang mit der Behandlung dieser Verjährungsvorschriften eingegangen.

3.4.5 Verjährungsende

Das Verjährungsende tritt dann ein, wenn eine Verjährungsfrist abgelaufen ist. Gemäß § 199 Abs. 3 Satz 2 BGB ist immer diejenige Verjährungsfrist maßgeblich, die als erste abläuft.[496] Sofern also keine Sonderumstände eintreten wie z. B. die Hemmung oder der Neubeginn der Verjährung, ist diese bei der regelmäßigen Verjährung drei Jahre nach Ablauf des Jahres, in dem der Anspruch entstand,

---

492 Palandt – *Grüneberg*, BGB, § 271 Rn. 7.

493 Jauernig – *Mansel*, BGB, § 199 Rn. 8.

494 Jauernig – *Mansel*, BGB, § 197 Rn. 1; Palandt – *Ellenberger*, § 199 Rn. 2.

495 MüKoBGB – *Grothe*, BGB, § 199 Rn. 59.

496 *Henrich/Spindler*, in: BeckOK BGB, § 199 Rn. 47.

eingetreten,[497] insoweit die weiteren Voraussetzungen,[498] insbesondere aber auch die Fälligkeit des Anspruches[499], gegeben sind. D.h., mit der ersten Sekunde des vierten Jahres ist Verjährung eingetreten. Bei Ablauf der absoluten Fristen tritt Verjährung 30 Jahre und eine Sekunde nach Entstehen des Anspruchs ein.

3.4.6 Besondere Verjährungsvorschriften

Für bestimmte Ansprüche sind im BGB, differenziert nach dem Rechtsgrund ihres Entstehens, Sonderregelungen vorgesehen, sodass nicht die Dreijahresfrist als Regelfrist anzuwenden ist. Das Gesetz sieht kürzere Verjährungsfristen beim Gewährleistungsrecht im Rahmen des Kaufvertrages vor, der nicht ein dingliches Recht (dort 30 Jahre gemäß § 438 Abs. 1 Nr. 1 BGB) oder ein Bauwerk (dort fünf Jahre gemäß § 438 Abs. 1 Nr. 2 BGB) betrifft, und zwar eine zweijährige Verjährungsfrist gemäß den §§ 438 Abs. 1 und 479 Abs. 1 BGB und beim Werkvertrag eine Frist von zwei bzw. fünf Jahren (§ 634 Abs. 1 Nr. 1 und 2 BGB). Schuldverschreibungen verjähren gemäß § 801 BGB mit dem Ablauf von 30 Jahren nach dem Eintritt der für die Leistung bestimmten Zeit, wenn nicht die Urkunde vor dem Ablauf der 30 Jahre dem Aussteller zur Einlösung vorgelegt wird, dann innerhalb von zwei Jahren oder gemäß Abs. 2, wenn etwas davon Abweichendes vereinbart wurde.

Mit den besonderen Verjährungsvorschriften sind regelmäßig auch besondere Vorschriften bzgl. des Beginns bzw. Endes der Verjährung verbunden, wie z.B. § 438 Abs. 2 BGB. Diese besonderen Verjährungsvorschriften sind somit immer im Zusammenhang mit den ggf. bestehenden besonderen Vorschriften bzgl. des Beginns bzw. des Endes der Verjährung im Einzelfall zu betrachten.

Noch vor dem Schuldrechtsmodernisierungsgesetz und dem Gesetz zur Harmonisierung der Verjährungsvorschriften vom 14.12.2004 bestanden außerhalb des BGB zahlreiche Sondervorschriften, die eine dreijährige Verjährung anordneten.[500] So gab es Sondervorschriften für die Verjährung in den §§ 33 Abs. 3 und 141 PatG sowie in den § 102 UrhG. Zwar wurden diese Verjährungsvorschriften durch das Schuldrechtsmodernisierungsgesetz und das Gesetz zur Harmonisierung der Verjährungsvorschriften nicht abgeschafft, doch wurden regelmäßig die §§ 194 ff. BGB für anwendbar erklärt. Sofern nicht geschehen und eine dreijährige Verjährungsfrist im Spezialgesetz vorgesehen ist, handelt es sich dann nicht

497 § 195 BGB.

498 Siehe hierzu 3.4.4.

499 HK-BGB – *Dörner*, BGB, § 199 Rn. 3.

500 MüKoBGB – *Grothe*, BGB, § 195 Rn. 20.

um die regelmäßige Verjährung i.S.d. § 195 BGB.[501] Das Öffentliche Recht sowie das Strafrecht haben dem Grundsatz nach ihre eigenen Verjährungsvorschriften, solange nicht eine spezialgesetzliche Regelung auf die Verjährungsvorschriften des BGB verweist.[502] Sondervorschriften, die einer etwaigen Verweisung vorgehen, bestehen insbesondere im Steuerrecht, so z.B. gemäß den §§ 228–232 AO. Das Sozialrecht kennt längere Verjährungsfristen von vier Jahren gemäß § 45 SGB I. Diese Vorschrift dient jedoch nur in besonderen Fällen zur Ergänzung der Verjährungsvorschriften des BGB.

3.4.7 Anwendbarkeit der Verjährungsvorschriften des BGB auf vom Verwalter begründete Masseverbindlichkeiten im Allgemeinen

Rechtsprechung[503] und Forschungsliteratur[504] scheinen einig darüber zu sein, dass die allgemeinen Regeln zur Verjährung des BGB Anwendung finden, lediglich fehlt es an tragfähigen Ausführungen zur Begründung. Trotz der offensichtlichen Einigkeit bedarf es auch im Hinblick auf die hier zu beantwortende Fragestellung einer Beleuchtung, warum dies (berechtigterweise) angenommen wird.

Zuvor darf jedoch nochmals auf die besonderen strukturellen Unterschiede zwischen Masseverbindlichkeiten und Forderungen ohne Beteiligung eines Insolvenzverfahrens sowie auf das Verhältnis zwischen Insolvenzverwaltern und Masseverbindlichkeitengläubigern hingewiesen werden. Ein Schuldner kann ohne Beteiligung eines Insolvenzverfahrens auf die Einrede der Verjährung verzichten und so eine Titulierung des Anspruches gegen sich ermöglichen, ohne dass hierbei ein Dritter beeinträchtigt wird. Führt der Insolvenzverwalter die gleiche Handlung für eine Masseverbindlichkeit durch, so hat er entsprechend der Rechtsprechung des Bundesverfassungsgerichtes gegen die gesetzliche Befriedigungsreihenfolge verstoßen.[505]

Gegenstand der zugrunde liegenden Entscheidung[506] des Bundesverfassungsgerichtes waren verschiedene Vorlageverfahren: Im Verfahren BvR 1381/90 wurde gegen einen Konkursverwalter eine Schadensersatzklage wegen schuldhafter Verletzung einer Amtspflicht betrieben. Der Pflichtverstoß läge darin, dass nach § 60 Abs. 1 KO im Falle der Masseunzulänglichkeit

---

501 *Henrich*, in: BeckOK BGB, § 195 Rn. 3, 4.

502 BVerwG, Urt. v. 31.01.2002 - 2 C 6/01 = NJW 2002, 1968.

503 LG Wuppertal, Urt. v. 20.04.2010 - 16 O 129/09 = ZInsO 2010, 1281, 1282.

504 Uhlenbruck – *Ries*, InsO, § 210 Rn. 20.

505 BVerfG, Beschl. v. 30.03.1993 - 1 BvR 1045/89 = NJW 1993, 2861.

506 Vertiefend zur Entscheidung: Smid, WiR 1993, 303; Pape, EWiR 1993, 701.

bevorrechtigte Masseschuldansprüche zunächst zu bedienen seien und dann erst der Konkursverwalter seine Vergütung einziehen dürfe. Reiche die Konkursmasse für beides nicht aus, könne der Konkursverwalter nur eine verkürzte Vergütung entnehmen. Entgegen dieser Pflicht habe der Konkursverwalter den Vergütungsanspruch in voller Höhe erfüllt, die bevorrechtigte Masseschuld nur teilweise. Im Verfahren BvR 1045/89 wendet sich der Konkursverwalter gegen eine Entscheidung der Instanzgerichte, wonach vor Einstellung des Verfahrens und Entscheidung über den Vergütungsantrag des Konkursverwalters dieser zunächst die Masseschulden nach § 59 Abs. 1 Nr. 1 und 2 KO im Range des § 60 Abs. 1 Nr. 1 KO zu berichtigen habe. Auch in diesem Falle drohte die Konkursmasse nicht auszureichen, um nach Berichtigung noch die prognostizierte Verwaltervergütung entnehmen zu können. Im Vorlageverfahren der Frau L 11/90 beantragte der Konkursverwalter nach Feststellung, dass das Verfahren gemäß § 204 KO einzustellen sei und einen Vorschuss zu genehmigen, den das Gericht jedoch im Hinblick auf die Rangfolge des § 60 Abs. 1 Nr. 1 und 2 KO nicht zusprach, vielmehr setzte es das Verfahren nach Art. 100 Abs. 1 GG aus, um die Frage zu klären, ob vorgenannte Norm mit dem Grundgesetz im Hinblick auf die damit verbundene Nichtzahlung der Tätigkeit des Konkursverwalters vereinbar ist.

Die Verfassungsbeschwerden gegen die instanzgerichtlichen Entscheidungen waren erfolgreich, da diese auf einer verfassungswidrigen Auslegung des § 60 Abs. 1 Nr. 1 und 2 KO beruhten. Nach § 85 KO ist der Konkursverwalter angemessen für seine Tätigkeit zu vergüten und dessen Auslagen sind zu erstatten. Die von den Gerichten vorgenommene Rangrücksetzung dieser Ansprüche gegenüber Masseschulden verstoße hiergegen, womit in das Grundrecht der Berufsfreiheit des Art. 12 Abs. 1 GG eingegriffen worden sei.

Dieser Entscheidung ist zu entnehmen, dass bereits zu Zeiten der Konkursordnung die Vergütungsansprüche des Konkursverwalters der Erfüllung von Masseschulden vorgingen. Unter Geltung der Insolvenzordnung ist dies durch die Folgen der §§ 54 und 55 InsO kodifiziert. Für den vorliegenden Fall bedeutet dies, dass der Insolvenzverwalter alles zu unterlassen hat, was der Verwirklichung dieser gesetzlichen Reihenfolge zuwiderläuft. Verletzt er schuldhaft die Pflicht, hat er den Fehlbetrag auszugleichen, ggf. durch Kürzung seiner Vergütung.

Der Insolvenzverwalter muss sich bei Zuwiderhandlung den Zahlbetrag von der Verwaltervergütung abziehen lassen und setzt sich ggf. noch der Gefahr der Strafverfolgung aus. Somit hat der Verwalter ein berechtigtes Interesse daran, sich weiterhin auf die Verjährung berufen zu dürfen.

Ein weiteres Argument ist, dass, wie bereits oben dargestellt, die Geltendmachung von Masseverbindlichkeiten durch Erhebung der Leistungsklage gegenüber dem Insolvenzverwalter und nicht durch Anmeldung zur Insolvenztabelle erfolgt.[507]

507 LG Wuppertal, Urt. v. 20.04.2010 – 16 O 129/09 = ZInsO 2010, 1281.

Hier gilt es, den Sonderfall der Masseunzulänglichkeit näher zu betrachten, denn ist es zunächst fraglich, ob ein Rechtsschutzbedürfnis für eine Leistungsklage besteht, sodass eine Feststellungsklage zu erheben ist bzw. der Klageantrag zu ändern ist, sofern schon rechtshängig.[508] *Dies ist vor dem Hintergrund zu betrachten, dass auch im Falle der erfolgreichen Titulierung gemäß § 210 InsO bzw. aufgrund des Einlegens von Rechtsbehelfen der ZPO gegen eine etwaige Vollstreckung eben diese abgewehrt werden könnte, sodass die herrschende Auffassung ist, dass in den Fällen der Masseunzulänglichkeit die Feststellungsklage das Mittel der Wahl ist.*[509] *Sofern die Feststellungsklage erhoben wird, droht wie bei der Leistungsklage ein Kostenrisiko*[510] *durch sofortiges Anerkenntnis gemäß § 93 ZPO, sofern der Insolvenzverwalter hier nicht Anlass zur Klage gegeben hat,*[511] *so z. B. bei Nichtzahlung einer Masseverbindlichkeit, da diese stets vorweg aus der Masse – mit Ausnahme des Umstandes der Masseunzulänglichkeit – zu befriedigen sind.*[512] *In diesem Falle ist dem Gläubiger die Masseunzulänglichkeitsanzeige zu übersenden.*[513] *Wegen seiner Pflicht, sich auf die Verjährung zum Schutz seiner Vergütung zu berufen, darf er nicht von sich aus anerkennen, sondern nur zur Abwehr eines Nachteils für die Masse.*[514] *Bei der Leistungsklage und Feststellungsklage wäre der Umstand identisch, sodass es für den Gläubiger wirtschaftlich keinen Unterschied machte.*

Es handelt sich somit um einen Anspruch, der außerhalb des Insolvenzverfahrens geltend zu machen ist.[515] Zu seiner Titulierung bedarf es daher der klageweisen Geltendmachung und Titulierung vor einer etwaigen Einzelzwangsvollstreckung,[516] sodass auch folgerichtig die allgemeinen Verjährungsvorschriften Anwendung finden. Dieses Argument wird dadurch schlüssig, dass sich als Parteien der Insolvenzverwalter sowie der Forderungsinhaber gegenüberstehen. Die Situation ist somit identisch mit derjenigen außerhalb des Insolvenzfalles, in der sich Forderungsinhaber und Forderungsgegner ohne Beteiligung eines Insolvenzverwalters gegenüberstehen. Der Forderungsgegenstand ändert sich nicht durch die Beteiligung eines Insolvenzverwalters. Tun, Dulden oder Unterlassen sowie der Leistungsanspruch unterscheiden sich in ihrer Qualität nicht dadurch, dass ein Insolvenzverwalter, ein Sachwalter oder eine andere natürliche oder juristische Person Vertragspartei wird.

---

508 OLG Köln, Urt. v. 29.06.2001 – 19 U 199/00 = NZI 2001, 554.

509 *Braun/Wierzioch*, in: Beck/Depré, Praxis der Insolvenz, § 29 Rn. 166.

510 *Gierl*, in: Saenger, ZPO, § 93 Rn. 1.

511 *Jaspersen/Wache*, in: BeckOK ZPO, § 93 Rn. 1.

512 MüKoInsO – *Hefermehl*, InsO, § 53 Rn. 12.

513 § 208 Abs. 2 Satz 2 InsO.

514 BVerfG, Beschl. v. 30.03.1993 – 1 BvR 1045/89 = NJW 1993, 2861.

515 MüKoInsO – *Hefermehl*, InsO, § 53 Rn. 46.

516 Siehe hierzu unter 2.1.3 und 2.1.3.1.6.

Ein weiteres Argument für die Anwendung der allgemeinen Verjährungsvorschiften des BGB ist, dass weder in der Insolvenzordnung noch im BGB besondere Verjährungsvorschriften für Masseverbindlichkeiten existieren. Dem unserer Rechtsordnung zugrunde liegenden Gedanken der Verjährbarkeit von Ansprüchen[517] kann jedoch auch entnommen werden, dass es unbillig wäre, wenn zumindest zivilrechtliche Ansprüche – aber auch öffentlich rechtliche Ansprüche[518] – nicht verjähren würden. Um dem Rechnung zu tragen, scheint es notwendig und belegt durch die Vorschriften des BGB, die Verjährung anzuwenden. Dass es keinen besonderen Verweis in der InsO gibt, der zur Anwendung der Vorschriften des BGB führt, ist nur natürlich, da Masseverbindlichkeiten Forderungen sind, die außerhalb des Insolvenzerfahrens geltend zu machen sind.[519]

Zusammenfassend kann konstatiert werden, dass die §§ 195 ff. BGB für Masseverbindlichkeiten Anwendung finden. Die Einordnung in den jeweiligen Verjährungstatbestand darf, den obigen Gedanken folgend, demnach auch nicht abweichend von der Einordnung außerhalb eines Insolvenzverfahrens vorgenommen werden, und dies selbst dann nicht, wenn jemand durch ggf. eingetretene Masseunzulänglichkeit an der Vollstreckung temporär gehindert wird, da die Option der Geltendmachung[520] fortbesteht. Vor diesem Hintergrund sind auch die Regelungen hinsichtlich des Beginns und des Endes der Verjährungsfrist anzuwenden. Es wird sich in der Folge noch herausstellen, ob und wie die Verjährung unterbrochen bzw. neu begonnen werden kann – für den Fall, dass eine solche durch Zeitablauf einer Masseverbindlichkeit droht.

3.4.8 Anwendbarkeit der allgemeinen Verjährungsvorschriften auf oktroyierte Masseverbindlichkeiten

Bei der Geltendmachung oktroyierter Masseverbindlichkeiten bestehen keine Unterschiede zu den vom Verwalter begründeten Masseverbindlichkeiten[521] und zu den Forderungen ohne Verbindung zu einem Insolvenzverfahren. Inhaltlich ist der einzige Unterschied, dass nicht mehr die begründende Partei erfüllungspflichtig ist, sondern der Insolvenzverwalter[522] über das Vermögen

517 Siehe hierzu unter 3.2.
518 MüKoBGB – *Grothe,* BGB, Vorb. zu § 194 Rn. 4.
519 MüKoInsO – *Hefermehl,* InsO, § 53 Rn. 46.
520 Siehe hierzu unter 3.4.7.
521 Siehe hierzu unter 2.1.3.2.
522 MüKoInsO – *Hefermehl,* InsO, § 53 Rn. 46.

der begründenden Partei verfügt, sodass der Gläubiger ggf. nicht weiß, gegen wen er eine entsprechende Klage zu richten hätte, da er den Insolvenzverwalter nicht kennen mag. Er kann sich jedoch aus allgemein zugänglichen Informationsquellen ggf. die notwendige Information besorgen.[523] Ihm ist es also möglich, mit normalen zivilprozessualen Mitteln die Forderung geltend zu machen. Dem folgend, sind die allgemeinen Verjährungsregeln zur Anwendung zu bringen, wenngleich auch Einzelfragen, insbesondere zur Hemmung und zum Neubeginn der Verjährung aufgrund vorgenannten Umstandes, näher zu betrachten sein dürften.

3.4.9 Anwendbarkeit bei masseunzulänglichen Verfahren

Masseunzulängliche Verfahren unterscheiden sich von solchen, die nicht masseunzulänglich sind, nur insoweit, als dass die Masseverbindlichkeit aufgrund der eingetretenen Masseunzulänglichkeit durch den Insolvenzverwalter selbst bei Geltendmachung durch den Gläubiger nicht bezahlt wird.[524] Wie bereits für vom Verwalter begründete Masseverbindlichkeiten[525] und für oktroyierte Masseverbindlichkeiten[526] ausgeführt, bestehen weder bei deren Geltendmachung noch bei deren Verjährung Besonderheiten.[527] Insbesondere bestehen bzgl. der Anwendbarkeit der Verjährungsvorschriften des BGB keine Bedenken, da der Eintritt der Masseunzulänglichkeit den Gläubiger nicht seiner Rechte bzgl. der Durchsetzung (dauerhaft) beraubt.

Vorstehende Ausführungen ergaben, dass die Vorschriften des BGB über die Verjährung, den Verjährungsbeginn und das Ende der Verjährung entsprechend wie bei Verbindlichkeiten ohne Bezug zu einem Insolvenzverfahren auf Masseverbindlichkeiten anzuwenden sind. Bestandteil des Verjährungsrechtes und gleichzeitig Korrelat zur Verjährung sind die Hemmungstatbestände, die somit auch grundsätzlich – der Einzelfall wird anhand des Anspruches nunmehr in der Folge konkret zu betrachten sein – anzuwenden sind. Vor dem Hintergrund der möglichen Szenarien, wie eine Insolvenzforderung geltend gemacht werden kann und darauf reagiert wird, wird auch die Frage zu stellen sein, ob eine

523 Siehe hierzu unter 2.1.4.6.2.
524 Braun – *Kießner*, InsO, § 208 Rn. 30.
525 Siehe hierzu unter 1.2.1.
526 Siehe hierzu unter 1.2.6.
527 Siehe hierzu unter 3.4.7 bis 3.4.9.

Anwendung der Hemmungstatbestände über deren Wortlaut hinaus zu erfolgen hat bzw. das Berufen auf die Verjährung (und damit die fehlende Hemmungswirkung) nicht treuwidrig ist.

3.5 Die Verjährungshemmung

Die Verjährungshemmung führt zu einer faktischen Verlängerung der Verjährungsfrist. Die an sich zeitlich genau bestimmte Verjährung kann sich somit durch Eintritt der Hemmung verlängern, da der Zeitraum, in dem die Verjährung gehemmt ist, gemäß § 209 BGB nicht in der Verjährungsfrist Berücksichtigung findet.[528] Die Hemmung als Korrelat zur Verjährung ist daher für denjenigen günstig, der sich auf diese berufen kann, sodass ihn die Darlegungs- und Beweislast trifft.[529] Da die Hemmung den bereits oben ausführlich dargestellten Funktionen der Verjährung entgegenwirkt, sind die Hemmungstatbestände eng auszulegen und eine über die gesetzlichen Vorschriften hinausgehende Hemmung grundsätzlich abzulehnen.[530] Dies gilt es, im Rahmen des hier noch zu untersuchenden Falles zur Verjährungshemmung von Masseverbindlichkeiten zu berücksichtigen.

Von den allgemeinen Hemmungstatbeständen, deren Rechtsfolgen soeben dargestellt wurden, ist die Ablaufhemmung zu unterscheiden. Hiernach tritt Verjährung erst nach dem Eintritt eines bestimmten Ereignisses oder nach Ablauf einer bestimmten Zeit ein. Des Weiteren ist der Neubeginn der Verjährung davon abzugrenzen, wobei es hier eine Überschneidung zur Hemmung gibt.[531]

Es ist weiterhin festzustellen, inwieweit die Verjährungshemmung auf und für Masseverbindlichkeiten anzuwenden ist. Bereits herausgearbeitet wurde, dass die Verjährungsvorschriften zumindest dem Wortlaut nach keine Sondervorschriften für die Verjährung von Masseverbindlichkeiten und damit auch nicht bzgl. deren Hemmung bereithalten. Es ist daher zu ergründen, inwieweit die Vorschriften über die Verjährungshemmung auch auf Masseverbindlichkeiten Anwendung finden. Dass diese hierauf Anwendung finden, könnte sich bereits aus Billigkeitsgesichtspunkten ergeben. Billigkeitsgesichtspunkte finden in unserem Recht Einzug durch die Anwendung des § 242 BGB. Mit Franz Wieacker sind die Wertungen aus § 242 BGB grundsätzlicher Natur und als Maximen des gerechten

528 MüKoBGB – *Grothe*, BGB, § 203 Rn. 1.
529 MüKoBGB – *Grothe*, BGB, § 203 Rn. 1.
530 MüKoBGB – *Grothe*, BGB, § 203 Rn. 2.
531 MüKoBGB – *Grothe*, BGB, § 203 Rn. 1.

Verhaltens als eine Art Einleitung den Gesetzesbüchern voranzustellen,[532] und führt im Einzelnen wie folgt aus:[533]

> *Wie bereits erwähnt, führt Wieacker in seinem Werk „Zur rechtstheoretischen Präzisierung des § 242 BGB" seine Gedanken zur Anwendbarkeit des § 242 BGB aus, wobei drei Anwendungsbereiche zu unterscheiden sind. Die Funktion, in vertraglichen Beziehungen die modernen Einsichten Berücksichtigung finden zu lassen, kommt § 242 BGB im Bereich des modernen Schuldrechtes zu. Von ihm sind alle gesetzlichen Vorschriften abzuleiten und müssen daher auch in seinem Sinne ausgelegt werden.[534] Die Unzulässigkeit eines gegen Treu und Glauben verstoßenden Verhaltens stellt den zweiten Anwendungsfall dar. Dies nicht nur begrenzt auf das Schuldrecht, sondern für das gesamte Recht, sodass § 242 BGB und dessen Wertungen als Grundsatz den Gesetzesbüchern voranzustellen sei.[535] Verbleibt noch die Funktion der rechtstheoretischen Neuschöpfungen, und dies mit dem Hinweis darauf, dass sich die Grundsätze von Treu und Glauben wandeln können – noch in den 1950er Jahren galt es z. B. als inkongruent, wenn Zahlungen auf Konten erfolgten, statt in bar, heute ist es dem ersten Anschein nach eher umgekehrt – mit dem Hinweis darauf, dass der Gesetzgeber nicht als Herr der Zukunft im Vorfeld kodifizieren kann, was Verkehrssitte ist.*

Dem folgend, hat die Begutachtung der Anwendbarkeit der Hemmungstatbestände auf Masseverbindlichkeiten im Lichte der Grundsätze des § 242 BGB zu erfolgen. Dies geschieht dadurch, dass im Recht Anknüpfungspunkte/Normen zu finden sind, die mithilfe der Grundsätze des § 242 BGB entsprechend angewendet werden können. Die Art und Weise der Anwendung dieser Billigkeitsgesichtspunkte ist dann im Nachgang zu klären, insbesondere ob diese nicht durch Auslegung der bestehenden gesetzlichen Vorschriften realisiert werden können.

Bei der Begutachtung ist insbesondere auch zu berücksichtigen, dass nicht nur die Rechte von zwei ‚Personen' betroffen sind, sondern von dreien. Denn Forderungsinhaber ist ein Gläubiger. Forderungsgegner ist die Insolvenzmasse, über die der Insolvenzverwalter kraft Amtes die Verwaltungs- und Verfügungsbefugnis hat. Wenn sich der Insolvenzverwalter nicht auf Verjährung beruft, sind dadurch nicht nur die beiden Vermögensmassen der Parteien betroffen, sondern auch die Vermögensmasse des Insolvenzverwalters in Person, da bei Nichtberufen auf die eingetretene Verjährung und Zahlung aus der Masse sein Vergütungsanspruch, der im Rang vor den Masseverbindlichkeiten steht, gekürzt wird.[536]

---

532 Wieacker, Präzisierung, 5 ff.

533 Hierzu bereits auch schon unter 2.1.4.6.2.

534 Wieacker, Präzisierung, 22.

535 Wieacker, Präzisierung, 52.

536 BVerfG, Beschl. v. 30.03.1993 – 1 BvR 1045/89 = NJW 1993, 2861; siehe hierzu auch ausführlich unter 3.4.7.

3.6 Treuwidrigkeit des Berufens auf die Verjährung / Hemmung gemäß § 242 BGB

Die Verjährung ist eine Einrede, die durch den Insolvenzverwalter zu erheben ist. D.h., der Insolvenzverwalter hat sich auf die Verjährung zu berufen. Das Berufen auf diese selbige könnte jedoch treuwidrig sein und gegen § 242 BGB verstoßen.

Von der Rechtsprechung wurden u.a. die folgenden Fallgruppen zu § 242 BGB entwickelt:

- unredlicher Rechtserwerb,
- Rechtsmissbrauch,
- venire contra factum proprium – der Berechtigte darf sein Recht nicht geltend machen, wenn er sich dadurch zu seinem früheren Verhalten in Widerspruch setzt – und
- dolo agit, qui petit, quod statim redditurus est – der Gläubiger verstößt gegen Treu und Glauben, wenn er eine Leistung fordert, die er dem Schuldner aus einem anderen Grund alsbald wieder zurückzuerstatten hätte.

Für die Frage der Verjährung von Masseverbindlichkeiten bzw. das Nichtberufenkönnen auf die Einrede der Verjährung könnte die Fallgruppe ‚venire contra factum proprium' näher zu betrachten sein. Hiernach darf der Berechtigte sein Recht nicht geltend machen, wenn er sich dadurch zu einem früheren Verhalten in Widerspruch setzt.[537] Dies bedeutet in Bezug auf die Verjährung, dass der Gläubiger aufgrund Schuldnerverhaltens nach verständigem Ermessen damit rechnen durfte, dass dieser seine Ansprüche nur mit sachlichen Einwendungen bekämpfen und sich nicht auf Verjährung berufen werde.[538]

Dies ist insbesondere dann der Fall, wenn der Schuldner den Gläubiger zu der Annahme veranlasst, er werde den Anspruch auch ohne Prozess vollständig befriedigen.[539] Kurz gesagt, sollte sich der Insolvenzverwalter demnach so verhalten haben, dass der Gläubiger annehmen durfte, sein Anspruch würde befriedigt, wäre das Berufen auf die Verjährung treuwidrig. Bevor eine Prüfung durchgeführt werden kann, ob die eingangs dargestellten Szenarien bei der Geltendmachung von Masseverbindlichkeiten dazu führen, dass ein Berufen auf die Verjährung durch den Insolvenzverwalter gemäß § 242 BGB treuwidrig wäre, ist zunächst festzustellen, ob nicht durch das Schuldrechtsmodernisierungsgesetz[540]

537 HK-BGB – *Schulze*, BGB, § 242 Rn. 44.

538 BGH, Urt. v. 06.12.1990 – VII ZR 126/90 = NJW 1991, 974, 975.

539 BGH, Urt. v. 01.10.1987 – IX ZR 202/86 = NJW 1988, 265, 266.

540 Jauernig – *Mansel*, BGB, § 194 Rn. 1.

und damit durch die Einbindung der zur Verjährung im Rahmen des § 242 BGB entwickelten Rechtsprechungsgrundsätze in die Hemmungstatbestände[541] eine Anwendung des § 242 BGB auf die Verjährung nunmehr ausscheidet.

3.6.1 Anwendbarkeit der Treu und Glauben Grundsätze auf die Einrede der Verjährung, insbesondere auch nach der Schuldrechtsreform

Vor Inkrafttreten der Schuldrechtsreform wurden die wesentlichen Hemmungstatbestände aus den Treu und Glauben Grundsätzen hergeleitet. Insbesondere in § 203 BGB wurde die Rechtsprechung zum Gebot aus Treu und Glauben, dass jemand die Berufung auf Verjährung unter gewissen Voraussetzungen zu verwehren ist, aufgegriffen und sogar fortentwickelt.[542] Es war nach altem Recht bei nicht deliktischen Ansprüchen der Rekurs auf § 242 BGB erforderlich.[543] Weiterhin sind im Rahmen der Schuldrechtsreform auch Änderungen an den Hemmungstatbeständen vorgenommen worden, die insbesondere dazu führen, dass nur vertraglich vereinbarte Leistungsverweigerungsrechte gemäß § 205 BGB zur Hemmung führen,[544] nicht jedoch – wie nach alter Rechtslage – gesetzliche Leistungsverweigerungsrechte.[545]

Damit bleibt festzuhalten, dass der Anwendungsbereich des § 242 BGB nach der Schuldrechtsreform erheblich eingeschränkt wurde,[546] sofern besondere Umstände hinzutreten, und ein Berufen auf die Verjährung nach § 242 BGB noch immer unzulässig sein kann,[547] da vor allem auch nach hiesiger Ansicht nicht die gesamte zum Verjährungsrecht im Rahmen des § 242 BGB entwickelte Rechtsprechung zur Schuldrechtsreform kodifiziert wurde und gegen eine Anwendung der nicht kodifizierten Grundsätze keine Bedenken bestehen.

3.6.2 Abgrenzung zur Verwirkung

Die Einordnung der Verwirkung, also die Versagung, dass sich ein Rechteinhaber auf sein Recht berufen darf, als zu erhebende Einrede oder als generell zu berücksichtigender Untergang des Rechtes,[548] ist umstritten. Nach richtiger Ansicht

---

541 *Spindler*, in: BeckOK BGB, § 203 Rn. 3.
542 MüKoBGB – *Grothe*, BGB, § 203 Rn. 3 m.w.N.
543 *Spindler*, in: BeckOK BGB, § 203 Rn. 3.
544 OLG München, Urt. v. 25.06.2014 – 7 U 961/14 = ZInsO 2014, 2372.
545 MüKoBGB – *Grothe*, BGB, § 205 Rn. 2.
546 Fischinger, VersR 2005, 1641.
547 Erman – *Schmidt-Räntsch*, BGB, Vorb. zu § 194 Rn. 8 m.w.N.
548 Zum aktuellen Streitstand: MükoBGB – *Schubert*, BGB, § 242 Rn. 373.

stellt die Verwirkung einen Unterfall des ‚venire contra factum proprium' dar. Eine Verwirkung tritt unabhängig von der Verjährung dann ein, wenn aufgrund besonderer Umstände eine verspätete Geltendmachung von Ansprüchen wegen eines Verstoßes gegen Treu und Glauben zu versagen ist. Dies ist dann der Fall, wenn der Berechtigte über eine längere Zeit sein Recht nicht geltend macht und die andere Partei sich aufgrund dessen gesamten Verhaltens darauf eingestellt hat – und dieses auch durfte –, dass jener das Recht auch in Zukunft nicht geltend machen wird.[549] Diese Regelung betrifft jedoch den Ausnahmefall, denn grundsätzlich ist es dem Schuldner erlaubt, von seinem Recht, die Einrede der Verjährung zu erheben, Gebrauch zu machen.[550] Die Verwirkung wurde insbesondere im Vorfeld des Schuldrechtsmodernisierungsgesetzes bemüht, um den bis dahin geltenden überlangen Verjährungsfristen ihre Grenzen zu setzen, sodass sie unter Geltung des § 195 BGB, der Regelverjährung binnen drei Jahren, an Bedeutung verliert. Ein weiterer Unterschied zur Verjährung ist, dass es bei der Verwirkung nicht nur auf das Zeitmoment ankommt, sondern es müssen noch weitere Umstände, die das Vertrauen des Verpflichteten rechtfertigen, der Berechtigte werde seinen Anspruch nicht mehr geltend machen (so das sogenannte Umstandsmoment), hinzukommen. Die Verwirkung ist das weitergehende Rechtsinstitut, denn selbst ein unverjährter Anspruch kann verwirkt werden und damit nicht mehr durchsetzbar sein. Geahndet wird die illoyale Verspätung der Rechtsausübung.[551] Die Verwirkung tritt unabhängig vom Willen und von der Kenntnis der Berechtigten ein.[552] Sie ist damit keine Einrede. Insbesondere kann die Verwirkung auch das Recht zur Erhebung der Einrede der Verjährung umfassen.[553] Somit stellt sich die Frage, ob das Vorhandensein der abstrakten Möglichkeit, dass das Recht zur Erhebung der Einrede der Verjährung verwirkt ist, es ausschließt, dass für den Fall, dass nicht alle Voraussetzungen für den Unterfall des ‚venire contra factum proprium' gegeben sind, nach dem Regelfall des ‚venire contra factum proprium' das Recht zur Berufung auf die Einrede zu verwehren ist. Es ist damit festzuhalten, dass § 242 BGB von so grundsätzlicher Bedeutung ist, das Aussagen über die tatbestandlichen Voraussetzungen nur beschränkt möglich sind,[554] woraus sich im Umkehrschluss ergibt, dass auch im Falle des Nichtvorliegens aller sich herausgebildeten Tatbestandsvoraussetzungen für ein

549 *Sutschet*, in: BeckOK BGB, § 242 Rn. 133.
550 MüKoBGB – *Grothe*, BGB, § 214 Rn. 3.
551 Palandt – *Grüneberg*, BGB, § 242 Rn. 87.
552 *Sutschet*, in: BeckOK BGB, § 242 Rn. 132.
553 Palandt – *Grüneberg*, BGB, § 242 Rn. 88 m.w.N.
554 *Sutschet*, in: BeckOK BGB, § 242 Rn. 13.

'venire contra factum proprium' im Unter- oder Regelfall die Möglichkeit gegeben ist, dass ein Berufen auf die Verjährung aufgrund einer Gesamtwertung der Umstände, auch im Sinne von Wieacker,[555] trotzdem als treuwidrig anzusehen ist.[556]

3.6.3 Anwendbarkeit der Treu und Glauben Grundsätze auf die Einrede der Verjährung bei Masseverbindlichkeiten und bei Abgrenzung zur Verwirkung

Die Frage, ob die Grundsätze von Treu und Glauben es verwehren, sich im Falle von Masseverbindlichkeiten auf Verjährung zu berufen, kann nicht abstrakt beantwortet werden. Dies liegt insbesondere daran, dass der aus § 242 BGB entwickelte Grundsatz 'venire contra factum proprium' am konkreten Verhalten im Einzelfall[557] festzustellen ist.

Da aber bereits eingangs darauf verwiesen wurde, dass diese untersuchungsgegenständlichen Fallgruppen des Verhaltens des Insolvenzverwalters das typische Vorgehen bzw. die typischen Szenarien skizzieren,[558] können diese Gegenstand der rechtlichen Beurteilung werden, sodass im Einzelfall festgestellt werden kann, ob entweder der Regelfall des 'venire contra factum proprium', der Unterfall der Verwirkung oder abstrakt aufgrund von Treu und Glauben im Rahmen einer Gesamtabwägung der Umstand besteht, dass sich der Insolvenzverwalter nicht auf die Einrede der Verjährung berufen darf. Einer Gesamtabwägung im Rahmen von Treu und Glauben ist die Auslegung jedoch vorrangig, da es andernfalls eines Rückgriffs auf § 242 BGB nicht bedarf.

3.6.3.1 Vorrangige Auslegung nach den §§ 133 und 157 BGB

Eine Anwendung der Treu und Glauben Grundsätze ist jedoch nur möglich, wenn eine Auslegung dahin gehend, dass ein Verzicht auf die Rechtsausübung gegeben ist, nicht möglich ist.[559] Der § 133 BGB erfasst die Auslegung einer Willenserklärung, wobei der wirkliche Wille zu erforschen ist; § 157 BGB erfasst die Auslegung von Verträgen, die nach Treu und Glauben und Rücksicht auf die Verkehrssitte zu erfolgen hat. Zunächst ist also festzustellen, ob es sich bei den hier

555 Siehe hierzu unter 3.5.

556 MüKoBGB – *Schubert*, BGB, § 242 Rn. 291; HK-BGB – *Schulze*, BGB, § 242 Rn. 2.

557 HK-BGB – *Schulze*, BGB, § 242 Rn. 14.

558 Siehe hierzu unter 3.1.

559 MüKoBGB – *Schubert*, BGB, § 242 Rn. 318.

zu diskutierenden alternativen Szenarien[560] im Rahmen der Geltendmachung von Masseverbindlichkeiten um auszulegende einseitige Willenserklärungen oder Verträge handelt.

Szenario 1:
Eine Masseverbindlichkeit wird nicht geltend gemacht und der Insolvenzverwalter beruft sich auf Verjährung.

In diesem Fall liegt keine auslegungsfähige Willenserklärung vor.

Szenario 2:
Eine Masseverbindlichkeit wird durch den Gläubiger geltend gemacht, der Verwalter reagiert hierauf jedoch nicht und beruft sich im Anschluss auf Verjährung.

In diesem Fall liegt eine einseitige empfangsbedürftige Willenserklärung des Gläubigers vor, nämlich die Geltendmachung der Masseverbindlichkeit gegenüber dem Insolvenzverwalter. In der einseitigen Geltendmachung kann jedoch kein Verzicht liegen, denn ein Verzicht stellt immer eine Vereinbarung dar,[561] sodass es einer ausdrücklichen oder konkludenten Erklärung[562] und einer Annahme bedarf.

Szenario 3:
Es wird eine Masseverbindlichkeit in Verkennung der Forderung oder der Reichweite der Möglichkeit der Anmeldung nach den §§ 174 ff. InsO zur Insolvenztabelle als Insolvenzforderung geltend gemacht und der Verwalter reagiert (außer im Rahmen der Tabelleneintragung) hierauf nicht bzw. reagiert und teilt den Fehler mit und beruft sich im Anschluss auf Verjährung.

Im Falle, dass der Insolvenzverwalter nicht auf die fälschliche Geltendmachung reagiert, gilt, dass es an der korrespondierenden Willenserklärung[563] für einen Verzicht bereits fehlt, für den Fall, dass er reagiert und den Fehler mitteilt, ist seine Erklärung auszulegen.[564] In der Regel erfolgt diese Mitteilung im Hinblick darauf, dass der Insolvenzverwalter sich das Bestreiten im Rahmen der Aufnahme der vermeintlichen Insolvenzforderung zur Insolvenztabelle und deren Prüfung ersparen möchte. Selbst wenn er ausdrücklich darauf hinweist, dass es sich um eine Masseverbindlichkeit handeln könnte, kann seine Erklärung

560 Siehe hierzu ausführlich unter 1.1.1.
561 *Henrich,* in: BeckOK BGB, § 202 Rn. 3; Palandt – *Ellenberger,* § 202 Rn. 3.
562 Lakkis, ZGS 2003, 423, 424 f.
563 *Henrich,* in: BeckOK BGB, § 202 Rn. 7.
564 Jauernig – *Mansel,* BGB, § 133 Rn. 1 ff. zur Auslegung von Willenserklärungen.

nicht dahin gehend ausgelegt werden, dass er diese anerkennt, da diese Forderung noch nicht gegen die Masse geltend gemacht wurde.

Szenario 4:
Es wird eine Masseverbindlichkeit geltend gemacht und der Insolvenzverwalter teilt mit, dass diese in der ‚Masseverbindlichkeitentabelle' notiert wurde. Im Anschluss beruft sich der Insolvenzverwalter auf Verjährung.

Im Wege der Auslegung ist nunmehr zu ermitteln, ob in der Erklärung der Geltendmachung einer Masseverbindlichkeit, sprich der Aufforderung zur Zahlung, korrespondierend auch gleichzeitig die Aufforderung enthalten ist, auf die Einrede der Verjährung bzgl. der Masseverbindlichkeit zu verzichten und dieser zuzustimmen. Eine solche Auslegung der Willenserklärungen würde die Grenzen der Auslegung überschreiten. Bei der Auslegung ist hingegen der wirkliche Wille zu berücksichtigen.[565] Dem Wortlaut und Inhalt nach möchte der Gläubiger, der auffordert zu zahlen, eine Zahlung erhalten und nicht das Notieren seiner Forderung zu einer Tabelle unter Verzicht auf die Einrede der Verjährung.

Szenario 5:
Es wird eine Masseverbindlichkeit geltend gemacht und der Insolvenzverwalter teilt mit, dass die Forderung aufgrund eingetretener Masseunzulänglichkeit derzeit nicht bedient werden kann. Im Anschluss beruft sich der Insolvenzverwalter auf Verjährung.

Im Wege der Auslegung ist auch zu ermitteln, ob in der Erklärung der Geltendmachung einer Masseverbindlichkeit korrespondierend auch gleichzeitig die Aufforderung steckt, auf die Einrede der Verjährung bzgl. der Masseverbindlichkeit im Falle der Masseunzulänglichkeit zu verzichten, und in der Mitteilung der Masseunzulänglichkeit gleichzeitig die Erklärung enthalten ist, dem Verzicht auf die Einrede der Verjährung zuzustimmen. Eine solche Auslegung der Willenserklärungen würde die Grenzen der Auslegung überschreiten. Bei der Auslegung ist der wirkliche Wille zu erforschen.[566] Dem Wortlaut und Inhalt nach erwartet der Gläubiger, der auffordert zu zahlen, eine Zahlung. Von der eingetretenen Masseunzulänglichkeit bzw. von der später eintretenden Masseunzulänglichkeit weiß er denklogisch, da die Mitteilung erst daraufhin erfolgt, noch

565 Jauernig – *Mansel*, BGB, § 133 Rn. 9.
566 Jauernig – *Mansel*, BGB, § 133 Rn. 9.

nichts. Dementsprechend kann seine Willenserklärung auch nicht dahin gehend ausgelegt werden, dass er eine Erklärung mit abgefragt hat, dass auf die Einrede der Verjährung verzichtet wird.

Im Ergebnis kann daher festgehalten werden, dass ein Verjährungsverzicht in allen fünf Szenarien nicht durch Auslegung ermittelt werden kann, sodass zu prüfen ist, ob die aus § 242 BGB entwickelten Grundsätze im Rahmen einer Gesamtabwägung zum Tragen kommen.

3.6.3.2 Allgemeine Voraussetzungen

In jedem Einzelfall ist eine umfassende Interessenabwägung durchzuführen. Die Geltendmachung des Rechtes müsste bei besonderer Schutzwürdigkeit des Gläubigers[567] einen Rechtsmissbrauch darstellen, wohingegen ein Verschulden nicht erforderlich ist, weil es allein auf ein widersprüchliches Verhalten in objektiver Hinsicht ankommt.[568] Notwendig ist jedoch, dass das Verhalten dem Erklärenden zurechenbar bzw. es auch erkennbar ist.[569] Sofern das widersprüchliche Verhalten darin besteht, dass ein gewisser Rechtsschein erweckt wurde, müssen zusätzlich die Voraussetzungen für eine Haftung kraft Rechtsschein vorliegen, nämlich dass der Anschein einer Rechtslage in zurechenbarerweise erweckt wurde, wobei die Gegenpartei auf diesen Anschein tatsächlich vertraute.[570]

3.6.3.3 Besondere Voraussetzungen der Verwirkung als Unterfall des ‚venire contra factum proprium'

Grundsätzlich stellt es keinen Verstoß gegen die Grundsätze von Treu und Glauben dar, wenn die Verjährungseinrede erstmals in einer Berufungsinstanz geltend gemacht wird.[571] Als Ausnahmetatbestand müssen für die Annahme der Verwirkung als Unterfall des ‚venire contra factum proprium' besonders enge Voraussetzungen gelten, da das Gesetz Hemmungstatbestände einräumt.[572] Es bedarf neben eines Zeitablaufes der Untätigkeit des Berechtigten, der Schaffung eines Vertrauenstatbestandes sowie des Vorliegens eines öffentlichen Interesses.[573] Die

567 BGH, Urt. v. 08.06.2010 – XI ZR 41/09 = NZG 2010, 1351.

568 MüKoBGB – *Schubert*, BGB, § 242 Rn. 423; Palandt – *Grüneberg*, BGB, § 242 Rn. 55.

569 *Sutschet*, in: BeckOK BGB, § 202 Rn. 109; Canaris, Vertrauenshaftung, 467 ff.

570 MüKoBGB – *Schubert*, BGB, § 242 Rn. 334 m.w.N.

571 OLG Frankfurt, Urt. v. 29.04.1980 – 5 U 84/78 = MDR 1981, 228; OLG Hamm, Urt. v. 30.01.1979 – 4 U 259/78 = WRP 1979, 327.

572 BGH, Urt. v. 29.02.1984 – VIII ZR 310/82 = NJW 1984, 1684, 1685.

573 *Sutschet*, in: BeckOK BGB, § 242 Rn. 135 ff.

Prüfung, ob diese Voraussetzungen vorliegen, erfolgt im Einzelfall, sodass die einzelnen Szenarien zu betrachten sind.

3.6.3.4 Anwendung der Grundsätze auf die einzelnen Szenarien

Bei der Anwendung der Treu und Glauben Grundsätze ist zu beachten, dass es denkbar ist, dass ein Unterfall des ‚venire contra factum proprium', die Verwirkung, anhand der durch die Rechtsprechung entwickelten Merkmale zwar nicht vorliegt, dennoch die Grundsätze von Treu und Glauben anzuwenden sind, z.B. im Fall des ‚venire contra factum proprium', sodass die nun folgende Prüfung bei jedem Szenario mehrgliedrig zu erfolgen hat. Zunächst ist festzustellen, ob der Unterfall der Verwirkung[574] vorliegt, ist dem nicht so, ist festzustellen, ob ein Regelfall gegeben ist – und nachrangig letztendlich, ob ein allgemeiner Fall von Treu und Glauben vorliegt.

3.6.3.4.1 Szenario 1: Eine Masseverbindlichkeit wird nicht geltend gemacht. Der Insolvenzverwalter beruft sich auf Verjährung

Allgemeine Voraussetzung für die Anwendbarkeit des § 242 BGB sowie für den Fall des ‚venire contra factum proprium' und die Untergruppe der Verwirkung ist das Vorliegen eines Vertrauenstatbestandes. Der Rechteinhaber muss also das Vertrauen erweckt haben, sein Recht nicht geltend zu machen.[575] Das nicht geltend zu machende Recht wäre hier die Erhebung der Einrede der Verjährung durch den Insolvenzverwalter. Im Falle dessen, dass – aus welchen Gründen auch immer – der Gläubiger die Masseverbindlichkeit (gegenüber dem Insolvenzverwalter) nicht geltend macht, ist dem Insolvenzverwalter bereits die Möglichkeit genommen, sich zu seinem früheren Verhalten in Widerspruch zu setzen. Grund hierfür ist, dass es kein früheres Verhalten gibt, zu dem er sich in Widerspruch setzen könnte, denn es erreichte ihn zuvor keine Anfrage. In diesem Szenario ist es daher nicht treuwidrig, sich auf die Verjährungseinrede zu berufen, selbst dann nicht, wenn eine Kenntnis dieser vorliegt. Grund hierfür ist, dass ihn keine Informationspflicht trifft.[576]

---

574 Jauernig – *Mansel*, BGB, § 242 Rn. 53 zum Begriff der Verwirkung.

575 *Sutschet*, in: BeckOK BGB, § 242 Rn. 110.

576 Siehe hierzu unter 2.1.4.6.

3.6.3.4.2 Szenario 2: Eine Masseverbindlichkeit wird durch den Gläubiger geltend gemacht, der Verwalter reagiert hierauf jedoch nicht. Im Anschluss beruft sich der Insolvenzverwalter auf Verjährung

Wie bereits in Szenario 1 ist es auch hier notwendig, dass ein Vertrauenstatbestand geschaffen wurde, aufgrund dessen der Rechteinhaber davon ausgehen konnte, dass der Anspruchsgegner sein Recht nicht geltend macht. Szenario 1 und Szenario 2 weichen insoweit voneinander ab, dass der Anspruch nunmehr geltend gemacht wird, der Insolvenzverwalter jedoch, aus welchen Gründen auch immer, nicht reagiert. An einem aktiven Tun, das ein Vertrauenstatbestand durch den Insolvenzverwalter hätte schaffen können, fehlt es insoweit. Fraglich ist nur, ob das Nichtstun, ggf. das Unterlassen des Insolvenzverwalters, aktiv auf einen Masseverbindlichkeitengläubiger zuzugehen, ein Verhalten darstellt, mit welchem er einen Vertrauenstatbestand schafft. Wie bereits ausgeführt, besteht keine Pflicht des Insolvenzverwalters, Massegläubiger aktiv anzusprechen[577]. Er hat diese zwar in das Verzeichnis gemäß den §§ 153 ff. InsO aufzunehmen,[578] doch darüber hinaus nicht aktiv aufzufordern, ihre Forderungen gegen die Insolvenzmasse geltend zu machen.[579] Da es keine Rechtspflicht gibt, die er unterlassen hat, kann auch das Unterlassen nicht als Verhalten wirken, das ihn zur späteren Ausübung der Verjährung der Einrede in Widerspruch setzt. In diesem Szenario ist es daher nicht treuwidrig, sich auf die Verjährungseinrede zu berufen. Auch der Gläubiger dürfte hier nicht auf das Schaffen eines Vertrauenstatbestandes vertrauen, denn es gibt insbesondere keine allgemeine Vermutung dahin gehend, dass ein Insolvenzverwalter im Falle des Nichtreagierens auf eine geltend gemachte Forderung diese anerkennt und zudem auf den Einwand der Verjährung verzichten wird. Dies anzunehmen, wäre realitätsfremd.

577 Siehe hierzu unter 2.1.4.6.

578 Braun - *Leichtle/Haffa*, InsO, § 153 Rn. 4.

579 Siehe hierzu unter 2.1.4.6.

3.6.3.4.3 Szenario 3: Eine Masseverbindlichkeit wird in Verkennung der Forderung oder der Reichweite der Möglichkeit der Anmeldung nach den §§ 174 ff. InsO zur Insolvenztabelle als Insolvenzforderung geltend gemacht und der Verwalter reagiert hierauf nicht (außer im Rahmen der Tabelleneintragung) bzw. reagiert und teilt den Fehler mit. Im Anschluss beruft sich der Insolvenzverwalter auf Verjährung

Szenario 3 enthält zwei Handlungsalternativen, die zu betrachten sind: zum einen die Alternative, dass der Verwalter nicht reagiert, und zum anderen diejenige, dass er den Fehler mitteilt.

Die erste Alternative, der Verwalter reagiert nicht, bedeutet, er nimmt die Forderungsanmeldung an und wird sie entsprechend zum Prüfungstermin mit dem Hinweis, dass es sich um eine Masseforderung bzw. nicht um eine Insolvenzforderung handelt, bestreiten. Im Vergleich zum Szenario 2 bestehen somit zwei Unterschiede, aufgrund derer zu prüfen ist, ob eine abweichende Wertung für die Schaffung eines Vertrauenstatbestandes berechtigt ist. Der erste Unterschied liegt darin, dass nicht wie in Szenario 2[580] eine Masseverbindlichkeit, sondern eine vermeintliche Insolvenzforderung geltend gemacht wird, dies allerdings in der gleichen Art und Weise. Seitens des Insolvenzverwalters erfolgte demnach in der Regel kein aktives Tun, welches ein Vorverhalten darstellen könnte. Selbst wenn eine Aufforderung zur Anmeldung von Insolvenzforderungen erfolgt ist – und hierin liegt der zweite Unterschied – wäre dies in der Regel nicht im Hinblick auf eine bestimmte Verbindlichkeit, die auch im Rahmen der Aufforderung durch den Insolvenzverwalter rechtlich qualifiziert wird, geschehen, sondern es würde allgemein aufgefordert, Insolvenzforderungen anzumelden, falls der Insolvenzverwalter einen entsprechenden Hinweis auf den Gläubiger durch den Schuldner erhalten hätte. Den Insolvenzverwalter trifft erst eine Prüfungspflicht zum Prüfungstermin. Für bestrittene Forderungen erhalten die Gläubiger im Anschluss daran den Tabellenauszug.[581] Eine weitergehende Mitteilungspflicht existiert nicht.

In der zweiten Handlungsalternative reagiert der Insolvenzverwalter bereits vor dem Prüfungstermin und weist darauf hin, dass die Anmeldung als Insolvenzforderung fehlerhaft ist. Fraglich ist somit, ob dieses Verhalten einen Treuetatbestand schafft, aufgrund dessen sich der Insolvenzverwalter bei einem späteren Berufen auf die Verjährung der betreffenden Masseverbindlichkeit in

580 Siehe hierzu unter 3.6.3.4.2.

581 § 179 Abs. 3 S. 1 InsO.

Widerspruch setzt. Der Insolvenzverwalter weist vorliegend zunächst lediglich eine an ihn gegen die Masse gerichtete Forderung, also die Insolvenzforderung, zurück. In dem Zurückweisen einer Forderung kann keine Erklärung dahin gehend gesehen werden, dass ein Vertrauen geschaffen wird, dass, sollte diese Forderung in anderer Art und Weise geltend gemacht werden, diese zum einen anerkannt wird und ihr zum anderen nur mit sachlichen Argumenten begegnet wird und nicht mit der Einrede der Verjährung.[582] Auszulegen ist, ob durch den möglichen Hinweis, dass die Zurückweisung als Insolvenzforderung erfolgt, da es sich um eine Masseverbindlichkeit handelt, etwas anderes vermuten lässt. Inhaltlich bleibt es hier jedoch bei einer Zurückweisung. Es wird gerade nicht erklärt, dass die Forderungsanmeldung umgedeutet und als Masseverbindlichkeit notiert bzw. bezahlt wird (hierzu im nächsten Szenario[583]). Der Erklärungsinhalt darf somit im Falle des Hinweises als Zurückweisung ohne Begründung gelten. Inhaltlich bleibt es bei einer Zurückweisung, wodurch der Insolvenzverwalter zu erkennen gibt, dass er die Forderung nicht berücksichtigen möchte. Auch aus Sicht des Gläubigers kann hier keine andere Interpretation des Verhaltens erfolgen. Es gibt keinen allgemeinen Erfahrungssatz, der in Bezug auf einen Insolvenzverwalter, anders als bei jeder anderen wirtschaftlich tätigen Person, im Falle des Zurückweisens einer Forderung gleichzeitig miterklärt, bei einer anderweitigen Geltendmachung die Masse nicht oder nur mit inhaltlichen Argumenten, jedenfalls nicht mit Einreden wie die der Verjährung zu verteidigen.

3.6.3.4.4 Szenario 4: Eine Masseverbindlichkeit wird geltend gemacht und der Insolvenzverwalter teilt mit, dass diese zur ‚Masseverbindlichkeitentabelle' notiert wurde. Im Anschluss beruft sich der Insolvenzverwalter auf Verjährung

Anders als in den vorangegangenen Szenarien liegt hier eine ausdrückliche Erklärung eines Insolvenzverwalters, die nicht in einer Zurückweisung besteht, in Bezug auf eine geltend gemachte Masseverbindlichkeit vor. Festzustellen ist nunmehr, ob die Erklärung, dass die Masseverbindlichkeit zur Masseverbindlichkeitentabelle notiert wurde, ausreichend ist, um insbesondere einen Treutatbestand zu bilden, aufgrund dessen sich der Insolvenzverwalter nicht mehr auf die Verjährung berufen kann.

582 MüKoBGB – *Grothe*, BGB, § 203 Rn. 5.

583 Siehe hierzu unter 3.6.3.4.4.

3.6.3.4.4.1 Vorliegen des Tatbestandes der Verwirkung

Es bedarf neben eines Zeitablaufs der Untätigkeit des Berechtigten, der Schaffung eines Vertrauenstatbestandes sowie des Vorliegens eines öffentlichen Interesses.[584] Die Voraussetzungen müssen kumulativ vorliegen, um den Unterfall des ‚venire contra factum proprium' bejahen zu können.

3.6.3.4.4.1.1 Zeitablauf

Für die Annahme der Verwirkung ist es notwendig, dass ein Zeitablauf eingetreten ist. Dies bedeutet, dass dem Rechteinhaber die Ausübung seines Rechtes versagt wird, weil er über längeren Zeitraum hinweg hiervon keinen Gebrauch gemacht hat und er dadurch bei der Gegenseite den Eindruck erweckt hat, davon auch keinen Gebrauch mehr machen zu wollen.[585] Anders gesagt: Ein Recht ist dann verwirkt, wenn der Schuldner wegen der Untätigkeit seines Gläubigers über einen gewissen Zeitraum hinweg sich bei objektiver Beurteilung darauf einrichten darf und dies auch getan hat, dass das Recht nicht mehr geltend gemacht wird.[586] Fehlt es an diesem Moment des Zeitablaufes, liegt der Unterfall der Verwirkung nicht vor, sondern möglicherweise eine unzulässige Rechtsausübung wegen eines zu missbilligenden früheren Verhaltens.[587] Für die Bemessung der Zeitspanne kann als Orientierungshilfe die Verjährungsvorschrift dienen, wobei die Verwirkungszeit deutlich kürzer sein kann.[588] Insbesondere ist zu berücksichtigen, inwieweit dem Rechteinhaber eine (wesentlich) frühere Geltendmachung möglich war und diese von ihm erwartet werden konnte. Bezogen auf die angemeldete Masseverbindlichkeit bedeutet dies, dass die Zeitspanne zwischen der Erklärung des Insolvenzverwalters, dass er die Masseverbindlichkeit zur ‚Masseverbindlichkeitentabelle' notiert habe, und der Berufung auf die Verjährung dergestalt sein muss, dass der Gläubiger nicht mehr damit rechnen muss, dass sich der Insolvenzverwalter auf Verjährung beruft. Wie bereits oben erläutert, unterliegen Masseverbindlichkeiten den normalen Verjährungstatbeständen des BGB, sodass im Regelfall die Verjährungsfrist des § 195 BGB, mithin drei Jahre, anzuwenden ist. Masseverbindlichkeiten können frühestens ab dem Zeitpunkt begründet werden, ab dem die Verwaltungs- und Verfügungsbefugnis auf einen vorläufigen Insolvenzverwalter übergeht. Die Dauer des

---

584 *Sutschet*, in: BeckOK BGB, § 242 Rn. 135.

585 Erman - *Böttcher/Hohloch*, BGB, § 242 Rn. 123.

586 MüKoBGB - *Schubert*, BGB, § 242 Rn. 356.

587 Palandt - *Grüneberg*, BGB, § 242, Rn. 93.

588 MüKoBGB - *Schubert*, BGB, § 242 Rn. 376.

Insolvenzantragsverfahrens wird regelmäßig drei Monate nicht übersteigen. Die Verjährungsproblematik stellt sich somit in der Regel erst drei Jahre nach Entstehen des Anspruchs, frühestens also drei Jahre und drei Monate nach Eröffnung des Insolvenzverfahrens.[589] Bis zu diesem Zeitpunkt kann sich der Insolvenzverwalter nicht auf die Einrede der Verjährung berufen, sondern frühestens zu diesem Zeitpunkt. Er hätte jedoch zuvor ankündigen können, dass er sich auf die Einrede der Verjährung berufen, diese aber nicht ausüben wird. Mithin kann die zu betrachtende Zeitspanne für die Beurteilung, ob es treuwidrig ist, sich auf das Recht, hier auf die Einrede der Verjährung zu berufen, erst ab dem Zeitpunkt gerechnet werden, zu dem die Erhebung der Einrede frühestens möglich war, also drei Jahre und drei Monate nach Eröffnung des Insolvenzverfahrens. Des Weiteren stellt sich die Frage, ob der Insolvenzverwalter dem zur Massetabelle notierten Gläubiger unverzüglich mitteilen muss, dass er nunmehr seine Forderung aufgrund eingetretener Verjährung nicht mehr bedienen wird, oder ob er die Geltendmachung abwarten kann und dann die Einrede erheben muss. Betrachtet man die Situation außerhalb eines Insolvenzverfahrens, so ist ein Anspruchsgegner, gegen den ein Anspruch geltend gemacht wird, nicht verpflichtet, vorab auf die Verjährung hinzuweisen, sondern kann diese mitunter erst im Prozess als Einrede vorbringen.[590] Im Rahmen der hier vorzunehmenden Gesamtwürdigung kann das Zeitmoment nur im Einzelfall bestimmt werden.[591] In diese Einzelfallabwägung sind insbesondere Schutzbedürftigkeiten einzubeziehen.[592] Im vorliegenden Fall wurde die Masseverbindlichkeit gegenüber dem Insolvenzverwalter geltend gemacht und dieser hat mitgeteilt, die Masseverbindlichkeit zur ‚Masseverbindlichkeitentabelle' notiert zu haben. Für den geltendmachenden Gläubiger drängt sich somit eine Parallelsituation zur Geltendmachung einer Insolvenzforderung zur Insolvenztabelle und Feststellung zu dieser auf. Im letzteren Falle führt die Geltendmachung zur Hemmung[593] sowie die Feststellung zur Titulierung.[594] Selbst wenn der Insolvenzverwalter die Forderungsanmeldung in Bezug auf eine Insolvenzforderung bestreitet, wirkt die Hemmung bis zur Aufhebung des Insolvenzverfahrens fort.[595] Der Insolvenzverwalter hat aufgrund seiner Verfahrensstellung natürlich Kenntnis davon, dass eine ‚Anmeldung' zur

---

589 Fristenberechnung gemäß § 195 BGB.
590 MüKoBGB – *Grothe*, BGB, § 214 Rn. 4.
591 MüKoBGB – *Schubert*, BGB, § 242 Rn. 376.
592 *Sutschet*, in: BeckOK BGB, § 242 Rn. 136.
593 Jauernig – *Mansel*, BGB, § 204 Rn. 12.
594 Uhlenbruck – *Wegener*, InsO, § 201 Rn. 19.
595 Braun – *Specovius/Braun*, InsO, § 174 Rn. 38.

Massetabelle die gleichen Folgen in Bezug auf eine Hemmung hat wie die Forderungsanmeldung zu einer Insolvenztabelle. Reagiert er für den Gläubiger jedoch aus Laienperspektive in gleicher Art und Weise, teilt er nämlich mit, dass die Forderung in der ‚Tabelle' notiert wurde, ohne auf die Besonderheit der möglicherweise in Jahren drohenden Verjährung hinzuweisen, erscheint es als interessengerecht und angemessen, dass das Recht, sich auf die Einrede der Verjährung berufen zu können, in der logischen Sekunde, in der Verjährung eintreten würde, verwirkt ist. Vor diesem Hintergrund ist festzustellen, dass es an der für durch die Rechtsprechung entwickelten Voraussetzungen des Zeitablaufs fehlt, sodass nunmehr auf den Regelfall des ‚venire contra factum proprium' einzugehen ist.

3.6.3.4.4.1.2 Zwischenergebnis zur Verwirkung

Mangels des Umstandes des Zeitablaufes ist eine Verwirkung abzulehnen, allerdings wäre es durchaus denkbar, dass ein Berufen auf die Verjährung aus anderen Gründen treuwidrig wäre. Dies bleibt zu prüfen.

3.6.3.4.4.2 Vorliegen eines ‚venire contra factum proprium'

Wie bereits oben festgestellt, ist in jedem Einzelfall eine umfassende Interessenabwägung durchzuführen. Die Geltendmachung des Rechtes müsste einen Rechtsmissbrauch bei besonderer Schutzwürdigkeit des Gläubigers darstellen,[596] wohingegen ein Verschulden nicht erforderlich ist, weil es allein auf ein widersprüchliches Verhalten in objektiver Hinsicht ankommt.[597] Notwendig ist jedoch, dass das Verhalten dem Erklärenden zurechenbar bzw. auch erkennbar ist.[598] Die Indizien deuten im hier zu prüfenden Szenario drauf hin, dass durch die Handlung des Insolvenzverwalters ein gewisser Rechtsschein gesetzt wurde. Daher sind ergänzend die Voraussetzungen für eine Haftung kraft Rechtsschein, also Anscheins der entsprechenden Rechtslage, welche in zurechenbarerweise erweckt wurde, wobei die Gegenpartei auf diesen Anschein tatsächlich vertraute und gutgläubig war,[599] als Prüfungsmaßstab heranzuziehen.

---

596 Palandt – *Grüneberg*, BGB, § 242 Rn. 55.
597 MüKoBGB – *Schubert*, BGB, § 242 Rn. 423.
598 Canaris, Vertrauenshaftung, 467, 468.
599 MüKoBGB – *Schubert*, BGB, § 242 Rn. 336 m.w.N.

3.6.3.4.4.2.1 Geltendmachung eines Rechtes

Das geltend gemachte Recht bzw. geltend zu machende Recht ist die Erhebung der Einrede der Verjährung bzgl. der zur Massetabelle notierten Forderung. Die Erhebung einer Einrede stellt die Geltendmachung eines Rechtes dar.[600]

3.6.3.4.4.2.2 Rechtsmissbrauch durch Widerspruch zu früherem Verhalten

Das Geltendmachen des Rechts müsste einen Rechtsmissbrauch darstellen. Zwar wird für den Rechtsmissbrauch regelmäßig auch der Begriff der Verwirkung verwendet, doch ist nicht die Verwirkung i.S.d. Zeitablaufes gemeint, sondern ein Rechtsverlust im Hinblick auf ein missbilligtes Verhalten im Zusammenhang mit diesem.[601] Ein früheres Verhalten ist dann zu missbilligen, wenn sich aus dem Gesamtbild der Rechtsausübung ein Widerspruch ergibt und die Interessen der Gegenpartei im Hinblick darauf schutzwürdig erscheinen, wobei an die sachliche Unvereinbarkeit (Unredlichkeit) des früheren Verhaltens oder das geschaffene Vertrauen angeknüpft werden kann.[602] Für die rechtsmissbräuchliche Erhebung der Einrede der Verjährung bedeutet dies, dass deren Unzulässigkeit ebenfalls aus einem früheren Verhalten resultieren kann, aus dem der Schuldner folgerte, dass die Einrede der Verjährung nicht erhoben werde.[603] Anzunehmen ist ein widersprüchliches Vorverhalten jedenfalls dann, wenn der Begünstigte selbst darauf hingewirkt hat, dass die Gegenpartei die Frist verstreichen[604] ließ oder für den Zeitablauf die Verantwortung trägt.[605] Wie bereits oben ausgeführt,[606] ist das widersprüchliche Verhalten nur aus einer Gesamtschau der Umstände abzuleiten. Im Falle der Mitteilung, dass die geltend gemachte Forderung zur Massetabelle notiert wurde, besteht für den Empfänger erhebliche Ähnlichkeit mit der Nachricht, dass eine Insolvenzforderung zur Insolvenztabelle mit den sich daraus ergebenden Folgen für die Hemmung der Verjährung aufgenommen wurde.[607] Durch dieses Verhalten setzte der Insolvenzverwalter den Rechtsschein, dass die Anmeldung zu Massetabelle gleichbehandelt wird wie die Anmeldung zur Insolvenztabelle, sodass insoweit ein Verhalten vorliegt, an das angeknüpft werden kann.

---

600 *Henrich*, in: BeckOK BGB, § 214 Rn. 1.
601 MüKoBGB – *Schubert*, BGB, § 242 Rn. 265.
602 Jauernig – *Mansel*, BGB, § 242 Rn. 44.
603 MüKoBGB – *Schubert*, BGB, § 242 Rn. 309 m.w.N.
604 BGH, Urt. v. 05.06.1975 – II ZR 131/73 = NJW 1975, 1698.
605 BGH, Urt. v. 13.03.1991 – VIII ZR 80/90 = WM 1991, 1226.
606 Siehe hierzu auch 3.6.
607 Siehe hierzu unter 2.1.1.

3.6.3.4.4.2.3 Schutzwürdigkeit des Gläubigers

Bei der vorliegenden Fallgruppe des vertrauensbegründenden Verhaltens besteht dann keine Schutzwürdigkeit, wenn infolge der Kenntnis der tatsächlichen Gegebenheiten das Gegenüber gar keine Schutzbedürftigkeit hat.[608] Wie bereits oben ausgeführt, besteht ein schutzwürdiges Interesse des Gläubigers, da er gegenüber dem Insolvenzverwalter einen Wissensnachteil hat. Anders könnte dies nur bewertet werden, wenn Fahrlässigkeit bzw. grob fahrlässige Unkenntnis vorliegt.[609] Grob fahrlässige Unkenntnis liegt vor, wenn die oben genannten Umstände dem Gläubiger nur deshalb nicht bekannt sind, weil er die im Verkehr erforderliche Sorgfalt in ungewöhnlich großem Maße verletzt und auch ganz naheliegende Überlegungen nicht angestellt hat oder das nicht beachtet hat, was im gegebenen Fall jedem hätte einleuchten müssen, wie etwa dann, wenn sich dem Gläubiger die den Anspruch begründenden Umstände förmlich aufgedrängt hätten und er leicht zugängliche Informationsquellen nicht genutzt hat.[610] Bei einer Benachrichtigung durch den Insolvenzverwalter, dass die Forderung zur dortigen Massetabelle notiert wurde, hätte sich nahezu aufdrängen müssen, über die Verjährungsproblematik nachzudenken bzw. eine leicht zugängliche Informationsquelle wie das Internet dazu zu nutzen, sich kundig zu machen. Zwar sind Masseverbindlichkeiten außerhalb des Insolvenzverfahrens geltend zu machen, sodass die allgemeinen Regelungen Anwendung finden, doch ist die Norm, die sich mit Masseverbindlichkeiten beschäftigt, in der Insolvenzordnung begründet. Die Besonderheiten der Insolvenzordnung, deren Normen und Anwendung sind dem Insolvenzverwalter bekannt, zumindest darf dies aus Laiensicht vermutet werden. Im Hinblick auf die umfassende Informationsmitteilung bei Insolvenzforderungen dürfte der Gläubiger, der eine entsprechende Mitteilung für die Masseverbindlichkeit vom Insolvenzverwalter enthält, davon ausgehen, alles Erforderliche getan zu haben, damit seine Forderung berücksichtigt wird. Bei dem durchschnittlichen Gläubiger wird hier nicht einmal eine einfache Fahrlässigkeit bejaht werden können. Etwas anderes mag dann gelten, wenn der Gläubiger positive Kenntnis von der anderen Rechtslage hat, was insbesondere bei institutionellen Gläubigern oder durch Rechtsanwälte vertretenen Gläubigern (Zurechnung) der Fall sein dürfte.

---

608 BGH, Urt. v. 15.09.1999 – I ZR 57/97 = NJW 2000, 140.

609 *Sutschet*, in: BeckOK BGB, § 242 Rn. 91.

610 MüKoBGB – *Grothe*, BGB, § 199 Rn. 31 m.w.N.

3.6.3.4.4.2.4 Zurechnung

Die Prüfungspunkte Schutzbedürftigkeit und Gutgläubigkeit des Gläubigers überschneiden sich insoweit inhaltlich. Eine Zurechnung ist ungleich eines Verschuldens, das nicht erforderlich ist.[611] Zurechnung ist dann gegeben, wenn der Anschein der entsprechenden Rechtslage in zurechenbarer Weise gesetzt wurde. In zurechenbarer Weise wurde dieser gesetzt, wenn der Berechtigte durch seine Erklärung oder durch sein Verhalten bewusst oder unbewusst eine Sach- oder Rechtslage geschaffen hat, auf die sich der andere Teil verlassen durfte.[612] Im vorliegenden Szenario wurde durch die Erklärung des Insolvenzverwalters aus Sicht des Empfängers der Rechtsschein gesetzt.

3.6.3.4.4.2.5 Vertrauen auf den Rechtsschein

Aufgrund des gesetzten Rechtsscheines wird in dem hier diskutierten Szenario z.B. auf eine Titulierung oder auf eine Hemmung einleitende Maßnahmen verzichtet, sodass ein Vertrauen hierauf gegeben ist.

3.6.3.4.4.2.6 Gutgläubigkeit des Gläubigers

Der Gläubiger ist gutgläubig, wenn er von wesentlichen Vorschriften über die Verjährung weder Kenntnis hatte, noch diese Unkenntnis auf grober Fahrlässigkeit beruht.[613] Es wurde bereits erörtert, dass der durchschnittliche Gläubiger dem Schreiben des Insolvenzverwalters unbesehen insoweit Glauben entgegenbringt, dass er damit alles Notwendige für die Durchsetzung seiner Forderung getan hat und seine Unkenntnis nicht grob fahrlässig ist. Auch wurde bereits darauf hingewiesen,[614] dass dies im Falle von Berufsgläubigern (z.B. institutionellen Gläubigern[615]) oder anwaltlich vertretenen Gläubigern anders zu beurteilen sein kann.

---

611 BGH, Urt. v. 20.03.1968 –VIII ZR 127/67 = WM 1968, 876; MüKoBGB – *Schubert*, BGB, § 242 Rn. 313.

612 Erman – *Böttcher/Hohloch*, BGB, § 242 Rn. 106.

613 Zum Begriff der Gutgläubigkeit: BGH, Urt. v. 02.07.1992 – IX ZR 274/91 = ZIP 1992, 1175.

614 Siehe hierzu unter 3.6.3.4.4.2.3.

615 Uhlenbruck – *Ede/Hirte*, InsO, § 133 Rn. 74 zum Begriff der institutionellen Gläubiger.

3.6.3.4.4.3 Zwischenergebnis

Als Zwischenergebnis kann festgehalten werden, dass bei Masseverbindlichkeiten, die gegenüber dem Insolvenzverwalter geltend gemacht werden und woraufhin der Insolvenzverwalter mitteilt, dass er diese zur Insolvenztabelle notiert hat, bei Vorliegen einer Gutgläubigkeit des Gläubigers hinsichtlich einer Hemmung durch Anmeldung zur ‚Massetabelle' ein Berufen des Insolvenzverwalters auf die Einrede der Verjährung hinsichtlich § 242 BGB treuwidrig wäre.

3.6.3.4.5 Szenario 5: Eine Masseverbindlichkeit wird geltend gemacht und der Insolvenzverwalter teilt mit, dass diese notiert wurde und aufgrund eingetretener Masseunzulänglichkeit derzeit nicht bedient werden kann. Im Anschluss beruft sich der Insolvenzverwalter auf Verjährung

Im fünften Szenario besteht der einzige Unterschied zum vorherigen[616] darin, dass eine weitere zusätzliche Information durch den Insolvenzverwalter erteilt wird, nämlich dass derzeit keine Zahlung aufgrund der eingetretenen Masseunzulänglichkeit erfolgt, die Verbindlichkeit jedoch notiert wurde. Dass in dieser Erklärung kein Anerkenntnis bzgl. der Forderung zu sehen ist, wird noch erörtert.[617] Da die Erklärung des Insolvenzverwalters im Vergleich zur Erklärung im vierten Szenario noch weitergehender ist, gelten die dort stehenden Ausführungen umso mehr und entsprechend, sodass auch bei diesem Szenario festgestellt werden kann, dass im Falle der Gutgläubigkeit des Gläubigers bzgl. einer Hemmung aufgrund der Mitteilung des Insolvenzverwalters ein Berufen des Insolvenzverwalters auf eben solche treuwidrig wäre und damit unwirksam.

Neben der Unzulässigkeit, sich wegen Treuwidrigkeit auf die Verjährung zu berufen, kann es jedoch auch sein, dass (zusätzlich) durch die Erklärung des Insolvenzverwalters ein Anerkenntnis erfolgte und die Verjährungsfrist daher neu zu laufen beginnt. In welchen Fällen dies gegeben ist, gilt es nun zu betrachten.

3.7 Neubeginn der Verjährung gemäß § 212 BGB

Die Verjährung beginnt erneut gemäß § 212 Abs. 1 Nr. 1 BGB, wenn der Schuldner den Anspruch des Gläubigers ausdrücklich oder konkludent, z.B. durch Abschlagszahlung, Zinszahlung, Sicherheitsleistung anerkennt.[618] In den vorgenannten Szenarien könnte ein Anerkenntnis in anderer Weise gegeben sein. Ein

616 Siehe hierzu unter 3.6.3.4.4.

617 Siehe hierzu unter 3.8.1.6 und C.

618 MüKoBGB – *Grothe*, BGB, § 212 Rn. 14.

solches ist bereits dann gegeben, wenn ein tatsächliches Verhalten des Schuldners gegenüber dem Gläubiger gegeben ist, aus dem eindeutig ersichtlich ist, dass dem Verpflichteten bewusst ist, dass der Anspruch besteht,[619] wobei es ausreichend ist, wenn er dies in irgendeiner Weise schlüssig zum Ausdruck bringt.[620] Nicht ausreichend ist hingegen die Zusage einer Prüfung des Anspruchs oder ein Verhandeln über diesen.[621] Daraus kann geschlossen werden, dass insbesondere auch ein reines Empfangsbekenntnis über den Eingang der Geltendmachung einer Forderung kein Anerkenntnis darstellen kann. Bezogen auf die eingangs benannten verschiedenen Szenarien bedeutet dies, dass weder das Geltendmachen einer Forderung ausreichend ist noch die Mitteilung des Insolvenzverwalters, dass diese zur Massetabelle notiert wurde, weil dort – selbst wenn dies in Anlehnung an die Insolvenztabelle betrachtet wird – in dieser Mitteilung noch kein Prüfergebnis mitgeteilt worden ist. Auch die Mitteilung im Falle der Masseunzulänglichkeit, dass die Forderung notiert wurde, derzeit jedoch eine Masseunzulänglichkeit vorliegt, reicht als solche für ein Anerkenntnis nicht aus. Ausreichend wäre im Wege der Auslegung hingegen, wenn gleichzeitig mitgeteilt würde, dass die Forderung berechtigt ist, jedoch nur aus finanziellen Gründen – Eintritt der Masseunzulänglichkeit – derzeit nicht bedient werden kann. Erfolgt keine Erklärung des Insolvenzverwalters, erscheint die Rechtslage insoweit eindeutig. Doch stellt sich die Frage, wie Erklärungen in Bezug auf hartnäckige Gläubiger auszulegen sind, nämlich solche, die ausdrücklich nachfragen, ob ihre Forderung anerkannt und auf die Einrede der Verjährung verzichtet wird.

Damit stellt sich auch gleichsam die Frage, ob hier eine Pflicht des Insolvenzverwalters besteht zu antworten. Auch im Insolvenzverfahren hat der Insolvenzverwalter im Hinblick auf den Masseschutz und seine Haftung zu prüfen, ob eine solche Erklärung nicht abzugeben ist, denn beurteilt der Insolvenzverwalter eine klare Rechtsfrage falsch, haftet er gemäß § 60 InsO.[622] *Verkürzt er pflichtwidrig die Insolvenzmasse, haftet er jedoch ebenfalls gemäß § 60 InsO.*[623]

Eine solche Pflicht könnte sich aus § 93 ZPO ergeben. Nach § 93 ZPO sind dem Kläger die Prozesskosten aufzuerlegen, wenn der Beklagte keine Veranlassung zur Klageerhebung gegeben hat, unabhängig davon, ob er dann im Prozess sofort anerkennt. Veranlassung wurde nicht gegeben, wenn der Kläger vernünftigerweise einen Prozess für nicht notwendig halten

---

619 Erman – *Schmidt-Räntsch*, BGB, § 212 Rn. 6 m.w.N.

620 BGH, Urt. v. 20.06.2002 – IX ZR 444/00 = NJW 2002, 2872, 2873.

621 MüKoBGB – *Grothe*, BGB, § 212 Rn. 18.

622 Nerlich/Römermann – *Rein*, InsO, § 60 Rn. 25.

623 BGH, Urt. v. 06.05.2004 – IX ZR 48/03 = Kaufmann, NZI 2004, 435; siehe zum Inhalt der Entscheidung ausführlich unter 2.1.4.4 in Petit.

dürfte.[624] *Die Klage wurde dann veranlasst, wenn vor Klageerhebung nicht erfüllt wurde, obwohl die Forderung fällig i.S.d. § 286 Abs. 1 BGB und durchsetzbar war und angemahnt wurde.*[625] *Im Falle der Masseunzulänglichkeit wandelt sich für Altmasseverbindlichkeiten der Leistungsanspruch des Gläubigers in einen Feststellungsanspruch, die Feststellungsklage ist dann zulässig.*[626] *Betrachtet man den Leistungsanspruch ohne Masseunzulänglichkeit, hätte bei Vorliegen der Voraussetzungen (Fälligkeit) – Durchsetzbarkeit wäre mangels Masseunzulänglichkeit gegeben – und bei Anmahnung, wie es im Falle der hartnäckigen Gläubiger gegeben ist, der Insolvenzverwalter Anlass zur Klageerhebung gegeben. Nichts anderes kann dann für die Feststellungsklage gelten, da die Feststellung der Masseverbindlichkeit hier das Äquivalent zur Leistung ist. Bei hartnäckigen Gläubigern besteht somit das Risiko, dass, falls sich der Insolvenzverwalter trotz Aufforderung nicht erklärt, der Masse die Kosten auferlegt werden, wofür er gemäß § 60 InsO in Haftung genommen werden könnte. Dem steht auch die Entscheidung des Bundesverfassungsgerichtes nicht entgegen, dass sich der Insolvenzverwalter zum Schutz seiner Vergütung auf die Verjährung zu berufen hat,*[627] *denn hier zahlt er nicht einen verjährten Anspruch, sondern erkennt einen Anspruch entsprechend seiner Rangklasse als Altmasseverbindlichkeit an.*

Reagiert der Insolvenzverwalter nicht, kann hierin auch kein Anerkenntnis gesehen werden. Reagiert er, kommt es auf den genauen Wortlaut seiner Erklärung an, die dann im Lichte der erörterten Rechtslage zum sofortigen Anerkenntnis auszulegen ist.

Die weiteren Optionen des Neubeginns der Verjährung gemäß § 212 Abs. 1 Nr. 2, Abs. 2 und 3 BGB sind für die vorliegende Betrachtung irrelevant.

3.8 Zwischenergebnis

Vor dem Hintergrund der vorgenannten Ausführungen ist nunmehr zu prüfen, ob der herausgearbeitete Rechtsgedanke, dass es unter Umständen treuwidrig ist, sich auf Verjährung zu berufen, seine Präzisierung durch Anwendung der bestehenden Gesetze erhalten kann.

Im Ergebnis, so Uhlenbruck, der sowohl die Rechtsgedanken der §§ 206 und 212 InsO als auch den des § 210 InsO zur Anwendung bringen möchte, gelten diese Rechtsgedanken als Argument für die Annahme einer Hemmung der Verjährung zumindest in dem Fall, dass der Insolvenzverwalter die Masseverbindlichkeit notiert und wegen Masseunzulänglichkeit nicht bezahlt. Dies erfolgt mit der Begründung, dass der Verweis auf das Hinwirken auf

624 *Gierl*, in: Saenger, ZPO, § 93 Rn. 20.

625 *Jaspersen/Wache*, in: BeckOK ZPO, § 93 Rn. 28.

626 BAG, Urt. v. 22.11.2005 – 1 AZR 407/04 = ZIP 2006, 1312.

627 BVerfG, Beschl. v. 30.03.1993 – 1 BvR 1045/89 = NJW 1993, 2861; siehe hierzu auch ausführlich unter 3.4.7.

einen Verjährungsverzicht eine bloße "Förmelei" darstelle und der Rechtsverkehr darauf vertrauen dürfe, dass der Insolvenzverwalter seine Masseschuldenliste auch aus freien Stücken nach Wegfall der Masseunzulänglichkeit korrekt abarbeite.[628]

Sofern dies nicht möglich ist, verbleibt im Nachgang mit Wieacker noch immer der Rückgriff auf § 242 BGB, dann in seinem dritten Anwendungsbereich, um das interessengerechte Ergebnis rechtlich begründen zu können.

3.8.1 Die Hemmung der Verjährung nach § 203 BGB

Die Hemmung der Verjährung gemäß § 203 BGB in ihrer jetzigen Fassung bildet eine Art Korrelat zur Verkürzung der Verjährungsfristen. Denn ohne eine Verjährungshemmung könnte bei langjährigen Verhandlungen über einen Anspruch dieser verjähren bzw. zur Vermeidung der Verjährung eine kostenauslösende Klageerhebung notwendig sein.[629] Zwar bestand dieses Risiko bereits vor der Schuldrechtsreform und diesem wurde durch die Rechtsprechung im Rahmen des § 852 Abs. 2 a.F. BGB mittels des Arglisteinwandes entgegengewirkt,[630] doch waren hiervon nicht die Fälle erfasst, in denen keine Arglist vorlag.

3.8.1.1 Anwendungsbereich

Die Vorschrift des § 203 BGB konkretisiert die sich aus Treu und Glauben im Rahmen des § 242 BGB entwickelte Rechtsprechung zur Hemmung durch Aufnahme von Verhandlungen[631] und gilt für alle Verjährungsvorschriften. Sie ist universal anwendbar.[632]

3.8.1.2 Historische Entwicklung der Norm

Die Vorschrift des § 203 BGB wurde im Rahmen des Schuldrechtsmodernisierungsgesetzes eingeführt, wodurch der Anwendungsbereich des § 242 BGB, der vormals diese Regelung umfasste, erheblich eingeengt wurde.[633] Es war notwendig, die Regelungen des heutigen § 203 BGB über § 242 BGB inhaltlich zur

---

628 Uhlenbruck – *Ries*, InsO, § 210 Rn. 20.

629 *Spindler*, in: BeckOK BGB, § 203 Rn. 2.

630 Jauernig – *Mansel*, BGB, § 203 Rn. 1.

631 Siehe hierzu unter 3.6.3.

632 BT-Drs. 14/6040, 111; Erman – *Schmidt-Räntsch*, BGB, § 203 Rn. 1; *Spindler*, in: BeckOK BGB, § 203 Rn. 3.

633 Fischinger, VersR 2005, 1641.

Geltung zu bringen, da die einzige im BGB niedergeschriebene Regelung sich in § 852 Abs. 2 a. F. BGB befand und nur für das Deliktsrecht Geltung hatte.[634]

3.8.1.3 Verhandlung

Seinen Ursprung hat der Verhandlungsbegriff in der Norm des § 852 a. F. BGB sowie in der dazu entwickelten Rechtsprechung im Rahmen von Treu und Glauben und ist entsprechend der darauf gründenden Rechtsprechung weit auszulegen.[635] Insbesondere im Rahmen des Gewährleistungsrechts eines Kaufvertrages, aber auch im Bereich der Auftragnehmerrechte bei Bauinsolvenzen[636] ist durch die Einführung des § 203 BGB ein erweiterter Anwendungsbereich geschaffen worden, der über die frühere Rechtsprechung und die Anwendung im Rahmen des Deliktsrechts hinausging.

Heute wird unter Verhandlung jeder Meinungsaustausch über den Anspruch oder die den Anspruch begründenden Umstände, aufgrund dessen der Gläubiger davon ausgehen kann, dass sein Begehren von der Gegenseite noch nicht endgültig abgelehnt wird, verstanden.[637] Für das Vorliegen einer Verhandlung ist daher erstens notwendig, dass ein Meinungsaustausch über einen Anspruch bzw. die den Anspruch begründenden Umstände erfolgt. Ein Meinungsaustausch kann immer nur dann gegeben sein, wenn zweitens natürliche Personen miteinander in Kontakt stehen. Ein Austausch setzt voraus, dass eine Mahnung zur Kenntnis genommen wird und hierauf erwidert wird. Insbesondere stellt das Zusenden einer Mahnung mit Ausbleiben einer Reaktion hierauf keinen Meinungsaustausch dar,[638] ebenso wenig wie die Zurückweisung des Begehrens[639] oder der Versand einer Eingangsbestätigung.[640] Ausreichend ist es jedoch, wenn signalisiert wird, dass eine einvernehmliche Lösung gesucht werde[641] oder sogar, wenn zwar die pauschale Forderung zurückgewiesen wird, jedoch angeboten wird, zur Aufklärung des Sachverhaltes beizutragen.[642] Der Meinungsaustausch

---

634 Palandt - *Ellenberger*, BGB, § 194 Rn. 16; Erman - *Schmidt-Räntsch*, BGB, § 203 Rn. 1; *Spindler*, in: BeckOK BGB, § 203 Rn. 3.

635 MüKoBGB - *Grothe*, BGB, § 203 Rn. 5.

636 Vogel, BauR 2004, 1365.

637 BGH, Urt. v. 26.10.2006 - VII ZR 194/05 = NJW 2007, 587, Rn. 10.

638 *Spindler*, in: BeckOK BGB, § 203 Rn. 4 m.w.N.

639 *Spindler*, in: BeckOK BGB, § 203 Rn. 4 m.w.N.

640 OLG Stuttgart, Urt. v. 06.11.1970 - 2 U 43/70 = VersR 1971, 1178.

641 MüKoBGB - *Grothe*, BGB, § 203 Rn. 6.

642 BGH, Urt. v. 08.05.2001 - VI ZR 208/00 = NJW-RR 2001, 1168, 1169.

folgt über den Anspruch,[643] wenn Gegenstand des Meinungsaustausches der Anspruch selbst oder die ihn begründenden Umstände sind. Kein Meinungsaustausch liegt hingegen vor, wenn Korrespondenz über einen völlig anderen Anspruch geführt wird. Weiter wirkt die Hemmung natürlich nur gegenüber demjenigen, der in Verhandlungen eintritt. Haften zwei Personen für einen Anspruch gesamtschuldnerisch, so ist die Verjährung nur gegenüber demjenigen gehemmt, der in Verhandlungen eintritt.

Der Anspruch bezieht sich in der Regel nicht auf einen materiell-rechtlichen Anspruch, sondern auf den Lebenssachverhalt und somit alle Anspruchsgrundlagen.[644] Somit ist auch nicht notwendig, den Anspruch selbst zu thematisieren, sondern die ihm zugrunde liegenden Umstände und Tatsachen.[645] Denkbar ist jedoch, dass über einen selbstständigen abgetrennten Teil eines Anspruches verhandelt wird. Dies ist insbesondere bei einer Rechnung aufgrund einer Warenlieferung oder einer Bauleistung denkbar. Werden Mängel bzgl. zweier Positionen behauptet, jedoch die Mängelrüge bzgl. einer Position zurückgewiesen und nur in Verhandlungen bzgl. der anderen Position eingestiegen, so liegt nach hiesiger Ansicht ein klares Abgrenzungskriterium vor, sodass durch Auslegung ermittelt werden kann, dass nur über den einen Teil verhandelt wird und somit auch nur in Bezug auf die Ansprüche hieraus die Verjährung gehemmt ist.

3.8.1.4 Beginn und Ende der Hemmung gemäß § 203 BGB

Die Hemmung beginnt mit dem Zeitpunkt, zu dem der Anspruch durch den Gläubiger geltend gemacht wurde, unabhängig davon, ob direkt oder erst später in Verhandlungen eingetreten worden ist. Entscheidend ist, dass aufgrund der Geltendmachung in die Verhandlungen eingetreten worden ist.[646]

In der zugrunde liegenden Entscheidung hatte das bejahende Gericht darüber zu befinden, wann in die Verhandlungen i.S.d. § 852 a. F. BGB über einen Schadensersatzanspruch eingetreten wurde. Gegenstand waren Verhandlungen mit dem Haftpflichtversicherer des Schädigers. Unter Verhandlung sei nach Ansicht des Gerichtes unter Verweis auf Kommentierungen der Meinungsaustausch zu verstehen, angesichts dessen der Berechtigte davon ausgehen kann, dass sein Begehren noch nicht endgültig abgelehnt wurde. Dies sei dann anzunehmen, wenn der Anspruchsgegner mitteilt bzw. ausführt, zu einem Teil der geltend gemachten Forderung noch nicht abschließend Stellung nehmen zu können. Die

---

643 Zum Anspruchsbegriff: MüKoBGB – *Grothe*, BGB, § 194 Rn. 2.

644 Begr. RegE, BT-Drs. 14/6040, 112; MüKoBGB – *Grothe*, BGB § 203 Rn. 7.

645 Dazu BGH, Urt. v. 18.01.1994 – VI ZR 190/93 = NJW 1994, 1150, 1152 m.w.N.

646 OLG Hamm, Urt. v. 19.03.1997 – 13 U 190/96 = NJW-RR 1998, 101; a.A. OLG Brandenburg, Urt. v. 22.11.2006 – 4 U 58/06.

Verhandlungen beziehen sich dann rückwirkend auf den Zeitpunkt der ursprünglichen Geltendmachung. Gegen eine Anwendung dieser grundsätzlichen Wertung bestehen im Falle der Masseverbindlichkeiten keine Bedenken, da es sich um Forderungen handelt, die außerhalb des Insolvenzverfahrens geltend gemacht werden und in Bezug auf die wechselseitigen Erklärungen möglicher Parteien keine insolvenzspezifischen Besonderheiten gegeben sind.

Das verneinende Gericht vertritt die Ansicht, dass in Verhandlungen erst mit dem Zeitpunkt eingetreten werden kann, zu dem der Schuldner reagiert und befand über einen Sachverhalt der persönlichen Haftung aufgrund einer Schuldübernahme im Zusammenhang mit der Sittenwidrigkeit einer Schuldübernahme wegen krasser Überforderung und schlussendlich mit dem Beginn der Verjährung von Zinsansprüchen. Im Wesentlichen wurde festgestellt, dass bei Bürgschaften die Verjährung mit der Hauptforderung parallel beginnt und daher von dem Eintritt oder Nichteintritt einer Bedingung abhängen kann. Für den Beginn der Hemmung wegen Verhandlungen soll nicht auf den Zeitpunkt der ersten Handlung des Gläubigers abgestellt werden, sondern auf die Reaktion des Schuldners, und zwar ohne Rückwirkung.
Im Ergebnis sind sich beide Gerichte einig, dass spätestens mit der Reaktion in der Sache, die keine Ablehnung darstellt, Verhandlungen begonnen haben, richtigerweise wird dies durch das OLG Hamm aber rückwirkend auf den Zeitpunkt des Geltendmachens bezogen. Dies hält auch einer Parallelwertung stand, nämlich dem Umstand, dass die Verjährungshemmung einer Klage mit alsbaldiger Zustellung rückwirkend zum Zeitpunkt des Eingangs beim Gericht eintritt.[647]

Wie bereits oben dargestellt, trifft denjenigen, der sich auf die Hemmung der Verjährung beruft, Darlegungs- und Beweislast. Sofern der Gläubiger schriftlich auffordert, in Verhandlungen über den Anspruch einzutreten, lässt sich der Zeitpunkt durch den Zugang dieser Erklärung beim Anspruchsgegner genau bestimmen.[648] Fordert er, was zulässig ist, mündlich auf – eine Schriftform ist anders als bei § 439 HGB nicht notwendig[649] –, ist dies zwar grundsätzlich zulässig, führt aber im Regelfall zu Beweisproblemen und somit zum Unterliegen in einem Rechtsstreit. Problematisch erscheint jedoch auch der Fall, in dem zunächst Verhandlungen aufgenommen wurden, diese aber nach einem gewissen Zeitraum dann nicht mehr fortgesetzt wurden. Obwohl im Rahmen des Gesetzgebungsverfahrens für diese Fälle eine Frist nach dem Gesetz zum Ende der Hemmungswirkung vorgesehen war,[650] wurde diese in der Endfassung nicht übernommen. Der Rechtsprechung kann entnommen werden, dass jedenfalls nach einmonatiger

647 *Wittschier,* in: Musielak, ZPO, § 167 Rn. 2.
648 MüKoBGB – *Grothe*, BGB, § 203 Rn. 8.
649 Begr. RegE, BT-Drs. 14/6040, 112; MüKoBGB – *Grothe*, BGB, § 203 Rn. 8.
650 Begr. RegE, BT-Drs. 14/6040, 112; Gegenäußerung BReg., BT-Drs. 14/6857, 43.

Untätigkeit, gleichgültig von welcher Partei, von einem Ende der Verhandlungen auszugehen ist,[651] und zwar mit der Folge, dass der Hemmungstatbestand dann entfällt, wobei ein späteres Wiederaufnehmen der Verhandlungen nicht zu einer Rückwirkung auf den ursprünglichen Zeitpunkt der Aufnahme der Verhandlungen führt, sondern zu einer erneuten Hemmung ab diesem Zeitpunkt.[652] Ist zu diesem Zeitpunkt die Verjährungsfrist bereits abgelaufen, so ist Verjährung eingetreten und eine Hemmung nicht mehr möglich. Für den oben genannten Fall der geteilten Verjährung bzw. Hemmung von Verjährungsansprüchen bedeutet dies, dass es durchaus möglich erscheint, dass bzgl. einer Position einer Rechnung Verhandlungen aufgenommen wurden und diese auch noch andauern, bzgl. der zweiten Position zwar Verhandlungen aufgenommen, diese aber nicht fortgeführt wurden, sodass es zu einer Teilverjährung kommen kann. Zusammenfassend reicht die Dauer der Hemmung der Verjährung vom Zeitpunkt der Geltendmachung eines Anspruches – sofern dann tatsächlich in Verhandlungen eingetreten wird – bis zum Ablauf eines Monates nach Ende der Verhandlungen.

Als Sonderfall ist die Ablaufhemmung gemäß § 203 Satz 2 BGB zu betrachten. Sofern die Verjährungsfrist nach Ablauf der Hemmung nicht länger als drei Monate andauert, greift i.S.d. Gläubigerschutzes § 203 Satz 2 BGB mit der gesetzlichen Fiktion ein, dass die Verjährung erst drei Monate nach Ende der Verhandlungen eintreten soll. Hintergrund ist, dass Rechtsverfolgungsmaßnahmen Zeit in Anspruch nehmen und dem Gläubiger die Möglichkeit gegeben werden soll, durch Klageerhebung eine Hemmung gemäß § 204 BGB herbeizuführen.[653]

3.8.1.5 Anwendbarkeit auf Masseverbindlichkeiten

Die Anwendbarkeit und Reichweite ist auch unter dem Gerichtspunkt zu betrachten, dass sich der Insolvenzverwalter auf die Verjährung zu berufen hat, um seine grundrechtlich geschützten Vergütungsansprüche nicht zu gefährden und insoweit bzgl. seiner Erklärungen Vorsicht walten lassen zu hat. Bereits oben wurde erwähnt, dass die Vorschrift des § 203 BGB durch den Gesetzgeber aufgrund der nach Treu und Glauben entwickelten Rechtsprechung zur Hemmung durch Aufnahme von Verhandlungen geschaffen wurde und universal anwendbar ist.[654] Mithin ist die Vorschrift des § 203 BGB auch auf Masseverbindlichkeiten, die

651 MüKoBGB – *Grothe*, BGB, § 203 Rn. 8.

652 MüKoBGB – *Grothe*, BGB, § 203 Rn. 8.

653 Rechtsausschuss, BT-Drs. 14/7052, 180.

654 BT-Drs. 14/6040, 111; Erman – *Schmidt-Räntsch*, BGB, § 203 Rn. 1; *Spindler*, in: BeckOK BGB, § 203 Rn. 3.

gemäß den §§ 195 ff. BGB verjähren, anzuwenden. In welchem Fall jedoch eine Hemmung der Verjährung eintritt, ist von dem Einzelanspruch des zugrunde liegenden Sachverhaltes abhängig.

3.8.1.5.1 Besonderheiten bei vom Verwalter begründeten Massenverbindlichkeiten

Um die Frage beantworten zu können, ob Besonderheiten bei vom Verwalter begründeten Masseverbindlichkeiten vorliegen, ist im Einzelfall der konkrete Sachverhalt, der dem Anspruch zugrunde liegt, dahin gehend zu untersuchen, ob Verhandlungen aufgenommen wurden. Sind Verhandlungen aufgenommen worden, tritt entsprechend der Vorschrift eine Hemmung für den Zeitraum des Andauerns der Verhandlungen ein. Auf die bereits unter 3.1 benannten Szenarien wird Bezug und wie folgt Stellung genommen:

Szenario 1:
Eine Masseverbindlichkeit wird nicht geltend gemacht. Der Insolvenzverwalter beruft sich auf Verjährung.

Im Falle, dass eine Masseverbindlichkeit nicht geltend gemacht wird, fehlt es bereits an einem Verhandeln über den Anspruch, denn dies setzt im ersten Schritt voraus, dass der Anspruch geltend gemacht wurde und hierüber in Verhandlungen eingetreten, d.h., über das einvernehmliche Schicksal des Anspruches kommuniziert wurde.[655]

Das Oberlandesgericht Hamburg hatte in der zugrunde liegenden Entscheidung über einen Sachverhalt nach einem Schadensereignis zu entscheiden und dort, inwieweit die Kommunikation mit nur einem Anspruchsgegner, dem Schädiger bzw. dessen Haftpflichtversicherung, für eine Hemmung wegen Verhandlungen bzgl. beiden ausreicht.

Bereits am Merkmal des Geltendmachens des Anspruches fehlt es. Eine Anwendung des § 203 BGB scheidet daher in diesen Fällen mangels Verhandelns aus.

Szenario 2:
Eine Masseverbindlichkeit wird durch den Gläubiger geltend gemacht, der Verwalter reagiert hierauf jedoch nicht. Im Anschluss beruft sich der Insolvenzverwalter auf Verjährung.

In dieser Fallgruppe ist zwar der Anspruch durch den Gläubiger geltend gemacht, es fehlt jedoch aufgrund der fehlenden Reaktion des Anspruchsgegners[656],

---

655 OLG Hamburg, Urt. v. 02.03.1990 – 14 U 9/89 = VersR 1991, 1263.
656 MüKoBGB – *Grothe*, BGB, § 203 Rn. 5.

hier des Insolvenzverwalters, daran, dass in eine Diskussion darüber eingetreten wurde. Es liegt somit kein Verhandlungseintritt vor, sodass der Tatbestand des § 203 BGB nicht einschlägig ist.

Szenario 3:
Es wird eine Masseverbindlichkeit in Verkennung der Forderung oder der Reichweite der Möglichkeit der Anmeldung nach den §§ 174 ff. InsO zur Insolvenztabelle als Insolvenzforderung geltend gemacht und der Verwalter reagiert hierauf nicht (außer im Rahmen der Tabelleneintragung) bzw. reagiert und teilt den Fehler mit. Im Anschluss beruft sich der Insolvenzverwalter auf Verjährung.

Sofern eine Forderung zur Insolvenztabelle angemeldet wird, ist diese Forderung im Rahmen des formalen Verfahrens nach den §§ 174 ff. InsO und den §§ 178 ff. InsO zu prüfen und im Prüftermin zu erörtern.[657] Im Ergebnis ist diese Anmeldung als Insolvenzforderung zu bestreiten. Neben dem Bestreiten ist der Bestreitensgrund in die Insolvenztabelle einzutragen.[658] Hieraus ist dann ersichtlich, dass es sich um eine Masseverbindlichkeit handelt, sodass der Gläubiger die Möglichkeit hat, diese Forderung als Masseverbindlichkeit wieder geltend zu machen, denn dieses Recht geht weder durch die Eintragung in die Insolvenztabelle noch durch etwaige tatsächliche Feststellungen als Insolvenzforderung verloren.[659] Problematisch ist nunmehr der Fall, in dem in der Zwischenzeit Verjährung der Masseverbindlichkeit eingetreten ist, sodass sich die Frage stellt, ob durch fälschliche Anmeldung zur Insolvenztabelle und Eintragung in diese ein Verhandeln i.S.d. § 203 BGB mit der Folge gegeben ist, dass die Verjährung gehemmt ist. Im Ergebnis lassen sich zwar in der Rechtsprechung Urteile dahin gehend finden, dass eine Hemmungswirkung nicht gegeben sein soll,[660] ohne dass dies jedoch näher begründet wird. Vorgenanntes Urteil ist ebenfalls zu einer Zeit ergangen, zu der § 203 BGB noch keine Geltung hatte. Vor diesem Hintergrund ist eine nähere Betrachtung angezeigt:

Ausgangspunkt ist wiederum die Frage, ob mit dem Insolvenzverwalter in Verhandlungen über einen Anspruch eingetreten worden ist. Bereits herausgearbeitet wurde, dass ein Anspruch dann entsteht, wenn der Anspruch, also das Tun, Dulden oder Unterlassen, welches gefordert werden kann, fällig wird.[661] Der

---

657 Nerlich/Römermann – *Mönning/Schweizer*, InsO § 29 Rn. 19.

658 BGH, Urt. v. 09.02.2006 – IX ZB 160/04 = NZI 2006, 295.

659 Leonhardt/Smid/Zeuner – *Smid/Leonhardt*, InsO, § 53 Rn. 2.

660 LAG Hamburg, Urt. v. 15.06.1988 – 8 Sa 22/88 = ZIP 1988, 1270.

661 Dörner/Staudinger, Schuldrechtsmodernisierungsgesetz, Rn. 11; BGH, Urt. v. 12.02.1970 – VII ZR 168/67 = BGHZ 53, 222, 225.

Begriff Anspruch bezieht sich in der Regel nicht auf einen materiell-rechtlichen Anspruch, sondern auf den Lebenssachverhalt und somit alle Anspruchsgrundlagen.[662] Somit ist es auch nicht notwendig, dass der Anspruch selbst thematisiert wird, sondern die ihm zugrunde liegenden Umstände und Tatsachen.[663] Es ist ferner die Frage zu beantworten, ob die Anwendung einer Forderung zur Insolvenztabelle den gleichen Sachverhalt betrifft wie die Geltendmachung einer Forderung als Masseverbindlichkeit. Zwar ist in beiden Fällen die gleiche Forderung betroffen, also der ursprünglich gleiche Lebenssachverhalt, doch wird mit der Anmeldung zur Insolvenztabelle ein Teilhaberecht an dem gesetzlich geregelten Verfahren geltend gemacht.[664] So ist bei Streit hierüber auch keine Leistungsklage, sondern eine Feststellungsklage zur Insolvenztabelle zu erheben.[665] Hingegen wird bei der Geltendmachung einer Forderung als Masseverbindlichkeit ein Zahlungsanspruch verfolgt.[666] Dies ist im Ergebnis der Grund, warum bei diesem Umstand gerade kein Fall vorliegt, sondern ein abweichender Sachverhalt, und zwar, dass hier ein Lebenssachverhalt mit allen Anspruchsgrundlagen[667] erfasst ist, z.B. eine Anspruchsgrundlage aus Vertrag oder Delikt. Selbst wenn man hier zu einem abweichenden Ergebnis käme, würde es an einem Verhandeln über den Anspruch fehlen. Das regelmäßig bei Anmeldungen zur Insolvenztabelle abgeforderte Empfangsbekenntnis[668] dürfte lediglich als Eingangsbestätigung der Anfrage verstanden werden und somit noch kein Verhandeln auslösen. Das Prüfen des Insolvenzverwalters und Feststellen zur Insolvenztabelle bzw. Bestreiten stellt auch keinen Akt der Kommunikation bzgl. einer einvernehmlichen Lösung des Streites über den Anspruch dar, sondern die Durchführung eines formalen Verfahrens, welches ihm gesetzlich zugewiesen ist, sodass auch insoweit die Anwendung des § 203 BGB ausscheidet.

Dies Prüfergebnis ist unabhängig davon, ob die fälschlicherweise angemeldete Forderung vom Insolvenzverwalter korrekterweise mit Hinweis darauf bestritten wird, dass eine Masseverbindlichkeit vorliegt oder fälschlicherweise anerkannt und festgestellt wird. Der insoweit durch eine Feststellung gesetzte

662 Begr. RegE, BT-Drs. 14/6040, 112; BGH, Urt. v. 05.06.2014 – VII ZR 285/12 = NJW-RR 2014, 981; MüKoBGB – *Grothe,* BGB, § 203 Rn. 7.

663 Dazu: BGH, Urt. v. 18.01.1994 – VI ZR 190/93 = NJW 1994, 1150, 1152 m.w.N.

664 Braun – *Specovius,* InsO, § 174 Rn. 35.

665 Uhlenbruck – *Sinz,* InsO, § 180 Rn. 17.

666 *Braun/Wierzioch,* in: Beck/Depré, Praxis der Insolvenz, § 29 Rn. 166 ff.

667 Begr. RegE, BT-Drs. 14/6040, 112; BGH, Urt. v. 05.06.2014 – VII ZR 285/12 = NJW-RR 2014, 981; MüKoBGB – *Grothe,* BGB, § 203 Rn. 7.

668 Frege/Keller/Riedel, Insolvenzrecht, Rn. 57a.

Rechtsschein wäre nur im Rahmen einer Prüfung auf Treu und Glauben, inwieweit noch auf Verjährung zu berufen wäre, zu berücksichtigen.

Szenario 4:
Es wird eine Masseverbindlichkeit geltend gemacht und der Insolvenzverwalter teilt mit, dass diese zur ‚Masseverbindlichkeitentabelle' notiert wurde. Im Anschluss beruft sich der Insolvenzverwalter auf Verjährung.

Die Feststellung zur ‚Masseverbindlichkeitentabelle'[669] ist kein Rechtsbegriff, sondern beschreibt lediglich die Art und Weise, wie der Insolvenzverwalter die Masseverbindlichkeiten notiert bzw. im Weiteren auch die Gläubiger in das Gläubigerverzeichnis nach den §§ 153 ff. InsO aufnimmt. Im Hinblick auf die Anwendung des § 203 BGB ist festzustellen, dass ein Geltendmachen vorliegt, jedoch kein Verhandeln über die Forderung. Es fehlt gerade an dem Einstieg in eine Diskussion über die Forderung, sofern der Insolvenzverwalter die Forderung ohne Gegenrede anerkennt. Erfolgt eine in Bezug auf eine einvernehmliche Lösung des Streits über die Forderung zielgerichtete Kommunikation, d.h., werden z.B. Forderungsbegründungsunterlagen nachgefordert bzw. ein Prüfungszeitraum benannt, liegt ein Verhandeln vor, sodass insoweit § 203 BGB Anwendung mit der Maßgabe finden kann, dass die Verjährung der Forderung gehemmt ist, solange die Verhandlungen andauern.[670] Wie bereits oben dargestellt, dauert die Verjährungshemmung gemäß § 203 BGB nach Abschluss der Verhandlungen längstenfalls drei Monate. Danach wäre es dem Insolvenzverwalter möglich, sich auf die eingetretene Verjährung zu berufen. Ob im Notieren zur ‚Masseverbindlichkeitentabelle' ein Anerkenntnis liegt, wird in der Folge noch zu beurteilen sein. Für eine über den vorgenannten Anwendungsbereich hinausgehende Anwendung bietet § 203 BGB jedoch keinen Ansatzpunkt.

Szenario 5:
Es wird eine Masseverbindlichkeit geltend gemacht und der Insolvenzverwalter teilt mit, dass diese notiert wurde und aufgrund eingetretener Masseunzulänglichkeit derzeit nicht bedient werden kann. Im Anschluss beruft sich der Insolvenzverwalter auf Verjährung.

Abweichend zur vorherigen Fallgestaltung ist hier festzuhalten, dass über das Notieren hinaus mitgeteilt wird, dass derzeit die Forderung nicht bedient werden kann. Um eine Anwendung des § 203 BGB über die vorgenannte Fallgestaltung

669 Siehe hierzu unter 2.1.3.1.4.
670 *Spindler*, in: BeckOK BGB, § 203 Rn. 4 m.w.N.

hinaus rechtfertigen zu können, wäre es notwendig, dass in der Mitteilung, dass die Forderung aufgrund der eingetretenen Masseunzulänglichkeit derzeit nicht bedient werden kann, ein Verhandeln läge. Um die für den Gläubiger günstige Hemmung über einen längeren Zeitraum herbeizuführen, müsste dies so ausgelegt werden, dass das Verhandeln nicht nur zum Zeitpunkt der Mitteilung andauert, sondern entweder bis zur Zahlung oder bis zur Schlussrechnung des Insolvenzverwalters, aus der sich ergibt, dass kein Zahlungsanspruch besteht bzw. im Zuge dieser erfüllt wird. Die Hemmungstatbestände sind als Korrelat zur Verjährung mit Ausnahme des § 203 BGB eng auszulegen,[671] doch ist nach der Rechtsprechung insbesondere dann ein Verhandeln i.S.d. § 203 BGB nicht mehr anzunehmen, wenn eine Seite offenkundig die Verhandlung über den Anspruch eingestellt hat.[672] Im Falle des Notierens der Masseverbindlichkeit und Mitteilung der Masseunzulänglichkeit führt der Insolvenzverwalter eine gesetzliche Aufgabe aus und hält in der Folge einen gesetzlichen Verteilungsschlüssel ein,[673] sodass dies gerade kein Anspruch ist, über den weiter verhandelt werden kann. Entsprechend scheidet hier eine über diese Fallkonstellation hinausgehende Hemmung der Verjährung aus.

Es bleibt jedoch zu ergründen, ob diese Wertung bei oktroyierten Masseverbindlichkeiten anders auszufallen hat.

3.8.1.5.2 Besonderheiten bei oktroyierten Masseverbindlichkeiten

Zwischen den oktroyierten Masseverbindlichkeiten und den vom Verwalter begründeten Masseverbindlichkeiten besteht im Wesentlichen der Unterschied, dass der Insolvenzverwalter erstere nicht unbedingt kennen muss, obgleich sie zulasten der Insolvenzmasse entstanden sind, da er an ihrem Entstehen nicht aktiv mitgewirkt hat.[674] Darüber hinaus kann es aber auch sein, dass der Massegläubiger keine Kenntnis von den Insolvenzverfahren hat und fälschlicherweise seine Forderungen noch gegen den Insolvenzschuldner oder auch gar nicht geltend gemacht. Für Masseverbindlichkeiten ist nicht der Insolvenzschuldner passiv legitimiert, sondern der Insolvenzverwalter.[675] Zu prüfen ist, ob aufgrund dieser abweichenden Sachlage eine abweichende Beurteilung, ob und inwieweit

---

671 MüKoBGB – *Grothe*, BGB, § 203 Rn. 1.

672 MüKoBGB – *Grothe*, BGB, § 203 Rn. 8.

673 BGH, Urt. v. 17.02.2004 – VI ZR 429/02 = NJW 2004, 1654; BGH, Urt. v. 26.10.2006 – VII ZR 194/05 = NJW 2007, 587.

674 Uhlenbruck – *Mock*, InsO, § 90 Rn. 3.

675 *Braun/Wierzioch*, in: Beck/Depré, Praxis der Insolvenz, § 29 Rn. 166.

die Verjährungshemmung gemäß § 203 BGB in vorgenannten Fallgruppen einschlägig ist.

Szenario 1:
Eine Masseverbindlichkeit wird nicht geltend gemacht. Der Insolvenzverwalter beruft sich auf Verjährung.

Bereits für die vom Verwalter begründeten Masseverbindlichkeiten wurde oben herausgearbeitet, dass, wenn eine Masseverbindlichkeit nicht geltend gemacht wird, es bereits an einem Verhandeln über den Anspruch fehlt, denn dies setzt im ersten Schritt voraus, dass der Anspruch geltend gemacht wurde und hierüber in Verhandlungen, d.h. in eine Diskussion eingetreten wurde.[676] Bereits am Merkmal des Geltendmachens des Anspruchs fehlt es. Warum es an diesem Merkmal fehlt, kann dahingestellt bleiben. Eine Anwendung des § 203 BGB scheidet daher in diesen Fällen aus.

Szenario 2:
Eine Masseverbindlichkeit wird durch den Gläubiger geltend gemacht, der Verwalter reagiert hierauf jedoch nicht. Im Anschluss beruft sich der Insolvenzverwalter auf Verjährung.

Bereits für die vom Verwalter begründeten Masseverbindlichkeiten wurde oben herausgearbeitet, dass, selbst wenn der Anspruch durch den Gläubiger geltend gemacht wurde, es jedoch daran fehlt, dass aufgrund der mangelnden Reaktion des Anspruchsgegners, hier des Insolvenzverwalters, in eine Diskussion darüber eingetreten wurde. Warum der Insolvenzverwalter nicht auf die geltend gemachte Verbindlichkeit reagiert, ist unerheblich. § 203 BGB sieht insbesondere keine Hemmung für den Fall vor, dass (pflichtwidrig) eine Vertragspartei nicht in Verhandlungen eintritt. Es liegt somit kein Eintritt in Verhandlungen vor, sodass der Tatbestand des § 203 BGB nicht einschlägig ist.

Szenario 3:
Eine Masseverbindlichkeit wird in Verkennung der Forderung oder der Reichweite der Möglichkeit der Anmeldung nach den §§ 174 ff. InsO zur Insolvenztabelle als Insolvenzforderung geltend gemacht und der Verwalter reagiert hierauf nicht (außer im Rahmen der Tabelleneintragung) bzw. reagiert und teilt den Fehler mit. Im Anschluss beruft sich der Insolvenzverwalter auf Verjährung.

---

676 OLG Hamm, Urt. v. 19.03.1997 – 13 U 190/96 = NJW-RR 1998, 101; a.A. OLG Brandenburg, Urt. v. 22.11.2006 – 4 U 58/06.

Bereits zu den vom Verwalter begründeten Masseverbindlichkeiten wurde festgestellt, dass das Feststellen zur Insolvenztabelle bzw. das Bestreiten keinen Akt der Diskussion über den Anspruch darstellt, sondern die Durchführung eines formalen Verfahrens, welches dem Insolvenzverwalter gesetzlich zugewiesen ist.[677] Eine abweichende Beurteilung bei oktroyierten Masseverbindlichkeiten,[678] die vom Gläubiger fälschlicherweise zur Insolvenztabelle angemeldet wurden, erscheint auch hier nicht angebracht, da § 203 BGB insbesondere nicht danach differenziert, ob eine Vertragspartei schuldhaft nicht in Verhandlungen über einen Anspruch eingetreten ist, sodass auch insoweit die Anwendung des § 203 BGB ausscheidet.

Szenario 4:
Eine Masseverbindlichkeit wird geltend gemacht und der Insolvenzverwalter teilt mit, dass er diese zur ‚Masseverbindlichkeitentabelle' notiert habe. Im Anschluss beruft sich der Insolvenzverwalter auf Verjährung.

Bereits zu den vom Verwalter begründeten Masseverbindlichkeiten wurde festgestellt, dass allein in der Mitteilung, dass die Masseverbindlichkeit derzeit nicht bezahlt werden kann, keine Verhandlung zu sehen ist.[679] Auch wurde herausgearbeitet, dass sich der Zeitraum der Hemmung nicht bis zur Beseitigung der Masseunzulänglichkeit bzw. der Mitteilung, dass keine Ausschüttung erfolgt, ausdehnt.[680] Jedenfalls ab dem Zeitpunkt der Mitteilung der Masseunzulänglichkeit werden keine Verhandlungen mehr geführt. Auch im Falle der Masseunzulänglichkeit ist hier keine abweichende Betrachtung gerechtfertigt, da bzgl. geltend gemachter oktroyierter Masseverbindlichkeiten keine weitergehenden Erklärungen als zu den vom Verwalter begründeten Masseverbindlichkeiten abgegeben werden und somit kein Verhandeln i.S.d. § 203 BGB vorliegt.

Szenario 5:
Es wird eine Masseverbindlichkeit geltend gemacht und der Insolvenzverwalter teilt mit, dass diese notiert wurde, sie aber aufgrund eingetretener Masseunzulänglichkeit derzeit nicht bedient werden kann. Im Anschluss beruft sich der Insolvenzverwalter auf Verjährung.

677 Braun – *Specovius*, InsO, § 174 Rn. 13.
678 Siehe hierzu auch unter 2.1.3.1.3.
679 Siehe hierzu unter 3.8.1.5.1.
680 Siehe hierzu auch unter 3.6.3.4.5.

Insoweit kann auf die Ausführungen zu Szenario 4 verwiesen werden, da in der Mitteilung der Masseunzulänglichkeit kein Verhandeln[681] und kein Anerkenntnis zu sehen ist.

3.8.1.6 Zwischenergebnis

Vertretbar erscheint, dass es Fälle gibt, in denen ein Verhandeln i.S.v § 203 BGB vorliegt, dies gilt auch hinsichtlich des Verhältnisses zwischen einem Insolvenzverwalter und einem Massegläubiger über den streitgegenständigen Anspruch, nämlich immer dann, wenn beide in eine Diskussion über den Anspruch eingestiegen sind, ohne dass es sich dabei um eine einseitige Zurückweisung seitens des Insolvenzverwalters handelt. Allerdings ist § 203 BGB in seinem Anwendungsbereich klar umrissen. Im Falle der Aufnahme von Verhandlungen gewährt er Hemmung in Bezug auf die Verjährung des konkreten Anspruches. Bei der Auslegung des Begriffs Verhandlungen ist im Hinblick auf die Rechtsprechung zwar eher großzügig zu verfahren, doch führt dies nicht dazu, dass § 203 BGB auch zu einer Anwendung kommt, wenn es an einer Diskussion fehlt. Eine dahin gehende Besonderheit, dass es sich anspruchsgegenständlich um eine oktroyierte oder vom Verwalter begründete Masseverbindlichkeit handelt, besteht nicht. Es wurde insbesondere festgestellt, dass trotz dieser Sondersituation für die Bejahung des Tatbestandes des § 203 BGB die Verhandlung, d.h. der Eintritt in eine Diskussion über den Anspruch notwendig ist. In der Mitteilung des Insolvenzverwalters, dass die Masseverbindlichkeit notiert wurde, sowie in der Mitteilung, dass Masseunzulänglichkeit vorliegt, besteht keine Diskussion über den Anspruch. Sollte jedoch der Insolvenzverwalter Unterlagen nachfordern oder im Falle einer fälschlichen Anmeldung zur Insolvenztabelle mitteilen, dass es sich um eine Masseverbindlichkeit handelt und auffordert, diese entsprechend geltend zu machen mit der Folge, dass diese auch so geltend gemacht wird, kann ein Verhandeln über den Anspruch bejaht werden. Hingegen kann der Zeitraum zwischen Notierung als Masseverbindlichkeit bis zur Zahlung bzw. der endgültigen Nichtzahlung aufgrund der Masseunzulänglichkeit nicht als Zeitraum der Verhandlung gesehen werden, da es an einer Diskussion über den Anspruch fehlt. Ob die Feststellung zur Masseverbindlichkeitentabelle zu einem Anerkenntnis führt, ist hier nicht zu erörtern.

681 Siehe hierzu unter 3.8.1.5.1.

3.8.2 Hemmung der Verjährung gemäß § 204 BGB

Die Verjährungshemmung gemäß § 204 BGB umfasst verschiedene Fallgruppen der Hemmung der Verjährung aufgrund von Rechtsverfolgung. Wie bereits zu § 203 BGB ausgeführt, bestehen keine Bedenken, grundsätzlich auch die Hemmungstatbestände in Bezug auf Masseverbindlichkeiten anzuwenden.

3.8.2.1 § 204 Abs. 1 Nr. 1, 2, 3, 4, 5, 6, 6a, 7, 8, 9, 11, 12 und 14 BGB

Die Hemmung der Verjährung kann durch die wirksame Erhebung einer Klage gemäß § 204 Abs. 1 Nr. 1 BGB erfolgen. Für die wirksame Erhebung einer Klage ist es notwendig, dass diese bei Gericht eingereicht und unverzüglich dem Beklagten zugestellt worden ist.[682] Passiert dies, ist der Zeitpunkt der Klageerhebung, d.h. der Zeitpunkt des Eingangs des Schriftsatzes beim Gericht, maßgeblich für die Bestimmung des Zeitpunktes des Eintritts der Hemmung gemäß § 167 ZPO.[683] Notwendig ist hierfür, dass der Anspruch (Klagegegenstand) individualisiert ist, dies insbesondere im Hinblick auf Mahnbescheide.[684] Entscheidend ist ebenfalls, dass die Klage an den richtigen Schuldner gerichtet ist.[685] Denkbar sind insbesondere folgende Klagen:[686]

- Stufenklage gemäß § 254 ZPO
- Feststellungsklage gemäß § 256 ZPO
- Leistungsklage
- Erteilung von Vollstreckungsklauseln gemäß den §§ 733, 796 und 797 ZPO
- Mahnbescheid im Mahnverfahren oder europäische Mahnverfahren gemäß den §§ 690 und 693 ZPO.

Neben diesen Klagearten führen aber auch weitere Prozesshandlungen gemäß § 204 BGB dazu, dass Hemmung bzgl. des individualisierten Anspruches eintritt, so insbesondere[687] bei

- Prozessaufrechnung gemäß § 398 BGB
- Streitverkündung gemäß § 72 ZPO
- Zustellung des Antrages im vereinfachten Verfahren über den Unterhalt Minderjähriger

---

682 *Foerste*, in: Musielak, ZPO, § 253 Rn. 16.
683 MüKoZPO – *Häublein*, ZPO, § 167 Rn. 2.
684 BGH, Urt. v. 21.10.2008 – XI ZR 466/07 = NJW 2009, 56 f.
685 BGH, Urt. v. 26.03.1981 – VII ZR 160/80 = NJW 1981, 1953.
686 Hierzu ausführlich: *Heinrichs*, in: BeckOK, § 204 Rn. 2 ff.
687 Hierzu ausführlich: *Heinrichs*, in: BeckOK, § 204 Rn. 27 ff.

- Veranlassung der Bekanntgabe des Güteantrages
- Beginn eines vereinbarten Begutachtungsverfahrens
- Zustellung eines Arrestantrages
- Beginn eines Schiedsverfahrens
- unter bestimmten Voraussetzungen die Einreichung eines Antrages bei der Behörde
- unter bestimmten Voraussetzungen die Einreichung des Antrages bei einem höheren Gericht
- die Veranlassung der Bekanntgabe des erstmaligen Antrages auf Gewährung von Prozesskostenhilfe.

Anwendbarkeit auf Masseverbindlichkeiten

Masseverbindlichkeiten sind außerhalb des Insolvenzverfahrens geltend zu machen.[688] Dementsprechend stehen dem Gläubiger sämtliche prozessualen Möglichkeiten zur Verfügung. Zu diesen prozessualen Möglichkeiten gehören insbesondere die Klageerhebung, die Streitverkündung, Prozessaufrechnungen usw. All diese Maßnahmen führen zu einer Hemmung der Verjährung. Um diese auch im Falle von Masseverbindlichkeiten zu erreichen, hat der Gläubiger nur darauf zu achten, dass er – wie im normalen Zivilprozess – seinen Anspruch gegen den richtigen Schuldner bzw. Klagegegner richtet, da sonst ggf. ein Parteiwechsel notwendig würde und der neue Beklagte ggf. nicht an das Bisherige gebunden ist,[689] nämlich im Falle des Vorliegens von Masseverbindlichkeiten gegenüber dem Insolvenzverwalter.[690] Macht dieser die Masseverbindlichkeit fälschlicherweise gegenüber dem Schuldner geltend, tritt mangels eines richtigen Anspruchsgegners keine Hemmung ein. Auch hat der Gläubiger darauf zu achten, dass er den richtigen Anspruch geltend macht. Dies kann insbesondere bei Dauerschuldverhältnissen problematisch sein. Macht der Gläubiger fälschlicherweise denjenigen Anspruch als Masseverbindlichkeit geltend, der eine Insolvenzforderung darstellt, so tritt bzgl. der Masseverbindlichkeit, die er nicht geltend gemacht hat, nicht die Hemmung der Verjährung ein, vielmehr läuft die Verjährung dort weiter.[691] Vor den obigen Ausführungen zur Hemmung gemäß § 203 BGB bedarf es auch hier keiner Differenzierung danach, ob es sich um Masseverbindlichkeiten, die durch den Insolvenzverwalter begründet wurden, Masseverbindlichkeiten, die oktroyierte sind, oder Masseverbindlichkeiten im

688 Siehe hierzu unter 2.1.3.

689 MüKoZPO – *Becker-Eberhard*, ZPO, § 263 Rn. 70.

690 MüKoInsO – *Hefermehl*, InsO, § 53 Rn. 46.

691 Kiesbye, Hemmung der Verjährung, 175.

Zusammenhang mit einer eingetretenen Masseunzulänglichkeit handelt. Grund dafür ist, dass § 204 BGB in den hier behandelten Nummern ebenso wie § 203 BGB nicht an ein Verschulden knüpft, sondern abstrakt daran, dass ein konkreter Anspruch gegen einen konkreten Schuldner rechtshängig gemacht wurde oder auch nicht. Insbesondere lässt die Norm keine Hemmung für den Fall zu, dass (grob) fahrlässig ein falscher Anspruch gegen den richtigen Gläubiger oder ein richtiger Anspruch gegen den falschen Gläubiger geltend gemacht wird.

3.8.2.2 § 204 Abs. 1 Nr. 10 BGB

§ 204 Abs. 1 Nr. 10 BGB regelt den Fall, dass der Anspruch im Insolvenzverfahren angemeldet wird. Der Wortlaut dieser Norm lässt offen, ob hiermit die Anmeldung einer Insolvenzforderung beim Insolvenzverwalter, die sonstige Anmeldung einer Forderung beim Insolvenzverwalter oder beim Insolvenzgericht gemeint ist oder die Art und Weise, in der die Forderung erfolgt.

Genauso offen erscheint der Personenkreis, der Forderungen anmelden kann. Gemeinsam ist allen potenziellen Gläubigern, dass diese von dem Insolvenzschuldner etwas, in der Regel Geld, einfordern. Dies können Insolvenzgläubiger, aber auch Massegläubiger sein, wobei hier im Falle der Masseunzulänglichkeit wieder zwischen Alt- und Neumassegläubigern[692] *zu differenzieren ist.*[693] *Neben der Differenzierung ist auch zu berücksichtigen, dass es sogenannte Berufsgläubiger, zu denen institutionelle Gläubiger,*[694] *aber auch Banken und große Konzerne gehören, gibt, mithin solche, die regelmäßig mit Insolvenzen zu tun haben und denen Abgrenzungen zwischen Insolvenzforderungen und Masseverbindlichkeiten geläufig sind, aber auch nicht anwaltlich vertretene Laien, die hier Anmeldungen und Qualifizierungen inkorrekt vornehmen.*[695]

Als Grundvoraussetzung scheint jedoch unstreitig, dass ein Insolvenzverfahren vorliegen muss. Ein Insolvenzverfahren liegt immer dann vor, wenn dies durch das Insolvenzgericht eröffnet wurde.[696] Des Weiteren bedarf es eines Anspruches im prozessualen Sinne.[697]

---

692 Nerlich/Römermann – *Westphal*, InsO, § 209 Rn. 17 zur Begrifflichkeit Alt- und Neumassegläubiger.

693 Siehe hierzu auch unter 1.1.5.

694 Uhlenbruck – *Ede/Hirte*, InsO, § 133 Rn. 74 zur Begrifflichkeit der institutionellen Gläubiger.

695 Siehe hierzu auch unter 3.6.3.4.4.2.3.

696 Braun – *Herzig*, InsO, § 27 Rn. 1.

697 OLG Thüringen, Urt. v. 29.07.2008 – 5 U 443/07 = BeckRS 2009, 03880.

Nach herrschender Meinung und Rechtsprechung ist durch die Feststellung zur Insolvenztabelle nicht der (materielle)[698] *Anspruch selbst tituliert, sondern das Recht zur Teilnahme an der Verteilung der Insolvenzmasse*[699] *und zur Vollstreckung gegen den Schuldner nach Aufhebung des Verfahrens, soweit keine Restschuldbefreiung erteilt wurde,*[700] *Voraussetzung für eine Feststellung zur Tabelle ist aber ein konkret bezeichneter Anspruch, der so klar umrissen ist, dass die Rechtskraft erfasst werden kann, sodass neben dem Verwalter auch den anderen Gläubigern im Prüftermin eine Prüfung und, dem folgend, ein Bestreiten nach § 178 Abs. 3 InsO möglich ist.*[701] *Im Rahmen der SKLM-I-Entscheidung entwickelt der BGH aus dem Leitsatz, dass* die Anmeldung *„den Anforderungen zu genügen hat, die § 253 Abs. 2 Nr. 2 ZPO für den Leistungsprozess stellt", insbesondere dass der Anspruchsgrund dargelegt wird. Es ist also anzugeben, ob die Forderung auf Vertrag oder einer gesetzlichen Anspruchsgrundlage beruht. Ein späterer Austausch ist hingegen nicht mehr zulässig, sodass ein Tausch des Rechtsgrundes als Neuanmeldung zu werten ist.*[702]

Nach Rechtsprechung und Forschungsliteratur[703] soll § 204 Abs. 1 Nr. 10 BGB nur auf die Anmeldung von Insolvenzforderungen zur Insolvenztabelle Anwendung finden. Insbesondere gilt auch hinsichtlich der Leitlinien der SKLM-I-Entscheidung, dass der Insolvenzverwalter gemäß § 175 InsO die in § 174 Abs. 2 und 3 InsO genannten Fakten und hier hauptsächlich den Grund der Forderung (und ggf. den Rang) in die Insolvenztabelle einzutragen hat, sodass den Gläubigern ein Widerspruch gemäß § 178 Abs. 1 InsO möglich ist, um zu verhindern, dass die Folgen der Feststellung gemäß den §§ 180 und 183 InsO gegen sie wirken.

Ob diese eingrenzende Anwendung der Norm auf Insolvenzforderungen gerechtfertigt ist, wird später noch näher zu betrachten sein. Um dies jedoch untersuchen zu können, ist zunächst der Fall zu begutachten, nämlich die Anmeldung einer Insolvenzforderung, die unstreitig unter den Anwendungsbereich fällt, um sodann beurteilen zu können, ob weitere Fälle, so z.B. die Anmeldung einer Masseverbindlichkeit beim Insolvenzverwalter, auch sinnvollerweise dem Tatbestand unterzuordnen sind.

---

698 Uhlenbruck – *Sinz*, InsO, § 178 Rn. 28 m.w.N.

699 BGH, Urt. v. 13.06.2006 – IX ZR 15/04 = NJW 2006, 3068 m.w.N.; Uhlenbruck – *Sinz*, InsO, § 178 Rn. 28 m.w.N.

700 MüKoInsO – *Stephan*, InsO, § 302 Rn. 30.

701 BGH, Urt. v. 27.09.2001 – IX ZR 71/00 = ZIP 2001, 2099; Steinecke, EWiR 2001, 1147.

702 BGH, Urt. v. 27.09.2001 – IX ZR 71/00 = ZIP 2001, 2099; Steinecke, EWiR 2001, 1147.

703 Ausführlich hierzu: Kiesbye, Hemmung der Verjährung, 188 ff. m.w.N.

3.8.2.2.1 Anwendung auf Insolvenzforderungen

Gemäß § 174 Abs. 1 InsO muss es sich bei der angemeldeten Forderung um eine Insolvenzforderung handeln (zur Abgrenzung von der Masseverbindlichkeit[704]). Liegt eine Insolvenzforderung gemäß § 38 InsO vor, so ist diese in dem beschriebenen[705] formalen Verfahren beim Insolvenzverwalter nach Eröffnung des Insolvenzverfahrens zur Insolvenztabelle anzumelden. Mit der Anmeldung zur Insolvenztabelle wird die Verjährungshemmung nach dieser Norm herbeigeführt.[706] Es ist zu beachten, dass die Anmeldung beim vorläufigen Insolvenzverwalter mangels Eröffnung eines Insolvenzverfahrens und somit die Anwendbarkeit der §§ 174 ff. InsO nicht ausreichend ist, sodass der Gläubiger im Falle dessen, dass noch vor Eröffnung des Insolvenzverfahrens die Verjährung einer Insolvenzforderung droht, entweder eine Einigung mit dem Verwaltungs- und Verfügungsbefugten oder mit dem vorläufigen Insolvenzverwalter mit Zustimmungsvorbehalt sowie mit dem Schuldner über einen Verjährungsverzicht erlangen oder über einen der weiteren Hemmungstatbestände, z.B. Zustellung eines Mahnbescheides, eine Hemmung seines Anspruches herbeiführen muss.[707] Der Gläubiger ist im Rahmen der Geltendmachung darlegungs- und beweisbelastet. Damit der Nachweis der Anmeldung der Forderung zur Insolvenztabelle geführt werden kann, empfiehlt es sich, ein Empfangsbekenntnis für die Forderungsanmeldung mitzusenden, auch um den Zugang nachweisen zu können. Letzteres ist maßgeblich dafür, dass die Hemmung der Verjährung einsetzt.[708] Ist der Zeitpunkt des Beginns der Hemmung der Verjährung bestimmt, so ist in der Folge zu fragen, wann diese endet. Gemäß § 204 Abs. 2 Satz 1 BGB endet die Hemmung der Verjährung sechs Monate nach der rechtskräftigen Entscheidung oder einer anderweitigen Beendigung des eingeleiteten Verfahrens, wobei gemäß § 204 Abs. 1 Satz 2 BGB an die Stelle der Beendigung des Verfahrens die letzte Verfahrenshandlung der Parteien tritt, wenn dadurch Stillstand eintritt. Dies ist auslegungsfähig. Zum einen wird vertreten, dass sich der Hemmungstatbestand ausschließlich auf das Forderungsanmeldeverfahren bezieht, sodass nach sechs Monaten ab Beendigung des Forderungsanmeldeverfahrens die Hemmung aussetzen würde, wobei das Verfahren mit Feststellung zur Tabelle (hier ist sodann

704 Siehe hierzu unter 1.3.

705 Siehe hierzu unter 2.1.1.

706 *Peters/Jacoby*, in: Staudinger BGB, § 204 Rn. 97.

707 Wenner/Schuster, BB 2006, 2649, 2650.

708 MüKoInsO – *Riedel*, InsO, § 174 Rn. 26.

ein Titel[709] geschaffen, sodass insoweit kein Problem entstünde) oder mit Eintragung des Bestreitens in die Tabelle (dies ist problematisch, da insoweit kein Titel geschaffen ist)[710] eintritt. Zum anderen herrscht die Ansicht vor, dass unter dem ‚eingeleiteten Verfahren' nicht das Forderungsanmeldungsverfahren zu verstehen sei, sondern das Insolvenzverfahren als solches,[711] und dies mit der Folge, dass die Hemmung des eingeleiteten (Insolvenz-)Verfahrens bis zur Aufhebung[712] oder Einstellung[713] andauert.[714]

Christian Wenner und Werner Schuster[715] kommen im Rahmen ihrer Auslegung des § 204 Abs. 2 BGB richtigerweise zu dem Ergebnis, dass das Insolvenzverfahren gemeint sein muss, stellen jedoch fest, dass eine Auslegung nach dem Wortlaut dazu führt, dass das eingeleitete Verfahren nicht das Insolvenzverfahren ist, sondern das Forderungsanmeldungsverfahren. Der anmeldende Gläubiger habe im Regelfall keinen Antrag auf Eröffnung des Insolvenzverfahrens gestellt und dies somit nicht eingeleitet. Der Zusammenhang, der Bezug auf den Insolvenzantrag wird durch die Verknüpfung des § 204 Abs. 2 Satz 1 BGB mit dem § 204 Abs. 1 Nr. 10 BGB hergestellt.[716] Diesem Teilergebnis der Auslegung kann hier jedoch nicht zugestimmt werden, denn der Wortlaut des Gesetzes fordert an keiner Stelle, dass der anmeldende Gläubiger einen Antrag auf Eröffnung des Insolvenzverfahrens gestellt haben muss. So heißt es gemäß § 204 Abs. 2 Satz 1 BGB wörtlich: „Die Hemmung nach Absatz 1 endet sechs Monate nach der rechtskräftigen Entscheidung oder anderweitigen Beendigung des eingeleiteten Verfahrens." Das eingeleitete Verfahren ist gemäß § 204 Abs. 1 Nr. 10 „die Anmeldung des Anspruchs im Insolvenzverfahren oder im Schifffahrtsrechtlichen Verteilungsverfahren". Dass durch den Gesetzestext einzige in Bezug genommene Verfahren ist das Insolvenzverfahren. Ein Forderungsanmeldeverfahren ist an keiner Stelle benannt. Lediglich die Anmeldung des Anspruchs im Insolvenzverfahren ist bezeichnet, dies ist aber keine eigenständige Verfahrensart.[717] Über den Umweg der teleologischen Auslegung[718] gelangen aber auch

709 § 178 Abs. 3 InsO.
710 Uhlenbruck – *Wegener*, InsO, § 201 Rn. 19.
711 Braun – *Specovius*, InsO, § 174 Rn. 37.
712 MüKoBGB – *Grothe*, BGB, § 204 Rn. 102.
713 Erman – *Schmidt-Räntsch*, BGB, § 204 Rn. 48.
714 Wenner/Schuster, BB 2006, 2649, 2653.
715 Wenner/Schuster, BB 2006, 2649, 2653.
716 Wenner/Schuster, BB 2006, 2649, 2653.
717 Erman – *Schmidt-Räntsch*, BGB, § 204 Rn. 48.
718 Also der Auslegung nach dem Sinn und Zweck einer Gesetzesbestimmung.

Wenner und Schuster zu dem Ergebnis, dass das Insolvenzverfahren gemeint sein muss, indem sie die Gesetzesbegründungen bemühen. Der Gesetzgeber ging davon aus, dass es auf die Beendigung des Insolvenzverfahrens ankomme. Eine gegenteilige Auslegung führe dazu, dass Gläubiger zur Verhinderung der Verjährung einer bestrittenen Forderung Klage erheben müssten, was dem Sinn und Zweck widerspräche, nämlich dem Schutz des Gläubigers vor Verjährung.[719] Insoweit ist der Auslegung zuzustimmen. Es kann festgehalten werden, dass die Hemmungswirkung erst endet, wenn das Insolvenzverfahren aufgehoben bzw. eingestellt wird.

3.8.2.2.2 Anwendbarkeit auf Masseverbindlichkeiten

Nachdem nunmehr der reguläre Anwendungsbereich des § 204 Abs. 1 Nr. 10 BGB dargestellt worden ist, ist im Folgenden die Frage zu stellen, ob nicht auch Masseverbindlichkeiten hierunter zu subsumieren sind. Dies ist insbesondere vor dem Hintergrund zu betrachten, dass insbesondere im Falle des Vorliegens der Masseunzulänglichkeit durchaus eine Vergleichbarkeit der Ausgangslagen gegeben ist. Im Falle der Masseunzulänglichkeit handelt es sich um einen ‚Konkurs im Konkurs'. Dies bedeutet, dass gemäß § 209 InsO Ansprüche in nachrangigen Rangklassen, insbesondere Altmasseverbindlichkeiten, teilweise auch nur quotal befriedigt werden, wie dies außerhalb der Masseunzulänglichkeit und bei regulärer Beendigung des Insolvenzverfahrens erfolgt. Auch im Falle der Masseunzulänglichkeit verhält es sich so, dass Masseverbindlichkeiten nur notiert werden und erst bei Beendigung des Verfahrens die Ausschüttung in Form der Quotalzahlung erfolgt. Es stellt sich somit die Frage, ob es gerechtfertigt ist, den Masseverbindlichkeitengläubiger bei einer doch scheinbar vergleichbaren Ausgangslage faktisch schlechter zu stellen als den Insolvenzgläubiger. Dies ist zumindest im Falle der anhaltenden Masseunzulänglichkeit zu betrachten. Die Schlechterstellung geschieht zum einen dadurch, dass er sich – anders als ein Insolvenzgläubiger[720] – gegen die Feststellung der Forderung eines gleichrangigen Gläubigers nicht wehren kann, und zwar mangels Prüfung von Masseverbindlichkeiten im Prüftermin[721] und Widerspruchsmöglichkeit. Zum anderen droht eine Verjährung seiner Forderung durch Zeitablauf.

---

719 MüKoBGB – *Grothe*, BGB, § 204 Rn. 1.

720 Nerlich/Römermann – *Becker*, InsO, § 179 Rn. 5.

721 Braun – *Specovius*, InsO, § 176 Rn. 1.

3.8.2.2.2.1 Subsumtion der Masseverbindlichkeiten unter § 204 Abs. 1 Nr. 10 BGB

Der originäre Anwendungsbereich der Norm ist nach herrschender Meinung und Rechtsprechung nur für Insolvenzforderungen, die zur Insolvenztabelle angemeldet werden, eröffnet.[722] Die Feststellung einer Insolvenzforderung zur Tabelle unterscheidet sich im Wesentlichen dadurch, dass sie ein Teilnahmerecht an der Verteilung begründet,[723] hingegen Masseverbindlichkeiten außerhalb des Insolvenzverfahrens stehen. Der Begriff des Anmeldens des Anspruches im Insolvenzverfahren i.S.d. Norm ist daher belegt und beschränkt auch die Insolvenzforderungen. Für die Anmeldung einer Insolvenzforderung sind durch den BGH strenge Anforderungen gestellt, unter deren Einhaltung es nur zu einer Eintragung in die Insolvenztabelle kommen kann.[724] Es bleibt auch zu ermitteln, ob dies für oder gegen eine Anwendung auf Masseverbindlichkeiten spricht.

3.8.2.2.2.2 Analogiefähigkeit / Fähigkeit zur ausdehnenden Auslegung der Norm in Bezug auf Masseverbindlichkeiten

Sowohl die Analogie als auch die ausdehnende Auslegung stellen juristische Arbeitsmittel mit Verwandtschaftsgrad dar, wobei es für das Ergebnis bei einzelnen Rechtsfragen gerade auf die Unterschiede ankommt.[725] Den verschiedenen Methodenlehren gemein ist jedoch, dass es eines Untersuchungsanlasses bedarf. So gilt einerseits die Ansicht, dass zunächst eine ‚Lücke' vonnöten sei, die sodann geschlossen werden solle, wobei wiederum die Ansatzpunkte, wie die ‚Lücke' zu definieren sei, abweichen.[726] Denkbar ist diese in Bezug auf das gesamte Rechtssystem oder im Sachzusammenhang mit übrigen Normen zu sehen.[727] Andererseits herrscht die Meinung vor, dass der Ansatzpunkt keine ‚Lücke', sondern vielmehr zunächst die Feststellung sei, dass sich das Recht sonst als widersprüchlich erwiese und damit gegen den Grundsatz der Gleichbehandlung verstieße.[728] Die Unterschiede werden jedoch erst dann relevant, wenn überhaupt eine ‚Lücke'

722 Ausführlich hierzu: Kiesbye, Hemmung der Verjährung, 188 ff. m.w.N.

723 BGH, Urt. v. 13.06.2006 – IX ZR 15/04 = NJW 2006, 3068 m.w.N.; Uhlenbruck – *Sinz*, InsO, § 178 Rn. 28 m.w.N.

724 BGH, Urt. v. 27.09.2001 – IX ZR 71/00 = ZIP 2001, 2099; Steinicke, EWiR 2001, 1147; siehe hierzu auch in Petit unter 3.8.2.2.

725 Pawlowski, Einführung in die Methodenlehre, Rn. 207.

726 Larenz/Canaris, Methodenlehre, 191 ff.; Looschelders/Roth, Juristische Methodik, 280 ff.

727 Pawlowski, Einführung in die Methodenlehre, Rn. 208.

728 Pawlowski, Methodenlehre, Rn. 330.

bzw. ein Widerspruch gegen den Grundsatz der Gleichbehandlung gefunden werden kann. Dies könnte hier die Nichteinbeziehung von Masseverbindlichkeiten in die Verjährungshemmung nach § 204 Nr. 10 BGB sein. Ob dem so ist, ist im Sinne der verschiedenen Methodenlehren zunächst festzustellen:

3.8.2.2.2.2.1 Ermittlung, ob sich das Recht als widersprüchlich erweist und gegen den Grundsatz der Gleichbehandlung im Sinne der von Pawlowski begründeten Methodenlehre verstößt

Der Grundsatz der Gleichbehandlung bedeutet nicht, dass alle Handlungsalternativen, hier alle Szenarien, stets gleichzubehandeln sind. Denn nur, was sachlich gleich ist, muss auch gleichbehandelt werden.[729] Es ist also ein Verbot unsachlicher Differenzierung.[730] Vor diesem Hintergrund ist daher erneut zu eruieren, ob eine sachliche Gleichheit zwischen der Anmeldung einer Insolvenzforderung im Insolvenzverfahren sowie der Anmeldung einer Masseverbindlichkeit im Insolvenzverfahren beim Insolvenzverwalter gegeben ist. Wie bereits oben ausgeführt, bestehen zwischen beiden erhebliche rechtliche Unterschiede. Eine Insolvenzforderung wird in einem in der Insolvenzordnung festgeschriebenen Verfahren geltend gemacht und schlussendlich auch befriedigt – dem Gläubiger steht kein anderer Weg hierfür offen –, wohingegen eine Masseverbindlichkeit außerhalb des Insolvenzerfahrens gegen den Insolvenzverwalter geltend gemacht wird. Die Insolvenzforderung ist ein Teilhaberecht am Insolvenzverfahren, dort an der Verteilung, die Masseverbindlichkeit begründet hingegen einen Leistungsanspruch außerhalb des Verfahrens. Beide Arten von Verbindlichkeiten sind somit gerade nicht sachlich gleich, sondern ungleich, sodass eine sachliche Differenzierung vorliegt, die dem Gesetzgeber auch bewusst war,[731] sodass insoweit keine Regelung bzw. Wertungslücke vorliegt. Auf der anderen Seite liegen zwar nicht gleiche, aber zumindest im Falle der Masseunzulänglichkeit, wie oben unter dem Stichwort ‚Konkurs im Konkurs' erörtert, vergleichbare Lagen vor. In diesem Falle werden auch durch den Insolvenzverwalter Masseverbindlichkeiten nur notiert und am Ende des Verfahrens quotal auf Basis einer durch § 209 InsO vorausgesetzten Tabelle der Masseverbindlichkeiten befriedigt.

729 *Kischel*, in: BeckOK GG, Art. 3 Rn. 15.
730 *Kischel*, in: BeckOK GG, Art. 3 Rn. 24.
731 MüKoBGB – *Grothe*, BGB, § 204 Rn. 52.

3.8.2.2.2.2.2 Vorliegen einer Lücke im Sinne der Methodenlehren von Larenz/Canaris, Looschelders/Roth u.a.

In der Rechtsprechung, Literatur und in den verschiedenen Methodenlehren werden unterschiedliche potenzielle ‚Lücken' betrachtet, da sie verschiedene Problemstellungen aufzeigen,[732] werden sie nachfolgend strukturiert dargestellt:

3.8.2.2.2.2.2.1 Norm oder Formulierungslücke

Eine solche ist gegeben, wenn eine Vorschrift unvollständig ist, sodass man diese nicht ohne weitere Bestimmungen anwenden kann. Es bedarf also der Ergänzung der Norm, damit diese angewandt werden kann.[733] Dies ist z.B. dann der Fall, wenn der potenzielle Anspruchsgegner nicht ersichtlich ist. Insoweit stellt sich die Frage, ob die vermeintlich offene Formulierung „die Anmeldung des Anspruchs im Insolvenzverfahren"[734] eine Norm oder Formulierungslücke darstellt. Der Wortlaut lässt keinen Raum für Interpretationen, denn der Begriff Anspruch differenziert nicht zwischen Insolvenzforderung oder Masseverbindlichkeit. Auch die Anmeldung im Insolvenzverfahren ist kein bestimmter Rechtsbegriff, sondern auslegungsfähig. Der Gesetzgeber ging hier jedoch davon aus, eindeutig geregelt zu haben, dass die Norm sich nur auf die Anmeldung von Insolvenzforderungen beim Insolvenzverwalter gemäß den §§ 174 ff. InsO bezieht, was insbesondere aus der Übernahme der Vorschrift des § 209 Abs. 2 Nr. 2 a.F., abgesehen von der veränderten Rechtsfolge, ersichtlich ist.[735] Nach dem Verständnis des Gesetzgebers liegt somit weder eine Norm noch eine Formulierungslücke vor.

3.8.2.2.2.2.2.2 Die Regelung bzw. Wertungslücke

Zu prüfen ist, ob die Art und Weise der Anwendung im Grundsatz der Gleichbehandlung widerspricht, sodass eine Regelung bzw. Wertung vorliegt.[736] Der Grundsatz der Gleichbehandlung heißt, dass nur sachlich Gleiches auch gleichbehandelt werden muss, sodass nur ein Verbot unsachlicher Differenzierung besteht.[737] Vor diesem Hintergrund ist daher erneut darauf abzustellen, ob eine sachliche Gleichheit zwischen der Anmeldung einer Insolvenzforderung im Insolvenzverfahren und der Anmeldung einer Masseverbindlichkeit

732 Larenz/Canaris, Methodenlehre, 191 ff.; Looschelders/Roth, Methodik, 280 ff.
733 Larenz/Canaris, Methodenlehre, 193.
734 § 204 Abs. 1 Nr. 10 BGB; siehe hierzu auch unter 3.8.2.2.1.
735 MüKoBGB – *Grothe*, BGB, § 204 Rn. 52.
736 Larenz/Canaris, Methodenlehre, 193.
737 *Kischel*, in: BeckOK GG, Art. 3 Rn. 24.

im Insolvenzverfahren beim Insolvenzverwalter gegeben ist. Wie bereits oben ausgeführt, bestehen zwischen beiden Vorgängen erhebliche rechtliche Unterschiede, auch wenn Ähnlichkeiten im Falle der Masseunzulänglichkeit, Stichwort ‚Insolvenz in der Insolvenz', gegeben sind. Eine Insolvenzforderung wird in einem in der Insolvenzordnung festgeschriebenen Verfahren geltend gemacht[738] und schlussendlich auch befriedigt – dem Gläubiger steht kein anderer Weg hierfür, insbesondere keine Leistungsklage[739], offen –, wohingegen eine Masseverbindlichkeit außerhalb des Insolvenzerfahrens gegen den Insolvenzverwalter geltend gemacht wird.[740] Die Feststellung zur Tabelle wirkt wie ein Titel, ist aber nur auf ein Teilhaberecht an der Verteilung der Insolvenzmasse gerichtet, hingegen die Titulierung durch Urteil einen Zahlungsanspruch, der auch vollstreckbar ist, begründet. Beide Arten von Verbindlichkeiten sind somit nicht sachlich gleich, sondern ungleich, sodass eine sachliche Differenzierung vorliegt.

3.8.2.2.2.2.2.3 Die Gesetzeslücke

Diese soll im Falle der Wertungs- oder Prinzipienwidersprüche gegeben sein, also wenn im Hinblick auf bestimmte Probleme das Gesetz keine Regelungen enthält, während nach dem Zusammenhang des Rechtes derartige Regelungen erforderlich wären.[741] Zur Anwendung auf Masseverbindlichkeiten wäre erforderlich, dass das Gesetz bzgl. der Hemmung der Verjährung von Masseverbindlichkeiten keine Regelung enthält. Wie jedoch bereits oben dargestellt, hält das Gesetz entsprechende Regelungen vor, Masseverbindlichkeiten können nämlich außerhalb der Insolvenzordnung geregelt geltend gemacht werden, z.B. durch Klageerhebung gegen den Insolvenzverwalter, sodass Hemmung eintritt, auch wenn dies unkomfortabel erscheinen mag. Eine Lücke kann damit nicht festgestellt werden.

Dies hätte zur Folge, dass eine Verjährungshemmung für Masseverbindlichkeiten, die beim Insolvenzverwalter angemeldet werden, zumindest nach dieser Norm nicht infrage kommt. Die Nichtanwendung auf Masseverbindlichkeiten könnte zu einer Ungleichbehandlung im Hinblick auf den Gläubigerschutz zwischen Insolvenzgläubigern und Massegläubigern führen. Ob eine solche Ungleichbehandlung, wie von der herrschenden Meinung und Rechtsprechung angenommen und hier mittels Anwendung der juristischen Methoden bestätigt,

738 Vgl. § 174 InsO; ausführlich hierzu: Kiesbye, Hemmung der Verjährung, 94 ff.

739 *Bertram*, in: Gottwald, Insolvenzrechts-Handbuch, § 107 Rn. 168.

740 *Braun/Wierzioch*, in: Beck/Depré, Praxis der Insolvenz, § 29 Rn. 166.

741 Kritisch dazu: Larenz/Canaris, Methodenlehre, 196 ff.

durch das Gesetz tatsächlich erfolgt, ist durch Auslegung der entsprechenden Norm zu ermitteln.

3.8.2.2.3 Résumé und Zwischenergebnis

Diese Untersuchung hat ergeben, dass insbesondere im Falle der Masseunzulänglichkeit gemäß § 209 InsO der Masseverbindlichkeitentabelle eine Funktion zukommt, nämlich als Grundlage für einen Verteilungsschlüssel zu dienen, die der einer Insolvenztabelle erheblich ähnelt, aber nicht mit dieser vergleichbar ist. Auch die für diesen Fall verwendete Begrifflichkeit ‚Insolvenz in der Insolvenz'[742] zeigt die Ähnlichkeit der Situationen, bringt aber gleichsam auch deren Unterschiede zum Ausdruck. Letztere sind im Ergebnis so gravierend, dass trotz aller Ähnlichkeiten im Detail eine entsprechende Anwendung des § 204 Abs. 1 Nr. 10 BGB auf Masseverbindlichkeiten als zu weitgehend erscheint. Die Verfahren der ‚Anmeldung' zu beiden Tabellen ähneln sich zwar in der Praxis, doch besteht eine ganz wesentliche Ungleichheit darin, dass Insolvenzforderungen in einem Prüftermin geprüft werden und dort der Insolvenzverwalter, aber auch die weiteren Insolvenzgläubiger der Feststellung zur Tabelle widersprechen[743] und somit verhindern können, dass die Forderung des in gleicher Rangklasse konkurrierenden Gläubigers festgestellt wird und dieser damit an der Verteilung teilnimmt. Darüber hinaus führt eine Feststellung zur Insolvenztabelle zu einer Titulierung des Anspruches auf Teilhabe an der Verteilung.[744] Die Titulierung einer Masseverbindlichkeit erfolgt durch Urteil. Wäre dem nicht so, würde in Anlehnung an die SKLM-I-Entscheidung[745] sowie an die BGH-Rechtsprechung zur Reichweite der Titulierung festgestellter Forderungen[746] nicht der Anspruch tituliert, sondern nur das Teilhaberecht an der Verteilung im Rahmen des § 209 InsO, was insbesondere für die Fälle des späteren Entfalls der Masseunzulänglichkeit unbillig erscheint, da hier dann mangels Titulierung des Anspruches insoweit Verjährung drohte, da der Anspruch nicht mehr durchsetzbar wäre und eine Verteilung im Sinne von § 209 InsO nicht mehr erfolgte.

Somit ist festzustellen, dass die Verjährungshemmung des § 204 Abs. 1 Nr. 10 BGB nur für Insolvenzforderungen, die zur Insolvenztabelle angemeldet werden,

742 Uhlenbruck – *Ries*, InsO, § 209 Rn. 1.

743 Braun – *Specovius*, InsO, § 176 Rn. 1.

744 MüKoInsO – *Hintzen*, InsO, § 201 Rn. 21.

745 BGH, Urt. v. 27.09.2001 – IX ZR 71/00 = ZIP 2001, 2099; siehe hierzu auch in Petit unter 3.8.2.2.

746 BGH, Urt. v. 13.06.2006 – IX ZR 15/04 = NJW 2006, 3068 m.w.N.; Uhlenbruck – *Sinz*, InsO, § 178 Rn. 28 m.w.N.

anwendbar ist und nicht auf Masseverbindlichkeiten jedweder Art. Eine ergänzende Auslegung bzw. Analogie scheitert bereits daran, dass es an der Regelungslücke bzw. an einer sachlich nicht gerechtfertigten Ungleichbehandlung fehlt. Vielmehr wird dem Ansatzpunkt des Gesetzgebers, dass Masseverbindlichkeiten außerhalb des Verfahrens geltend zu machen sind, auch bei der Gestaltung des Hemmungstatbestandes konsequent gefolgt.

3.8.3 Hemmung der Verjährung bei Leistungsverweigerungsrecht gemäß § 205 BGB

Die Norm sieht eine Hemmung der Verjährung für den Fall vor, dass ein vertraglich vereinbartes und somit vom Parteiwillen getragenes temporäres Leistungsverweigerungsrecht besteht.[747] Die Entstehungsgeschichte dieser auch durch das Schuldrechtsmodernisierungsgesetz eingeführten Norm gründet auf dem § 202 Abs. 1 a.F. BGB, der jedoch deutlich weitreichender war und neben den vertraglich vereinbarten Leistungsverweigerungsrechten auch die gesetzlichen Verweigerungsrechte erfasste.[748]

Die Rechtsnatur des § 209 InsO ist dahin gehend zu hinterfragen, ob es sich um ein Leistungsverweigerungsrecht und, wenn ja, um ein gesetzliches oder durch Parteiwillen vereinbartes Recht handelt. Ein Leistungsverweigerungsrecht liegt vor, wenn der Schuldner aufgrund einer Vereinbarung mit dem Gläubiger oder aufgrund von Gesetz (derzeit) nicht leisten muss, so z. B. bei § 320 BGB.[749] § 209 InsO gibt dem Insolvenzverwalter i.V.m. § 210 InsO das Recht, Zahlungen auf Altmasseverbindlichkeiten bei fortbestehender Masseunzulänglichkeit zu verweigern.[750] Dem folgend, stellt § 209 InsO i.V.m. § 210 InsO ein Leistungsverweigerungsrecht dar. So stellte auch das Landesarbeitsgericht Düsseldorf in seiner Entscheidung vom 17.09.2003 fest, dass der eigenverwaltende Schuldner nach Anzeige der Masseunzulänglichkeit ein Leistungsverweigerungsrecht aufgrund dieses Umstandes für Zahlungen an Arbeitnehmer besitzt und diese auf Arbeitslosengeld verwiesen werden können.[751] Das Leistungsverweigerungsrecht beruht jedoch nicht auf einer Parteivereinbarung, sondern auf dem Gesetz. Der Insolvenzverwalter ist sogar zum Schutze seiner eigenen Vergütung dazu verpflichtet, sich an die gesetzliche Befriedigungsreihenfolge zu halten,[752] da er andernfalls, wie bei der Zahlung von verjährten Masseverbindlichkeiten, Kürzungen seiner Vergütung befürchten muss. Dem eindeutigen Wortlaut nach sind jedoch gesetzliche

---

747 MüKoBGB – *Grothe*, BGB, § 205 Rn. 1.

748 Begr. RegE, BT-Drs. 14/6040, 118.

749 Jauernig – *Stadler*, BGB, § 320 Rn. 2.

750 MüKoInsO – *Hefermehl*, InsO, § 209 Rn. 4.

751 LAG Düsseldorf, Urt. v. 17.09.2003 – 4 (8) Sa 686/03 = ZIP 2004, 817.

752 BVerfG, Beschl. v. 30.03.1993 – 1 BvR 1045/89 = NJW 1993, 2861; siehe hierzu auch ausführlich unter 3.4.7.

Leistungsverweigerungsrechte ausgeschlossen. Fraglich ist, ob eine entsprechende oder analoge Anwendung möglich ist. Dies ist dem Wortlaut und der Entstehungsgeschichte sowie dem gesetzgeberischen Willen nach abzulehnen.[753] *Trotzdem werden entsprechende Anwendungen für eng umrissene Fallgruppen vertreten, und zwar mit der Begründung, dass die Anwendungen in den Gesetzesmaterialien zu § 202 a. F. BGB genannt sind, so im Falle des Moratoriums, der behördlichen oder gerichtlichen Stundungsanordnung und der Gewährung von Vollstreckungsschutz,*[754]*, wobei dies ebenfalls auf Widerspruch stößt.*[755] *Der Widerspruch ist berechtigt, denn Wortlaut und Wille des Gesetzgebers sind eindeutig. Die von der bejahenden Ansicht vorgebrachten Argumente führte der Gesetzgeber im Zusammenhang mit der Vorgängernorm an, von deren Rechtswirkung er abgekehrt ist. Selbst wenn man davon ausginge, dass vorgenannte eng umrissene Fallgruppen erfasst sind, läge kein mit den §§ 209 und 210 InsO vergleichbarer Fall vor. Denn selbst die Gewährung von Vollstreckungsschutz ist hiermit nicht vergleichbar, diese erfolgt nämlich zumindest auf Antrag einer Partei, hingegen § 209 InsO aufgrund Gesetz zu berücksichtigen ist.*

Die Stundung ist das Schulbeispiel einer Vereinbarung zwischen Gläubiger und Schuldner, durch welche die Fälligkeit auf einen späteren Zeitpunkt verlagert wird.[756] Insbesondere zur Verhinderung des Eintritts des Insolvenzgrundes der Zahlungsunfähigkeit, die bei juristischen Personen zur Folge hat, dass für diese verpflichtend und strafbewehrt ein Insolvenzantrag gestellt werden muss, ist die Stundung von Verbindlichkeiten das Mittel der Wahl.[757] Gleichzeitig ist es ein Entgegenkommen des Gläubigers, der seine eigentlich fällige Forderung zu diesem Zeitpunkt zugunsten des Schuldners nicht durchsetzt, wobei die Motive dafür mannigfaltiger Natur sein können (altruistisch oder eigennützig). Die Wirksamkeit der Stundung bleibt davon jedoch unberührt. Grundvoraussetzung der Stundung ist demnach, dass eine Forderung ursprünglich zu einem bestimmten Zeitpunkt fällig gewesen wäre, die Parteien aber, z. B. zur Verhinderung einer Zahlungsunfähigkeit, vereinbaren, dass die Forderung erst zu einem späteren Zeitpunkt zu begleichen ist. Für den Zeitraum der Stundung besteht somit keine Leistungspflicht des Schuldners, sodass hierfür eine Hemmung[758] anzunehmen ist. Eine gegenteilige Auffassung führte zu Wertungswidersprüchen, da andernfalls der Gläubiger für sein Entgegenkommen gegenüber dem Schuldner mit Nachteilen, nämlich der Verjährung seines Anspruches, rechnen müsste. Vor diesem Hintergrund könnte nicht nur eine Hemmung nach der hiesigen

753 Begr. RegE, BT-Drs. 14/6040, 118.
754 *Peters/Jacoby*, in: Staudinger BGB, § 205 Rn. 20–21.
755 MüKoBGB – *Grothe*, BGB, § 205 Rn. 2.
756 Uhlenbruck – *Mock*, InsO, § 17 Rn. 137.
757 Uhlenbruck – *Mock*, InsO, § 17 Rn. 136.
758 Palandt – *Ellenberger*, BGB, § 205 Rn. 2.

Norm eintreten, sondern aufgrund eines konkludenten Anerkenntnisses die Verjährung direkt neu beginnen.[759] Sowohl eine ausdrückliche als auch eine konkludente Stundungsvereinbarung wäre ausreichend, eine einseitige Willenserklärung jedoch nicht. Dies kann z.B. im Einvernehmen gesehen werden, dass darüber hergestellt wird, dass erst das Ergebnis eines Vorprozesses oder einer Vorabentscheidung herbeigeführt werden soll, bevor die streitgegenständliche Leistungspflicht erbracht wird.[760]

Es stellt sich somit die Frage, inwieweit bei der Geltendmachung einer Masseverbindlichkeit ein vertragliches Leistungsverweigerungsrecht angenommen werden kann. Hierzu sind die einzelnen Fallkonstellationen[761] erneut zu betrachten:

Szenario 1:
Es wird eine Masseverbindlichkeit nicht geltend gemacht. Der Insolvenzverwalter beruft sich auf Verjährung.

Im Falle dessen, dass eine Masseverbindlichkeit nicht geltend gemacht wird, fehlt es bereits an einer beiderseitigen Vereinbarung, die als Leistungsverweigerungsrecht ausgelegt werden könnte. Bei einer Nichtgeltendmachung gibt es keine Erklärung, die auslegbar wäre. Eine Anwendbarkeit der Norm scheidet daher in diesen Fällen aus.

Szenario 2:
Es wird eine Masseverbindlichkeit durch den Gläubiger geltend gemacht, der Verwalter reagiert hierauf jedoch nicht. Im Anschluss beruft sich der Insolvenzverwalter auf Verjährung.

In diesem Falle gibt es zwar eine einseitige Willenserklärung, es fehlt jedoch die Reaktion des Insolvenzverwalters hierauf, sodass auch in diesem Falle keine beiderseitige Vereinbarung über ein Leistungsverweigerungsrecht angenommen werden kann.

Szenario 3:
Es wird eine Masseverbindlichkeit in Verkennung der Forderung oder der Reichweite der Möglichkeit der Anmeldung nach den §§ 174 ff. InsO zur Insolvenztabelle als Insolvenzforderung geltend gemacht und der Verwalter reagiert hierauf nicht (außer im Rahmen der Tabelleneintragung) bzw. reagiert und teilt den Fehler mit. Im Anschluss beruft sich der Insolvenzverwalter auf Verjährung.

---

759 Palandt – *Ellenberger*, BGB, § 212 Rn. 2 m.w.N.

760 MüKoBGB – *Grothe*, BGB, § 205 Rn. 4.

761 Zu diesen ausführlich unter 1.1.1.

Wie bereits oben dargestellt, löst die Anmeldung einer Forderung zur Insolvenztabelle keine Hemmung gemäß § 204 Satz 1 Nr. 10 BGB aus, sofern es sich um eine Masseverbindlichkeit handelt.[762] Das Feststellen zur Insolvenztabelle führt lediglich dazu, dass ein Titel bzgl. einer vermeintlichen Insolvenzforderung geschaffen wird,[763] also das Recht zur Teilnahme an der Verteilung der Insolvenzmasse,[764] nicht hingegen bzgl. einer Titulierung des materiellen Anspruches,[765] sodass die Masseforderung nicht tituliert wurde und insoweit auch gemäß § 204 Satz 1 Nr. 1 BGB keine Hemmung eingetreten ist. In diesem formalen Akt der Prüfung und Feststellung kann nicht die Vereinbarung eines Leistungsverweigerungsrechts gesehen werden, da dies Erklärungen des Insolvenzverwalters sind, die nur auf den formalen Akt beschränkt sind.

Szenario 4:
Es wird eine Masseverbindlichkeit geltend gemacht und der Insolvenzverwalter teilt mit, dass diese zur ‚Masseverbindlichkeitentabelle' notiert wurde. Im Anschluss beruft sich der Insolvenzverwalter auf Verjährung.

Fraglich ist, ob in der Geltendmachung der Masseverbindlichkeit und der Rückantwort des Insolvenzverwalters, dass er diese notiert habe, für den Zeitraum bis zur Erfüllung konkludent eine Vereinbarung über ein Leistungsverweigerungsrecht getroffen wurde. Das Leistungsverweigerungsrecht würde hier aufseiten des Insolvenzverwalters bestehen. Hintergrund ist, dass der Gläubiger vom Insolvenzverwalter etwas verlangt. Die Erklärungen der Parteien müssten deshalb dahin gehend ausgelegt werden können, dass gewollt wäre, dass der Insolvenzverwalter über einen unbestimmten Zeitraum bis zur tatsächlichen Erfüllung nicht zahlen muss. Dies entspricht nicht dem Parteiwillen, denn der anmeldende Gläubiger möchte eine Zahlung erhalten und nicht eine Vereinbarung zu einer Leistungsverweigerung begründen.

Szenario 5:
Es wird eine Masseverbindlichkeit geltend gemacht und der Insolvenzverwalter teilt mit, dass diese notiert wurde, aber aufgrund eingetretener Masseunzulänglichkeit derzeit nicht bedient werden kann. Im Anschluss beruft sich der Insolvenzverwalter auf Verjährung.

762 Siehe hierzu unter 2.1.3.1.4.

763 MüKoInsO – *Hintzen*, InsO, § 201 Rn. 21.

764 BGH, Urt. v. 13.06.2006 – IX ZR 15/04 = NJW 2006, 3068 m.w.N.

765 Uhlenbruck – *Sinz*, InsO, § 178 Rn. 28 m.w.N.

In diesem Falle liegt eine Kommunikation zwischen dem Gläubiger, der seine Forderung geltend macht, und dem Insolvenzverwalter, der mitteilt, dass diese aufgrund eingetretener Masseunzulänglichkeit derzeit nicht bedient werden kann, vor. Fraglich ist, ob diese eingetretene Masseunzulänglichkeit als eine Form der Stundung zu bewerten ist, also ob es sich um eine vertragliche Vereinbarung über ein Leistungsverweigerungsrecht handelt. Gegen ein vertragliches Leistungsverweigerungsrecht spricht, dass die Nichtzahlung nicht im Einvernehmen zwischen Gläubiger und in diesem Fall schuldenden Insolvenzverwalter geschieht. Die Insolvenzordnung ordnet für den Fall der eingetretenen Masseunzulänglichkeit an, dass keine Zahlungen auf Masseverbindlichkeiten bis zur Beseitigung der eingetretenen Masseunzulänglichkeit oder entsprechend dem Verteilungsschlüssel gemäß § 209 InsO bis zum Ende des Verfahrens erfolgen dürfen. Mangels ausdrücklicher und konkludenter einvernehmlicher Vereinbarungen eines Leistungsverweigerungsrechtes scheidet somit die Anwendbarkeit des § 205 BGB aus.

Als Zwischenergebnis kann somit festgehalten werden, dass § 205 BGB nicht auf die typischen Fälle der Masseverbindlichkeiten Anwendung finden kann. Lediglich in den Fällen, in denen z. B. der Insolvenzverwalter, aus welchen Gründen auch immer, den Eintritt der Verjährung der Masseunzulänglichkeit verhindern möchte und mit dem entsprechenden Massegläubiger ausdrückliche Stundungsvereinbarungen schließt, ist eine Anwendung denkbar. Erfolgt keine Zahlung oder keine Zahlung unter Hinweis auf eine drohende oder eingetretene Masseunzulänglichkeit, scheidet mangels ausdrücklicher oder konkludenter Vereinbarung eines Leistungsverweigerungsrechtes die Anwendung der Norm aus.

3.8.4 Hemmung der Verjährung gemäß den §§ 206, 207 und 208 BGB

Die Hemmungstatbestände der §§ 206, 207 und 208 BGB knüpfen sämtlich an äußere Umstände an, die im Hinblick auf die dieser Arbeit zugrunde liegende Problematik der Verjährung von Masseverbindlichkeiten einheitlich bewertet werden können, sodass insoweit eine gemeinschaftliche Darstellung angezeigt ist.

3.8.4.1 § 206 BGB

Gemäß § 206 BGB tritt Hemmung bei höherer Gewalt ein. Höhere Gewalt liegt dann vor, wenn die Verhinderung auf Ereignissen beruht, die auch durch die äußerste, billigerweise zu erwartende Sorgfalt nicht verhindert werden konnten.[766]

766 Erman – *Schmidt-Räntsch*, BGB, § 206 Rn. 4 m.w.N.

Dies ist z.B. in Fällen von kriegerischen Auseinandersetzungen[767] mit Auswirkungen auf den Rechtsverkehr oder bei gesundheitlichen Ausnahmezuständen wie Krankheiten[768], die eine Rechtsverfolgung unmöglich machen, denkbar. Eine falsche spezifische behördliche Auskunft kommt ebenfalls in Betracht.[769] Insoweit ist auszulegen, was unter behördlicher Auskunft zu verstehen ist. Sollte nämlich die Auskunft eines Insolvenzverwalters auch unter der behördlichen Aufsicht zu subsumieren sein, so könnte dessen Nichtauskunft auf das Geltendmachen einer Masseverbindlichkeit bzw. dessen Auskunft, diese sei notiert worden, ohne auf die Folgen (Verjährung) hinzuweisen, möglicherweise über diese Norm zu einer Hemmung führen, sofern die weiteren Tatbestandsvoraussetzungen erfüllt sind.

Zwar wird in den verschiedenen Rechtsgebieten ein unterschiedlicher Behördenbegriff verwendet, doch lässt sich allgemein festhalten, dass eine Behörde jede Stelle ist, die Aufgaben der öffentlichen Verwaltung wahrnimmt.[770] Auch Privatpersonen können Behörden sein, sofern sie Beliehene oder Verwaltungshelfer sind. Beleihung ist die Übertragung von bestimmten Verwaltungsaufgaben an Privatrechtssubjekte, natürliche und juristische Personen, zur selbstständigen hoheitlichen Wahrnehmung außerhalb eines staatlichen Behördenapparates.[771] Die Rechtsstellung des Insolvenzverwalters ist bis zum heutigen Tage umstritten.[772] Es kann aber festgehalten werden, dass dieser weder Hoheitsträger noch Beliehener, d.h. eine Privatperson in Ausübung eines ihr anvertrauten öffentlichen Amtes ist, sondern vielmehr Inhaber eines privaten Amtes.[773] Er handelt somit ‚nur' in einer amtsähnlichen Stellung kraft der ihm gesetzlich übertragenen Befugnisse.[774] Festzustellen ist, ob ihm – ähnlich wie einem Beliehenen oder einem Verwaltungshelfer – hoheitliche Befugnisse übertragen wurden. Dafür spricht, dass er sein Amt durch Hoheitsakt, nämlich Beschluss erhält und der Aufsicht des Gerichtes untersteht. Dagegen sprechen jedoch die wesentlichen Unterschiede: Gemäß § 80 InsO geht die Verwaltungs- und Verfügungsbefugnis über die Insolvenzmasse auf den Insolvenzverwalter über. Er ist ermächtigt, hierüber zu verfügen. Er kann also auf das Schuldnervermögen Einfluss nehmen. Gegenüber Dritten, wie es bei einem Beliehenen oder Verwaltungshelfer üblich

767 LSG Essen, Urt. v. 31.01.2006 – L 18 KN 17/04 = BeckRS 2006, 42054.
768 *Henrich*, in: BeckOK BGB, § 206 Rn. 4.
769 MüKoBGB – *Grothe*, BGB, § 206 Rn. 8.
770 *Ronellenfitsch*, in: BeckOK VwVfG, § 1 Rn. 65.
771 *Ronellenfitsch*, in: BeckOK VwVfG, § 1 Rn. 70.
772 Ausführlich hierzu: MüKoInsO – *Graeber*, InsO, § 56 Rn. 142 ff.
773 Palandt – *Ellenberger*, BGB, Vorb. zu § 164 Rn. 9.
774 Nerlich/Römermann – *Schweizer/Mönning*, InsO, § 27 Rn. 22–23.

ist, wie früher z.B. bei dem Bezirksschornsteinfeger, bestehen aber gerade keine hoheitlichen Befugnisse. Ist z.B. die Insolvenzmasse in Besitz eines Dritten, kann weder der Insolvenzverwalter selbst noch ein Gerichtsvollzieher aufgrund des Eröffnungsbeschlusses und den daraus resultierenden Befugnissen diese in seinem Auftrag und gegen den Willen des Berechtigten wegnehmen.[775] Vielmehr ist in solchen Fällen auch der Insolvenzverwalter auf den Zivilrechtsweg und eine Titulierung verwiesen.[776] Im Ergebnis ist somit festzuhalten, dass der Insolvenzverwalter seine Legitimation zwar durch Hoheitsakt erhält, jedenfalls aber als Ausführungsorgan der privatrechtlichen Gläubigerversammlung tätig ist[777] und somit gegenüber Dritten, d.h. auch Massegläubigern, keine hoheitlichen Befugnisse wahrnimmt. Fraglich ist, ob ein möglicher Irrtum eines Masseverbindlichkeitengläubigers an dieser Rechtsfolge etwas ändert. Der Irrtum könnte sich auf die Behördeneigenschaft des Insolvenzverwalters beziehen. Konkret ist die Frage zu beantworten, wie sich der Umstand auswirkt, dass der Masseverbindlichkeitengläubiger aufgrund der hoheitlichen Bestellung des Insolvenzverwalters davon ausgeht, dass ihm eine Behörde eine Auskunft gibt und nicht eine Privatperson. Anknüpfungspunkt für eine Wertung könnte hier zunächst § 177 BGB sein. Hiernach wird derjenige persönlich verpflichtet, der in Vorspiegelung einer tatsächlich nicht gegebenen Amtsstellung handelt.[778] Insoweit spiegelt der Insolvenzverwalter vorliegend aber keine Amtsstellung vor, sondern der Masseverbindlichkeitengläubiger verkennt insoweit die hoheitlichen Befugnisse und unterliegt einem Irrtum. Dieser Irrtum könnte der Insolvenzmasse aber nur zum Nachteil gereichen, wenn ihr Verfügungsberechtigter diesen gesetzt hat. Da einen Insolvenzverwalter keine besonderen Aufklärungspflichten (und insbesondere keine Beratungspflichten) gegenüber Anspruchsgegnern treffen,[779] wird diese Fallgruppe nur ganz umgrenzt denkbar sein, jedenfalls nicht bei Handlungen im normalen Geschäftsverkehr eines Insolvenzverwalters.

Eine wie auch immer geartete Information eines Insolvenzverwalters kann daher mangels Behördenqualität nicht zur Hemmung gemäß § 206 BGB wegen höherer Gewalt führen. Ansonsten ist natürlich das Eingreifen des Hemmungstatbestandes

775 BGH, Beschl. v. 25.06.2004 – IXa ZB 29/04 = NJW 2004, 3041 zur Frage der Räumungszwangsvollstreckung gegen Dritte.

776 LG Trier, Beschl. v. 04.04.2005 – 4 T 4/05 = NZI 2005, 563 zur Frage der Räumungszwangsvollstreckung gegen Dritte.

777 Zur Rechtsstellung des Insolvenzverwalters oder der „Insolvenz" der Verwaltertheorien: Kluth, NZI 2000, 351, 353.

778 *Valenthin,* in: BeckOK BGB, § 177 Rn. 17.

779 Siehe hierzu 2.1.4.6.2 und 2.2.

denkbar, sofern der Begünstigte daran gehindert war, die Masseverbindlichkeit gegen den Insolvenzverwalter aus kriegerischen Gründen oder aufgrund psychischer Ausnahmezustände geltend zu machen.

3.8.4.2 § 207 BGB

Gemäß § 207 BGB ist festzuhalten, dass die Hemmung aus familiären Gründen nach dieser Norm sämtliche Ansprüche erfasst, nicht nur höchstpersönliche, sondern auch aus allgemeinen Schuldverhältnissen. Ausschlaggebend ist einzig, dass das besondere Näheverhältnis betroffen ist.[780] Schutzbereich ist das persönliche Verhältnis der Beteiligten zueinander, sodass Ansprüche, die auf Dritte übergehen, nicht mehr der Hemmung unterliegen.[781] Mit Eröffnung des Insolvenzverfahrens geht gemäß § 80 Abs. 1 InsO die Verwaltungs- und Verfügungsbefugnis über das zur Insolvenzmasse gehörende Vermögen auf den Insolvenzverwalter über. Hierzu zählen auch Ansprüche des Schuldners gegen Dritte, auch gegen nahe Angehörige, sofern diese nicht höchstpersönlicher Natur oder unpfändbar sind.[782] Ansprüche wie Namensrechte, aber auch der erbrechtliche Pflichtteilsanspruch bzw. Anspruch aus Vermächtnissen sind höchstpersönlicher Natur und damit nicht Bestandteil der Insolvenzmasse; dies gilt in Abgrenzung zu rein vermögensrechtlichen Ansprüchen wie Unterhalt.[783] Es bleibt daher festzuhalten, dass die Verjährung von Ansprüchen höchstpersönlicher Natur, da nicht Bestandteil der Insolvenzmasse, weiterhin gemäß § 207 BGB gehemmt sein kann, diese bzgl. der Ansprüche, die allerdings aufgrund Verwaltungs- und Verfügungsbefugnis auf den Insolvenzverwalter übergegangen sind bzw. gegen die Insolvenzmasse als Masseverbindlichkeiten bestehen, jedoch keine Hemmung nach § 207 BGB erfährt, da es ab diesem Zeitpunkt keinen familiären Bezug gibt.

3.8.4.3 § 208 BGB

Gemäß § 208 BGB besteht eine Hemmung der Verjährung bei Ansprüchen wegen Verletzung der sexuellen Selbstbestimmung. Auch hier stellt sich zunächst die Frage, ob diese Ansprüche – soweit vor Öffnung des Insolvenzverfahrens entstanden – Insolvenzforderungen darstellen und – soweit nahe des Insolvenzverfahrens entstanden – Masseverbindlichkeiten darstellen könnten. Ersteres ist denkbar, Letzteres nur theoretisch. Zu betrachten sind die Varianten, dass der

780 Erman – *Schmidt-Räntsch*, BGB, § 207 Rn. 3 m.w.N.
781 Palandt – *Ellenberger*, BGB, § 207 Rn. 1 m.w.N.
782 Braun – *Bäuerle*, InsO, § 35 Rn. 3.
783 MüKoInsO – *Ehricke*, InsO, § 38 Rn. 37.

Täter oder das Opfer insolvent sind. Erstere würde für eine Masseverbindlichkeit ein Handeln des Insolvenzverwalters voraussetzen oder eine oktroyierte Masseverbindlichkeit, was per se ausgeschlossen werden kann. Selbst wenn ein Handeln des Insolvenzverwalters vorläge, wäre dies kein Handeln für die verwaltete Masse, also das Schuldnervermögen, sondern die Begehung eines Delikts in eigener Person, die eine Verbindlichkeit (und natürlich strafrechtliche Konsequenzen) gegen die Person selbst und nicht gegen die verwaltete Masse zur Folge hätte. Sofern nach Verfahrenseröffnung durch die Person des Insolvenzschuldners ein solches Delikt begangen würde, wäre der daraus resultierende Schadenersatzanspruch dem Nacherwerb/Neuerwerb zuzuordnen. Es wäre keine Masseverbindlichkeit. Rein theoretisch, aber sehr konstruiert, wäre eine Masseverbindlichkeit in dem Falle denkbar, wenn z.B. der Geschäftsgegenstand des Einzelunternehmers die Betreuung von Jugendlichen wäre und nach Anordnung der vorläufigen Insolvenzverwaltung und Übergang der Verwaltungs- und Verfügungsbefugnis der weiterhin selbstständig tätige Schuldner unter Aufsicht des vorläufigen Insolvenzverwalters. Nunmehr begeht er ein entsprechendes Delikt an einem mit ihm in der Wohngruppe zusammenwohnenden Schutzbefohlenen. Der Anspruch des Schutzbefohlenen würde sich sodann gegen die Insolvenzmasse als Masseverbindlichkeit richten, soweit dieser aus einer vertraglichen Grundlage und der sich daraus ergebenden Pflichtverletzung resultiert.

Andersherum erfolgt eine Hemmung des Schadensersatzanspruches im Falle der Insolvenz des Opfers. Grund hierfür ist, dass Schadensersatzansprüche, auch wegen Verletzung der sexuellen Selbstbestimmung, keine höchstpersönlichen Ansprüche sind,[784] sodass diese Bestandteile Insolvenzmasse sind.

3.9 Zwischenergebnis und Billigkeitserwägungen

Als Zwischenergebnis kann somit festgehalten werden, dass aufgrund der geltenden Rechtslage weder durch direkte noch entsprechende Anwendungen der Hemmungstatbestände sich im Ergebnis Besonderheiten in Bezug auf die Hemmung der Verjährung von Masseverbindlichkeiten, seien es vom Verwalter begründete Masseverbindlichkeiten oder oktroyierte Masseverbindlichkeiten, ergeben.

Dieses Ergebnis erscheint auf den ersten Blick verwunderlich, insbesondere wenn eine unstreitige Masseverbindlichkeit, die sich im Rang vor den Insolvenzforderungen befindet, wegen des Berufens auf Verjährung nicht befriedigt wird, dieser Betrag sodann aber zur Verteilung an Insolvenzgläubiger ausgeschüttet

784 Beuthien, GRUR 2014, 957, 958.

werden kann, soweit die vorrangigen Rangklassen befriedigt werden können.[785] Noch verwunderlicher erscheint dieses Ergebnis vor dem Hintergrund, dass die Einrede der Verjährung durch den Insolvenzverwalter zu erheben ist, wenn er sich bei Zahlung einer verjährten Forderung, wie bei Zahlung einer Altmasseverbindlichkeit, der Gefahr einer Haftung durch Kürzung seiner Vergütung[786] bzw. Schadensersatzansprüchen[787] ausgesetzt sieht.

Bei näherer Betrachtung zeigt sich aber, dass diese auf den ersten Blick verwunderlich erscheinende Folge unter Anwendung der gesetzlichen Regelungen zwingend und richtig ist, gleichzeitig aber nicht ungerecht, da dem Masseverbindlichkeitengläubiger durchaus Instrumente – auch solche, die nicht kostenintensiv sind – zur Verfügung stehen, um sich vor der Folge zu schützen.

Des Weiteren kann konstatiert werden, dass die außerhalb des Insolvenzverfahrens geltend zu machenden Masseverbindlichkeiten[788] den Verjährungsregeln des § 195 BGB unterfallen,[789] sodass auch die gesetzlichen Hemmungstatbestände Anwendung finden[790] und nicht die besonderen Vorschriften für die Anmeldung von Insolvenzforderungen.[791] Die Verjährung einer Masseverbindlichkeit kann entweder durch die Einleitung der Titulierung im Zivilrechtsweg[792] oder durch Anerkenntnis[793] und Verzicht auf die Einrede der Verjährung verhindert werden. Äußert sich ein Insolvenzverwalter nicht zu einer geltend gemachten Forderung, kann der Gläubiger ihn hierzu unter Fristsetzung auffordern. Lässt der Insolvenzverwalter diese Frist verstreichen, ist der Gläubiger berechtigt, Klage zu erheben und trägt selbst im Falle des sofortigen Anerkenntnisses kein Kostenrisiko, da der Insolvenzverwalter den Grund zur Klageerhebung gesetzt hat.[794] Auch kann der Insolvenzgläubiger seine Geltendmachung mit der Aufforderung zur Abgabe eines Verjährungsverzichtes verbinden,[795] dem der

785 Zu den Rangklassen siehe 1.1.5.

786 BVerfG, Beschl. v. 30.03.1993 – 1 BvR 1045/89 = NJW 1993, 2861; siehe hierzu auch ausführlich unter 3.4.7.

787 BGH, Urt. v. 06.05.2004 – IX ZR 48/03 = Kaufmann, NZI 2004, 435 ff.; siehe zum Inhalt der Entscheidung ausführlich unter 2.1.4.4 in Petit.

788 Siehe hierzu unter 2.1.3 ff.

789 Siehe hierzu unter 3.4.7 ff.

790 Siehe hierzu unter 3.6.3 ff.

791 Siehe hierzu unter 3.8.2.2.1 ff.

792 § 204 Abs. 1 Nr. 1 BGB.

793 § 212 Abs. 2 Nr. 1 BGB, siehe hierzu auch unter 3.7.

794 Siehe hierzu in Petit unter 3.4.7.

795 ArbG Oberhausen, Urt. v. 19.04.2012 – 4 Ca 2167/11 = BeckRS 2013, 65300; siehe hierzu auch unter 3.6.3.1.

Insolvenzverwalter nachkommen kann, soweit er dadurch negative Folgen für die Masse abwendet, so z.B. einen kostenträchtigen Prozess, den die Masse verlieren würde.

Vor diesem Hintergrund erscheint es auch nicht treuwidrig, dass sich der Insolvenzverwalter auf die Verjährung beruft.[796] Er verfolgt damit zum einen den Schutz seiner eigenen Vergütung,[797] zum anderen hält er auch die gesetzliche Befriedigungsreihefolge ein und erfüllt damit sein Amt entsprechend den gesetzlichen Bestimmungen, da er ansonsten insolvenzzweckwidrig handelte.[798] Beruft er sich pflichtwidrig nicht auf die Verjährung und begeht durch Zahlung eine Masseverkürzung, haftet er den dadurch Geschädigten, z.B. der Insolvenzmasse oder im Falle der Masseunzulänglichkeit den anderen Massegläubigern gemäß § 60 InsO.[799] Ein Berufen auf Verjährung kann allerdings treuwidrig werden, wenn der Insolvenzverwalter durch Erklärungen oder Ähnliches den Gläubiger aktiv davon abgehalten hat, verjährungshemmende Maßnahmen einzuleiten. Eine besondere Aufklärungspflicht hinsichtlich Masseverbindlichkeiten ist jedenfalls auch aus den Grundsätzen nach Treu und Glauben nicht herzuleiten.[800]

---

796 Siehe hierzu unter 3.6.3 ff., insbesondere unter 3.6.3.4.4.3.

797 BVerfG, Beschl. v. 30.03.1993 – 1 BvR 1045/89 = NJW 1993, 2861; siehe hierzu auch ausführlich unter 3.4.7.

798 Preuß, NZI 2003, 625, 626 zur Insolvenzzweckwidrigkeit des Anerkenntnisses nicht berechtigter Ansprüche.

799 BGH, Urt. v. 06.05.2004 – IX ZR 48/03 = Kaufmann, NZI 2004, 435 ff., siehe zum Urteil ausführlich unter 2.1.4.4 in Petit.

800 Siehe hierzu unter 2.1.4.6.

C. Zusammenfassung, Gang der Arbeit, Prüfungsergebnis und Fazit

1. Zusammenfassung, Gang der Arbeit und Prüfungsergebnis

Anhand der eingangs bereits bezeichneten Szenarien wurde im Rahmen dieser Arbeit ermittelt und entwickelt, welche Unterschiede bei Masseverbindlichkeiten bestehen, nach welchen Vorschriften Masseverbindlichkeiten verjähren, die Verjährung gehemmt ist und – im Falle der fehlenden Hemmung – in welchen Fällen sich der Insolvenzverwalter auf die Verjährung aufgrund von Treu und Glauben – im Hinblick auch auf den von Wiacker herausgearbeiteten dritten Anwendungsbereich von Treu und Glauben[801] – nicht wirksam berufen kann. Die Spannungslagen zwischen der Rechtsverfolgung der Massegläubiger und der ordnungsgemäßen Masseverwaltung wurden im Einzelnen wie folgt betrachtet und gelöst:

Diese Arbeit zeigte zunächst die verschiedenen Spannungslagen der Massegläubiger auf, wobei die Untersuchung horizontal, d.h. zwischen den durch die Insolvenzordnung bestimmten verschiedenen Rangklassen der Gläubiger, sowie vertikal, d.h. zwischen den verschiedenen Arten von Massegläubigern und dann innerhalb der Gruppe der Masseverbindlichkeiten vorgenommen wurde. Dieses Vorgehen war erforderlich, um einen Überblick über die Spannungslagen und damit einen Ausgangspunkt für eine Wertung zu erhalten. Es kann konstatiert werden, dass die Spannungslagen insbesondere durch die verschiedenen Interessenslagen und Arten, am Verfahren teilzunehmen, bzw. Weisen zur Durchsetzung der jeweiligen Forderung mit entsprechenden Folgen für die Verjährung bzw. deren Hemmung entstehen.

Der Begriff der Masseverbindlichkeit wurde für den Fortgang der Untersuchung unter Berücksichtigung seiner historischen Entwicklung mit dem Ergebnis betrachtet, dass es nicht die ‚eine' Masseverbindlichkeit gibt, sondern dass es viele verschiedene Arten von Masseverbindlichkeiten, die anhand ihrer Entstehungsweise differenziert werden können, existieren. Hieraus begründen sich abweichende Interessenslagen.[802] Als erste Fallgruppe wurden Masseverbindlichkeiten

801 Wieacker, Präzisierung, 53.

802 Siehe hierzu unter 1.2 ff.

durch Handlungen des (vorläufigen[803]) Insolvenzverwalters[804] sowie des eigenverwaltenden Schuldners[805] in Augenschein genommen. Ihnen ist gemeinsam, dass sie durch Handlung eines hoheitlich (d.h. durch das Insolvenzgericht) legitimierten und ernannten ‚Organs' erfolgten. In diesen Fällen haben sowohl der (vorläufige) Insolvenzverwalter und der eigenverwaltende Schuldner als auch der Gläubiger Kenntnis von der Masseverbindlichkeit und somit die Option, diese zu verfolgen. Im weiteren Gang der Untersuchung zeigte sich, dass diese Verbindlichkeiten außerhalb des Insolvenzverfahrens geltend zu machen sind, nämlich durch Leistungsklage[806] oder – im Falle der Masseunzulänglichkeit – durch Feststellungsklage und nicht durch Anmeldung zur Insolvenz- oder Masseverbindlichkeitentabelle.[807] Besondere Informations- oder Aufklärungspflichten ergeben sich selbst nach den Grundsätzen aus Treu und Glauben nicht.[808] Die Verjährung dieser Masseverbindlichkeiten richtet sich nach den §§ 195 ff. BGB, wobei auch die Vorschriften der Verjährungshemmung Anwendung finden. Mangels Möglichkeit der Anmeldung zur Insolvenz- oder Masseverbindlichkeitentabelle entfällt, auch unter Treu und Glauben Gesichtspunkten, eine Hemmung nach § 204 Abs. 1 Nr. 10 BGB.[809] Es müssen somit die verjährungshemmenden Maßnahmen wie Titulierung durch Urteil hinwirken auf einen Verjährungsverzicht oder es muss eine Anerkenntnis eingeleitet werden. Zwar darf der Insolvenzverwalter im Hinblick auf den Schutz seiner eigenen Vergütung[810] und auf etwaige Schadensersatzansprüche[811] nicht großzügig und freimütig mit solchen Anerkenntnissen arbeiten, doch hinsichtlich des Masseschutzes zumindest dann, wenn andernfalls ein für die Masse kostenintensiver Prozess nicht vermeidbar ist.

Es war weiterhin zu eruieren, ob sich bei den in sonstiger Weise, also den oktroyierten Masseverbindlichkeiten,[812] Abweichungen ergeben. Allerdings zeigte sich, dass im Vergleich zu den durch den (vorläufigen) Insolvenzverwalter oder den

803 Siehe hierzu unter 1.2.5 und 1.2.7.

804 Siehe hierzu unter 1.2.1.

805 Siehe hierzu unter 1.2.8.

806 Siehe hierzu unter 2.1.3.1.

807 Siehe hierzu unter 2.1.3.1.3 und 2.1.3.1.4.

808 Siehe hierzu unter 2.1.4.6.

809 Siehe hierzu unter 3.8.2.2.2.

810 BVerfG, Beschl. v. 30.03.1993 – 1 BvR 1045/89 = NJW 1993, 2861; siehe hierzu auch ausführlich unter 3.4.7.

811 BGH, Urt. v. 06.05.2004 – IX ZR 48/03 = Kaufmann, NZI 2004, 435 ff.; siehe zum Inhalt der Entscheidung ausführlich unter 2.1.4.4 in Petit.

812 Siehe hierzu unter 1.2.3.

eigenverwaltenden Schuldner begründeten Masseverbindlichkeiten keine Unterschiede ergeben, insbesondere im Hinblick auf die Anforderungen an die Geltendmachung und etwaige Informationspflichten des Verwalters[813] oder auf die Anwendbarkeit der Verjährungsregeln des BGB.[814] Der Gläubiger hat es auch bei sonstigen Masseverbindlichkeiten in der Hand, durch aktives Tun die Verjährung seiner Forderung zu verhindern, Gleiches gilt bei der durch den (vorläufigen) Verwalter begründeten Masseverbindlichkeit.

Zur Abgrenzung war zudem die Geltendmachung von Insolvenzforderungen zu betrachten, d.h. das Verfahren nach den §§ 174 ff. InsO zur Anmeldung der Insolvenzforderung zur Tabelle und den sich hieraus ergebenen Wirkungen.[815] Herausgearbeitet wurde, dass die Anmeldung zur Tabelle zur Hemmung gemäß § 204 Abs. 1 Nr. 10 BGB führt, jedoch nur, insoweit die Forderung bei der Anmeldung genau bezeichnet ist, insbesondere dem Rang und dem Rechtsgrund nach.[816] Auch konnte bestätigt werden, dass sich die bei Feststellung zur Insolvenztabelle erfolgte Titulierung nur auf das Teilhaberecht an der Verteilung und auf das Recht zur Vollstreckung bei ausbleibender Restschuldbefreiung bezieht, nicht aber auf den Anspruch selbst, worin mitunter begründet liegt, dass § 204 Abs. 1 Nr. 10 BGB auch nicht zur Hemmung von in Verkennung der Reichweite der Anmeldung oder der Rechtsnatur der Forderung angemeldeten Masseverbindlichkeiten führt – auch nicht unter Berücksichtigung von Treu und Glauben.[817]

In Abgrenzung zu den Masseverbindlichkeiten und Insolvenzforderungen wurden die im Rang vorgehenden Massekosten betrachtet und es wurde festgestellt, dass Massekosten weder durch Leistungsklage noch durch Anmeldung geltend zu machen, sondern als Erstes aus der Masse zu decken sind und die Verjährung auch nicht zu laufen beginnt, bevor das Verfahren endet.[818]

Selbst im für den Gläubiger ungünstigsten Falle hat dieser somit Möglichkeiten, der Verjährung zu entgehen.

Nach Gewinnung dieser grundsätzlichen Erkenntnisse waren diese auf die zu Beginn dieser Arbeit benannten verschiedenen Szenarien der Masseverbindlichkeiten anzuwenden und es war zu prüfen, ob sich insbesondere unter Gesichtspunkten nach Treu und Glauben Abweichungen zeigten.

---

813 Siehe hierzu unter 2.1.4.6.

814 Siehe hierzu unter 3.4.7 ff.

815 Siehe hierzu unter 2.1.1.

816 Siehe hierzu unter 3.8.2.2.1.

817 Siehe hierzu unter 3.8.2.2.2.1 ff.

818 Siehe hierzu unter 2.1.2.

Szenario 1:
Eine Masseverbindlichkeit wird bis zum Eintritt der Verjährung nicht geltend gemacht und danach beruft sich der Insolvenzverwalter auf Verjährung.

Im Falle, dass eine Masseverbindlichkeit gar nicht erst geltend gemacht wird, besteht kein schutzwürdiges Interesse zugunsten des Gläubigers hinsichtlich einer Hemmung der Verjährung.[819] Es bestehen keine Ansatzpunkte, dass ein Handeln des Insolvenzverwalters zurechenbar zur Nichtgeltendmachung geführt hat, denn insbesondere wurde herausgearbeitet, dass es nicht seiner Verpflichtung obliegt, den Gläubiger über etwaige Masseverbindlichkeiten, z. B. aus oktroyierten Masseverbindlichkeiten, die er ermittelt hat, zu informieren.[820] Zwar hat er diese in die Tabelle nach den §§ 153 ff. InsO aufzunehmen, jedoch anders als bei Insolvenzforderungen die Gläubiger nicht entsprechend anzuschreiben und zur Geltendmachung aufzufordern.

An dieser Stelle ist der Grund dafür, dass sich der Insolvenzverwalter auf die Verjährung beruft, nämlich zum Schutze seiner Vergütung vor Kürzung – wie im Falle der Zahlung einer Altmasseverbindlichkeit[821] oder dem Entgehen von Schadensersatzansprüchen[822] –, nicht näher zu beleuchten, da der Schuldner insoweit bereits seiner Obliegenheit zur Geltendmachung der Verbindlichkeit nicht nachgekommen ist.[823]

Szenario 2:
Es wird eine Masseverbindlichkeit durch den Gläubiger geltend gemacht, der Verwalter reagiert hierauf jedoch nicht. Der Insolvenzverwalter beruft sich auf Verjährung.

Eine zum Szenario 1 abweichende Rechtsfolge war hier nicht festzustellen. Zwar mag der Grund, warum der Insolvenzverwalter nicht reagiert, vielfältig sein. So könnte er einerseits das Schreiben nicht erhalten oder andererseits die Forderung bereits zur Massetabelle notiert haben. Dennoch hat der Insolvenzverwalter durch sein Nichthandeln bzw. sein Unterlassen kein Vertrauen geschaffen. Vielmehr liegt es nicht nur im Verantwortungsbereich des Gläubigers,

819 Siehe hierzu unter 3.6.3.4.1.
820 Siehe hierzu unter 2.2.
821 BVerfG, Beschl. v. 30.03.1993 – 1 BvR 1045/89 = NJW 1993, 2861; siehe hierzu auch unter 3.4.7.
822 BGH, Urt. v. 06.05.2004 – IX ZR 48/03 = Kaufmann, NZI 2004, 435 ff., siehe zum Urteil ausführlich unter 2.1.4.4 in Petit.
823 Siehe hierzu unter 2.1.3.1.1 und 2.1.3.2.

seine Forderung gesetzeskonform geltend zu machen,[824] sondern auch, diese vor Verjährung zu schützen.[825] Demnach bedarf es auch bei diesem Szenario noch keiner Betrachtung der Gründe des Insolvenzverwalters, warum sich dieser auf Verjährung beruft, da durch den Gläubiger weder die Hemmung der Verjährung gesetzeskonform eingeleitet wurde, noch durch den Insolvenzverwalter eine Handlung begangen wurde, die den Gläubiger an die Hemmung der Verjährung seiner Forderung hätte glauben lassen können.

Szenario 3:
Es wird eine Masseverbindlichkeit in Verkennung der Forderung oder der Reichweite der Möglichkeit der Anmeldung nach den §§ 174 ff. InsO zur Insolvenztabelle als Insolvenzforderung geltend gemacht und der Verwalter reagiert hierauf nicht (außer im Rahmen der Tabelleneintragung) bzw. reagiert und teilt den Fehler mit. Der Insolvenzverwalter beruft sich auf Verjährung.

Im Falle der Nichtreaktion kann auf die Ausführungen zum zweiten Szenario verwiesen werden, und zwar mit der Besonderheit, dass festgestellt wurde, dass der Insolvenzverwalter auch die in Verkennung der Forderung oder der Reichweite der Möglichkeit der Anmeldung als Insolvenzforderung geltend gemachten Verbindlichkeiten zur Insolvenztabelle aufzunehmen und entsprechend zu prüfen sowie im Ergebnis zu bestreiten hat.[826] Aufgrund des Bestreitens erhält der Gläubiger einen Tabellenauszug, sodass er wiederum tätig werden und den Grund für das Bestreiten ermitteln kann. Steht dieser Grund fest, steht es dem Gläubiger frei, seine Forderung als Masseverbindlichkeit erneut geltend zu machen.[827] Dieses Vorgehen liegt darin begründet, dass durch die Aufnahme – selbst im Falle der Feststellung zur Tabelle – die Masseverbindlichkeit, d.h. die Forderung des Gläubigers, nicht untergeht oder tituliert wird. Denn die Feststellung durch Insolvenztabelle tituliert nicht den Anspruch selbst, sondern lediglich ein Teilnahmerecht an der Verteilung bzw. zur Geltendmachung nach nicht erfolgter Restschuldbefreiung.[828] In der Praxis dürfte es jedoch zu solchen fehlerhaften Feststellungen nicht kommen, da herausgearbeitet werden konnte, dass Voraussetzung für eine Feststellung eine qualifizierte und somit der Bestimmtheit genügende Anmeldung des Gläubigers ist.[829] Qualifiziert insoweit, als dass er

824 Siehe hierzu unter 2.1.3.1.1 und 2.1.3.2.
825 Siehe hierzu unter 3.6.3.4.2.
826 Siehe hierzu unter 2.1.3.1.3.
827 Siehe hierzu unter 2.1.3.1.3.
828 BGH, Urt. v. 13.06.2006 – IX ZR 15/04 = NJW 2006, 3068 m.w.N.
829 Siehe hierzu unter 1.3.

Rang und Rechtsgrund der Forderung benennen und belegen muss. Denn nur eine auf diese Weise qualifizierte Anmeldung führt zur Hemmung. Erfolgt die Anmeldung z.B. mit einem falschen Rechtsgrund (z.B. bereicherungsrechtlicher Anspruch statt vertraglicher), tritt insoweit auch keine Hemmung ein.[830] Stellt der Insolvenzverwalter fehlerhaft die Masseverbindlichkeit in Verkennung der Forderung (die Alternative der Verkennung der Reichweite der Möglichkeit der Anmeldung dürfte bei einem qualifizierten Fachmann ausscheiden) fest, ergibt sich hieraus auch kein Vertrauenstatbestand. Denn die Feststellung bezieht sich nicht auf den Anspruch selbst, sondern nur auf das Teilhaberecht an der Verteilung. Mehr kann der Gläubiger mit seiner Anmeldung auch nicht begehren.

Reagiert der Insolvenzverwalter und teilt den Fehler mit, liegt hierin weder ein Anerkenntnis noch ein Verhandeln über den Anspruch oder Ähnliches,[831] sodass keine Hemmung eintritt. Der unberechtigte Anspruch, die Geltendmachung der Insolvenzforderung, wird zurückgewiesen und sich in der Regel nicht hinsichtlich der Masseverbindlichkeit erklärt. Wenn gleichzeitig mitgeteilt wird, dass die Masseverbindlichkeit dann zur Masseverbindlichkeitentabelle notiert wurde, kann dies ein Anerkenntnis mit der Folge sein, dass die Verjährung nach § 212 BGB neu zu laufen beginnt.

Auch in diesem Szenario erscheint es nicht unbillig, dass sich der Insolvenzverwalter – auch wenn er dies zum Schutz seiner eigenen Vergütung tut – auf die Verjährung beruft, da er gleichsam damit der materiell-rechtlichen Rechtslage zur Durchsetzung verhilft. Zu den Rechtsfolgen in den Fällen, in denen der Insolvenzverwalter dem Gläubiger zu verstehen gibt, dass er die Forderung als Insolvenzforderung bestreitet und zur Massetabelle notiert hat, sind die nachfolgenden Ausführungen zu betrachten.

Szenario 4:
Es wird eine Masseverbindlichkeit geltend gemacht und der Insolvenzverwalter teilt mit, dass diese zur Masseverbindlichkeitentabelle notiert wurde. Im Anschluss beruft sich der Insolvenzverwalter auf Verjährung.

Die Prüfung dieses Szenarios hat ergeben, dass zwar § 204 Abs. 1 Nr. 10 BGB mangels Anwendbarkeit auf Masseverbindlichkeiten, auch unter Gesichtspunkten von Treu und Glaubens, nicht anwendbar ist, jedoch unter der Voraussetzung der Gutgläubigkeit des Gläubigers in Bezug auf eine hemmende Wirkung der Notiz zur Massetabelle sich der Insolvenzverwalter gemäß § 242 BGB nicht

830 BGH, Urt. v. 05.07.2007 – IX ZR 221/05 = NZI 2007, 647 ff.

831 Siehe hierzu unter 3.8.1.5.

wirksam auf die Verjährung berufen kann.[832] Dies gilt insbesondere vor dem Hintergrund, dass für den Gläubiger kein Unterschied zwischen einer Masseverbindlichkeitentabelle und einer Insolvenztabelle besteht und die Erklärungen des Insolvenzverwalters ebenfalls vergleichbar sind und den Gläubiger darin bestärken, nunmehr alles getan zu haben, um die Verjährung seiner Forderung zu verhindern. Ist der Gläubiger hingegen nicht gutgläubig, kann sich der Insolvenzverwalter auf die eingetretene Verjährung berufen. Darüber hinaus kann insbesondere in den Fällen fehlender Gutgläubigkeit in der Erklärung des Insolvenzverwalters ein Anerkenntnis i.S.d. § 212 BGB gesehen werden.

Szenario 5:
Eine Masseverbindlichkeit wird geltend gemacht und der Insolvenzverwalter teilt mit, dass diese aufgrund eingetretener Masseunzulänglichkeit derzeit nicht bedient werden kann. Im Anschluss beruft sich der Insolvenzverwalter auf Verjährung.

Auch in diesem Falle kann sich der Insolvenzverwalter bei Gutgläubigkeit des Gläubigers wegen Treu und Glauben nicht auf die Verjährung berufen,[833] und zwar aus den zu Szenario 4 bereits erörterten Gründen. Im fünften Szenario gilt dies jedoch umso mehr, da ein Fall der ‚Insolvenz in der Insolvenz' vorliegt und sich der Insolvenzverwalter auf ein ihm gesetzlich zustehendes Leistungsverweigerungsrecht aus den §§ 209 und 210 InsO beruft, was wiederum – den Insolvenzgläubigern entsprechend – eine quotale Befriedigung der Gläubiger zur Folge hat.

2. Fazit

Abschließend kann zusammenfassend festgestellt werden, dass die Anwendungen der Verjährungsregelungen des BGB inklusive der Hemmungstatbestände auf Masseverbindlichkeiten zwar dem Grundsatz nach interessengerecht sind, im Einzelfall jedoch – insbesondere mit Bezug auf die vergleichbare, aber nicht gleiche Sachlage – der Korrektur gemäß § 242 BGB bedürfen. Dies ist vor dem Hintergrund zu betrachten, dass ein Massegläubiger zwar seinen Anspruch zur ‚Massetabelle' angemeldet hat, aber aufgrund eingetretener Masseunzulänglichkeit oder Untätigkeit des Insolvenzverwalters über mehrere Jahre keine Zahlung erhält. Gleichsam mag er oder ein Dritter als Insolvenzgläubiger eine Insolvenzforderung zur Insolvenztabelle angemeldet haben. Die Verjährung der

832 Siehe hierzu unter 3.6.3.4.4.3.
833 Siehe hierzu unter 3.6.3.4.5.

Insolvenzforderung ist mit Anmeldung zur Tabelle gehemmt, die Verjährung der Masseverbindlichkeit nicht. Für den jeweiligen Anmelder bestehen jedoch keine Unterschiede, wenn der Insolvenzverwalter mitteilt, dass die Verbindlichkeit zur Massetabelle notiert wurde. Mit dieser Erklärung setzt der Insolvenzverwalter aus der Perspektive des Gläubigers den Rechtsschein, dass der Gläubiger alles Notwendige getan habe, um nach Abschluss der Bearbeitung durch den Insolvenzverwalter eine entsprechende Zahlung zu erhalten. Da gerade in diesen Fällen jedoch kein gesetzlicher Hemmungstatbestand einschlägig ist, das Interesse des Gläubigers jedoch schützenswert, bedarf es einer Korrektur gemäß § 242 BGB. Allgemein kann daher festgehalten werden, dass der Gläubiger, der seine Forderung nicht geltend macht, auch nicht schutzwürdig ist und sich der Insolvenzverwalter insoweit auf Hemmung berufen kann. Der Gläubiger, der seine Forderung hingegen geltend macht und eine Reaktion des Insolvenzverwalters erhält, die ihn vermuten lässt, er habe alles Notwendige getan, dass er seine Zahlung nach Abschluss der Insolvenzbearbeitung erhält, ist schutzwürdig, sodass eine Hemmung eintritt. Dies gilt im Übrigen unabhängig davon, ob es sich um eine vom Verwalter begründete Masseverbindlichkeit oder um eine oktroyierte Masseverbindlichkeit handelt. Eine unterschiedliche Betrachtung ist nicht gerechtfertigt, da herausgearbeitet werden konnte, dass in beiden Fällen zunächst die Geltendmachung durch den Gläubiger zu erfolgen hat und dies auch nicht unbillig ist. Auch der Grund für das Berufen auf die Verjährung, der Schutz der Verwaltervergütung vor Kürzung, führt zu keiner anderen Bewertung, weil der Insolvenzverwalter als Inhaber eines privaten Amtes öffentlich durch Hoheitsakt bestellt wurde und somit auch das Recht anzuwenden hat, zu dem auch die Ausübung der Verjährungseinrede gehört und er sich bei Nichtanwendung, also z. B. bei Masseverkürzung durch Zahlung einer verjährten Verbindlichkeit, schadensersatzpflichtig macht.

Fazit ist, dass der redliche Gläubiger, der seine (oktroyierte) Masseverbindlichkeit gegenüber dem Insolvenzverwalter geltend gemacht hat und durch das Verhalten des Insolvenzverwalters glaubte, alles Erforderliche getan zu haben, damit sein Anspruch bei Zeiten erfüllt wird, schutzwürdig ist und über § 242 BGB Schutz vor Verjährung seiner Masseforderung erhält. Dies gilt insbesondere vor dem Hintergrund, dass sich der Insolvenzverwalter, um die Rangklasse seiner Vergütung zu sichern und um sein Amt ordnungsgemäß auszuführen, auf Verjährung berufen muss. Die eingangs aufgeworfene Frage nach der (vermeintlichen) Ungleichbehandlung zwischen Masseverbindlichkeitengläubigern und Insolvenzgläubigern kann somit dahin gehend beantwortet werden, dass eine Ungleichbehandlung zwar für den schutzwürdigen Masseverbindlichkeitengläubiger grundsätzlich gegeben scheint, jedoch durch die Anwendung der Grundsätze von Treu und Glauben ausgeglichen werden kann. Für den nicht schutzwürdigen Masseverbindlichkeitengläubiger, also denjenigen, der seinen Anspruch nicht oder ohne Reaktion des Insolvenzverwalters geltend gemacht hat, konnte festgestellt werden, dass keine Bedenken gegen eine Verjährung seiner Forderung bestehen. Beide, sowohl der Masseverbindlichkeitengläubiger als auch der Insolvenzgläubiger, müssen ihre Obliegenheiten erfüllen, um zu einer Anerkennung und Befriedigung ihrer Forderungen zu erlangen. Der Insolvenzgläubiger muss seinen Anspruch durch Anmeldung und Eintragung zur Insolvenztabelle verfolgen, der Masseverbindlichkeitengläubiger durch Geltendmachung außerhalb des Verfahrens und notwendigenfalls durch Titulierung, die insbesondere auch unter Kostengesichtspunkten den Masseverbindlichkeitengläubiger nicht unbillig benachteiligt, wie diese Untersuchung ergeben hat.

Schriftenreihe des Centrum für Deutsches und Europäisches Insolvenzrecht Kiel

Herausgegeben von Stefan Smid, Silke Wehdeking und Mark Zeuner

Band 1 Stefan Smid (Hrsg.): Fragen des Deutschen und Europäischen Insolvenzrechts 10. Kieler Insolvenzsymposium. 2015.

Band 2 Sebastian Wilhelm Deichgräber: Gesellschaftsrechtliche Sitzverlegungen und haftungsrechtliche Begründungen internationaler insolvenzrechtlicher Zuständigkeiten. Zugleich ein Beitrag zur Verwendung in der Judikatur. 2012.

Band 3 Malte Engeler: Die zweigliedrige Personengesellschaft in der Insolvenz. 2012.

Band 4 Sebastian Müller: Verhandlungsgesteuerte Sanierung durch den prepackaged plan. Das Planinitiativrecht des Schuldners aus § 218 Abs. 1 S. 2 InsO als Ausgangspunkt steuer- und planbarer Gestaltungsprozesse. 2013.

Band 5 Christoph Pabst: Materielle Insolvenz – Die retrograde Ermittlung der Zahlungsunfähigkeit. 2013.

Band 6 Torsten Martini: Die Anfechtbarkeit der Zahlung der Vergütung des vorläufigen Insolvenzverwalters im Zweitverfahren. 2014.

Band 7 Stefan Smid: Zivilgerichtliche Verfahren. Grundlagen des Zivilprozesses und der Freiwilligen Gerichtsbarkeit. Ein Studienbuch. 2014.

Band 8 Philipp Schlenkhoff: Insolvenzgründe, Prognose und Antragspflicht. 2014.

Band 9 Alexander Bluhm: Die Anwendbarkeit und Auswirkungen der EU-Dienstleistungsrichtlinie auf Auswahl und Bestellung des Insolvenzverwalters. 2015.

Band 10 Karsten Andresen: Die objektiven Kriterien der Zahlungsunfähigkeit nach der Rechtsprechung des BGH und dem IDW. 2014.

Band 11 Rebecca Wolff: Stimmrechte im Insolvenzverfahren. 2014.

Band 12 Johannes Knop: Amtshaftungsansprüche bei insolvenzgerichtlichen Pflichtverletzungen. 2015.

Band 13 Nina Rohrberg-Braun: Die unselbständige Stiftung in der Insolvenz. 2016.

Band 14 Sven Kirchner: Die Verjährung von Masseverbindlichkeiten. Spannungslagen zwischen Rechtsverfolgung der Massegläubiger und ordnungsgemäßer Masseverwaltung. 2016.

www.peterlang.com

www.ingramcontent.com/pod-product-compliance
Ingram Content Group UK Ltd.
Pitfield, Milton Keynes, MK11 3LW, UK
UKHW022100051026
15623UKWH00003B/580

9 783631 676431